Zur Möglichkeit des unmöglichen Strafrechts

Frankfurter kriminalwissenschaftliche Studien

Bd./Vol. 144

Zu Qualitätssicherung und Peer Review der vorliegenden Publikation

Die Qualität der in dieser Reihe erscheinenden Arbeiten wird vor der Publikation durch Herausgeber der Reihe geprüft.

Notes on the quality assurance and peer review of this publication

Prior to publication, the quality of the work published in this series is reviewed by editors of the series.

Frederico Figueiredo

Zur Möglichkeit des unmöglichen Strafrechts

Ein Versuch über die Dissonanz im System der ultima ratio

PL ACADEMIC RESEARCH

Bibliografische Information der Deutschen Nationalbibliothek
Die Deutsche Nationalbibliothek verzeichnet diese Publikation in der Deutschen Nationalbibliografie; detaillierte bibliografische Daten sind im Internet über http://dnb.d-nb.de abrufbar.

Zugl.: Frankfurt (Main), Univ., Diss., 2013

Gedruckt auf alterungsbeständigem,
säurefreiem Papier.

D 30
ISSN 0170-6918
ISBN 978-3-631-64594-9 (Print)
E-ISBN978-3-653-03848-4 (E-Book)
DOI 10.3726/978-3-653-03848-4

PL Academic Research ist ein Imprint der Peter Lang GmbH.

Peter Lang – Frankfurt am Main · Bern · Bruxelles · New York ·
Oxford · Warszawa · Wien

Dieses Buch erscheint in einer Herausgeberreihe bei
PL Academic Research und wurde vor Erscheinen peer reviewed

www.peterlang.com

Vorwort

Diese Arbeit legte ich dem Fachbereich Rechtswissenschaft der Goethe Universität-Frankfurt am Main als Dissertation vor. Prof. Dr. Cornelius Prittwitz und Prof. Dr. Dirk Fabricius waren Erst- bzw. Zeitgutachter; Vorsitzender des Prüfungsausschusses war Prof. Dr. Klaus Günther. Die Coordenação de Aperfeiçoamento de Pessoal de Nível Superior (CAPES) aus Brasilien förderte das Promotionsvorhaben.

Nur ein kurzes Wort über dieses Vorhaben. Ich verstehe es als die Fortsetzung der Magisterarbeit, die ich Prof. Dr. Prittwitz und Prof. Dr. Fabricius schon vor über sieben Jahren präsentierte. Jene Arbeit über die sogenannte populistische Kriminalpolitik und das funktionale Strafrecht schloss ich trotz der soziologischen Orientierung in einem stark apologetischen Ton, mit dem Ruf nach einem freiheitlichen Strafrecht nach dem Modell des idealen Rechtsstaates. Es war mir in der Zeit schon klar, dass ich irgendwann mit diesem metaphysischen Überbleibsel fertig werden musste. „Zur Möglichkeit des unmöglichen Strafrechts" im Titel spielt mit dieser Idee; die Überschrift gehört zum metaphysischen Register, zu einer metaphysischen Sprache. Es handelt sich nicht um die Verheißung einer neuen Utopie fürs Strafrecht. Festzustellen ist nur die Möglichkeit eines Zustandes, der oft für unmöglich gehalten wird. Für unmöglich gehalten gerade von Leuten, die diesen Zustand ermöglichen. Von Leuten, die aktiv an ihm teilnehmen. Leute, die von Beruf tagtäglich Strafrecht betreiben. Die hier angesprochene Möglichkeit ist also eine allzu Wirkliche, metaphysisch ist nur ihre Verleugnung oder Rechtfertigung.

Eine solche Feststellung impliziert eine Unmenge von Fragen. Infrage gestellt wird vor allem die Verantwortung gegenüber dieser Wirklichkeit. Am besten kann ich hier nur aus meiner eigenen Perspektive sprechen, d. h. eines Brasilianers, der sich anschickte, in Deutschland eine Dissertation über Strafrecht zu schreiben. Inmitten von Begriffen und Theorien kann man sich vielleicht verstecken, den eigenen Standpunkt aber nur selten transzendieren.

Die Unmöglichkeit dieses Zustandes lässt sich vielleicht am besten durch eins der vielen Zitaten dieser Arbeit verdeutlichen. Es stammt von dem damaligen Vorsitzender des brasilianischen Verfassungsgerichts, über die Unterkunftsbedingungen vieler Strafanstalten in verschiedenen Regionen des Lands: „Was in diesen Ländern geschieht, ist nicht viel anders als das, was in den Konzentrationslagern geschah." Wie üblich in Brasilien ist der referierte Richter auch Professor, berühmt nicht zuletzt durch unzählige Veröffentlichungen in Verteidigung des freiheitlichen Rechtsstaates. Man sieht kein Problem darin, dass der Mann in der Ausübung seines Amtes immer noch Menschen in mit KZ vergleichbaren Anstalten schickt – oder davon nicht freilässt. Seinen Namen zu erwähnen, erspare ich einfach aus dem Grund, dass er nicht die Ausnahme sondern die Regel für Strafsachen in Brasilien vertritt. Ähnliche Äußerungen könnte man in einem fort weiter zitieren, von seinem Nachfolger am Gericht und neulich von dem Justizminister.

Die Herausforderung der Untersuchung war aber nicht sosehr Vergleiche dieser Art zu attackieren, sondern sie wirklich zu verstehen, ihnen einen Sinn zu geben. Darin liegt der Versuch, der Dissonanz Platz zu verschaffen.

Dann komme ich schon wieder zu der Idee von Zitaten, diesmal auf der anderen Seite, nicht mehr auf der Seite von Tätern. Die Beispiele – Imre Kertész, Ruth Klüger und Jean Améry – wurden ja wegen ihrer Erfahrung als Opfer aber auch wegen ihres literarischen Könnens gewählt. Philosophische Grundlagen ihrer Literatur spielten auch eine Rolle. Das Zitat selbst, nicht weiter als Zitation verstanden, sollte die jeweilige Ausdrucksform der Autoren beachten. Distanz als Respekt. Furcht, Wertvolles zu zerbrechen. Leiden lässt sich nicht vertreten und ist nicht ohnehin zu interpretieren. Mitleid und Empathie bleiben jedoch durchaus möglich.

Eine gewisse Asymmetrie wird also nicht geleugnet, wenn ich Täter und Opfer vergleiche. In einer musikalischen Sprache formuliert, wäre meine eigene Perspektive, noch einmal: die des über Strafrecht schreibenden Brasilianers, als der Grundton meines Vorhabens zu bezeichnen; die Opferstimmen machen die Dominante aus. Noch ganz im Sinne der traditionellen Harmonielehre. Atonalität im Schreiben war ja eine Idee von Kertész übernommen, doch das Scheitern meines eigenen Versuchs war mir von Anfang an völlig bewusst.

Berkeley, Oktober 2013

Frederico Figueiredo

Inhaltsverzeichnis

II. Geige hat das Thema eines bekannten Wiener Volkslied:
»O du lieber Augustin, alles ist hin«,
darf aber trotzdem nicht besonders hervortreten.

Arnold Schönberg,
Marginalien zu Streichquartett Nr. 2, op. 10, 2. Satz, T. 165ff.

Prélude/Einleitung

I. Litanei *oder ein Modell*

II. Entrückung *oder kein Modell*

Coda/Schluss

Prélude/Einleitung

Er trug eine Brille mit doppelten Gläsern, das äußere Glas war dunkler und aufklappbar – das wusste Steinig, weil es gerade hochgeklappt war –, und mochte in irgendeine von hier aus nicht zu erkennende, wichtige Tätigkeit vertieft sein – Steinig hätte sich nicht gewundert, wenn sich herausgestellt hätte, dass er eine Partitur schrieb oder Miniaturen zeichnete.

Imre Kertész, *Fiasko*

Der prima facie kontradiktorische Titel der vorliegenden Studie »Zur Möglichkeit des unmöglichen Strafrechts« mag gleich am Anfang den Verdacht erwecken, diese Arbeit verstieße direkt gegen die ersten Regeln der wissenschaftlichen Methode, wie beispielsweise die cartesianische clara et distinta perceptio.[1] Vor solchen verfrühten Exkommunikationsversuche die Überschrift zu verteidigen, ist zwar notwendig, lässt sich aber nicht als die schwierigste Aufgabe einer Abhandlung dartun, sicher denn nicht, wenn man nur an einige so oft referierte Antworten darauf denkt wie die Hegel'sche in der *Wissenschaft der Logik*: »Ob nun wohl der Begriff nicht nur als eine subjektive Voraussetzung, sondern als *absolute Grundlage* anzusehen ist, so kann er dies doch nicht sein, als insofern er sich zur Grundlage *gemacht* hat. Das abstrakt Unmittelbare ist wohl ein *Erstes*; als dies Abstrakte ist es aber vielmehr ein Vermitteltes, von dem also, wenn es in seiner Wahrheit gefasst werden soll, seine Grundlage erst zu suchen ist.«[2] Unschwer kann man den Satz, den auch Adorno in seinen *Drei Studien zu Hegel* noch zu erklären versucht,[3] in ein noch nicht als Wissenschaft etabliertes Recht transponieren, wie Bloch in *Naturrecht und menschliche Würde* es tut: »Das ist der Hintergrund, womit das rationalistische Naturrecht mehr oder minder verschwiegen arbeitete; ein zweifellos nicht ganz rationalistischer Hintergrund.«[4] Viel später und nicht mehr von Bloch, sondern in *Das Lied vom Gesetz* werden die Leser von der Autorin Marie Theres Fögen mit einem etwa postmodernen Ansatz dann plötzlich informiert, wie darüber entschieden wurde, damit es physiokratisch gelang, dass sich die Aufmerksamkeit nur auf die offiziellen Darsteller der Wissenschaft konzentrieren konnte: »Zuständig für die Paradoxieentfaltung waren die Herren der Rechtswissenschaft.«[5] Dadurch wird das Problem selber, um das es hier eigentlich geht, umgangen und offenbar kaum berührt: »[…] die Analyse [kann] einen Vorgang weder ergänzen oder noch ersetzen […]. Schließlich bleibt nur noch die Analyse selbst übrig; wie ein Krebsgeschwür, das seinen Nährboden aufgefressen hat, hat sie ihren Gegenstand gänzlich in Analyse verwandelt, der deswegen trotzdem bleibt, was er ist: ein unerklärbares, unbegreifliches, einmaliges Phänomen, ein Abenteuer und eine Daseinsform, die außerhalb der Analyse ihren Raum und ihr Gelände hat.«[6] Doch der anfangs angesprochene Widerspruch bezieht sich auf einen ganz bestimmten Gegensatz, nämlich auf einen innerhalb des Strafrechts, und der Vergleich mit dem Krebs will nicht einfach an das Unbehagen erinnern, das die Wissenschaften im Allgemeinem der Vernunft bereiten, wie Hegel es schon tat,[7] sondern eher Rechenschaft von der wirklich schmerzhaften Erfahrung geben, die von der Strafrechtswissenschaft nicht zu trennen ist.[8] Merkwürdig und eine Erklärung schuldig bleibt es, weshalb Hegel sich dieser Frage so nähert, denn er bedient sich gerade des Beispiels der oft unmenschlichen Strafe, um die Dialektik der Wissenschaft offenzulegen.[9] Aber später, in seinen *Grundlinien der Philosophie des Rechts*, wo man von ihm umso berechtigter Weiteres darüber erwarten könnte, kümmerte er sich kaum um die zahllosen Gepeinigten seiner Zeit und schreibt stattdessen begeistert über die unmittelbarste Positivität des Rechts. Auf einem dann selbstgesicherten Rechtsboden, blieben seine Augen nun auf den mächtigen preußischen Staatskopf geheftet, auch wenn für dessen Begriff offensichtlich etwas Phantasie vonnöten war.[10] Die imperialistische Macht Napoleons wirkte auf ihn, so scheint es auf diesen Seiten, so faszinierend, dass er die ersten Schritte des meum iuris der *Metaphysik der Sitten* Kants nur reproduzierte.[11] Allerdings war die Zeit der großen bürgerlichen Revolutionen, zu deren Symbolen nicht nur plakative Rechtserklärungen wie die Erstürmung eines Gefängnisses zählen, inzwischen längst vorbei. Grundsätze wie »Erst im Eigentume ist die Person als Vernunft«[12] entgleiten sehr leicht in den Jargon einer Spätbourgeoisie, und seine Darstellung hinkt nicht so sehr, weil sie plötzlich undialektisch wird, sondern vor allem weil sie dem Zelebrieren eines nicht mehr zu rechtfertigenden monarchischen Souveräns dient. Wo die Philosophie sich feierlich und affirmativ dem Ästhetischen auszuliefern scheint, versagt ihre Vernunft genauso wie die der Wissenschaft, welcher jene, die nun Rechtsphilosophie heißt, angeblich endgültig den Prozess machen wollte. Begeistert von der Möglichkeit, absolut zu herrschen, vergisst sie eben, dass erst durch ihren Kunstgriff das Absolute näher gerückt scheinen konnte. Indem Hegels nicht ganz rationaler Hintergrund sich an dem ehrgeizigen Anspruch eines solchen Geistes rächt, tritt der Dialektiker unbefangen zwischen Beschwörung und Prophezeiung völlig in Erscheinung und versucht, die Differenzen zwischen Recht, Philosophie, Kunst, ja Religion einzuebnen – völlig aufgehoben werden sie allerdings nicht.[13] Dies sind nur einige von Hegels eigentümlichen Skurrilitäten, wie Adorno sie in der Einleitung der *Negativen Dialektik* nennt.[14] Über eine ähnliche Betrachtungsweise schrieb W. G. Sebald in direkterer Anlehnung an Adorno schon in einer seiner frühesten Arbeiten: »In dieser Taktik, die einen Weg ohne Ende vorzeichnet, verabsolutiert sich das Gesetz der Epiphanie, dem alle Kunst unterworfen ist, und wird zu einem pathologischen Drang nach Entäußerung und endlich zur Prostitution.«[15] Die radikal idealistische Strategie, so künstlich sie sein muss, um alles, was sie sieht, gleich ins Vernünftige zu setzen, darf also nicht linear gedacht werden, denn wie hier Sebalds Beurteilung einer etwas späteren Epoche, nämlich der Wilhelminischen, auf der Hegel'schen fast zwanglos antizipiert werden kann, führt sie auch weiter, in noch viel schlimmere Fälle, wie die Geschichte gnadenlos noch zeigen wird.[16] Wenn Marx seinerseits dagegen und um der Wahrheit einer emphatischen Idee willen in seinem Text *Zur Kritik der Hegelschen Rechtsphilosophie* dazu auffordert, deren auf den Kopf gestellten Weg umzustülpen,[17] so bedeutet dies wohl nicht zuletzt, auf die Erfahrung derjenigen eigentumslosen Bevölkerungsschichten zu achten, die, verwiesen in einen rechtlosen Raum, eine Art Rechtsuntergrund, unter der Souverän in Apotheose nur zertreten werden konnten. Darum ist der apologetische Ton des *Manifests der Kommunistischen Partei* nicht grundlos, denn die Rechtslosen konnten sich allein durch das Gespenst gegen die Ungerechtigkeiten – darunter ausdrücklich die Repression der deutschen Polizei – äußern.[18] Die Ausgeschlossenen bilden im Manifest nicht wieder einmal die Natur, um das Naturrecht zu behaupten, sondern sie sind nun das Publikum, das im eigenen Namen sprechen soll. Die Apotheose des Welthandels, wie sie von Peter Szondi in der *Theorie des bürgerlichen Trauerspiels im 18. Jahrhundert* behandelt wurde,[19] verwandelt sich im 19. und erst dann unweigerlich im 20. Jahrhundert in deutschen Kitsch: —»Es war die Apotheose der Kleinbürgerlichkeit, vor der mich heute ebenso schaudert.«[20]

—»Doch selbst an diesem Tiefpunkt – zumindest hielt ich ihn damals noch für einen Tiefpunkt, bevor ich tiefere und immer tiefere kennenlernte, schließlich die Bodenlosigkeit –, selbst an diesem Tiefpunkt blieb die Erzählbarkeit bestehen, man könnte sagen, die Einstellung der Kamera, beispielsweise der Kameralinse eines Schundromans.«[21] So entwickelt sich der anfängliche ungelöste Widerspruch, der noch weitere Komplikationen mit sich bringt, dank der Einbeziehung neuer Referenzen, so verschieden diese auch sein mögen, schließlich doch zur Komposition.[22] Zu den Komplikationen kommt nun die Erinnerung hinzu, die zumindest nach Freud nicht weniger widerspruchsvoll ist, denn mit dem anheimelnden Wiedererkennen bringt die Wiederholung ja stets etwas *Unheimliches*.[23] Vom unmöglichen Zustand des Strafrechts ist hier gewiss nicht zum ersten Mal die Rede. Auf eine krisenhafte Situation des Strafrechts Bezug zu nehmen, zählt zu den locis communis des strafrechtswissenschaftlichen Diskurses. Von einem kaum zu überblickenden Universum solcher Schriften absehend, die nur zu gut dieses Unbehagen belegen wollen, erschien im Jahre 1995 der vom Institut für Kriminalwissenschaften der Johann Wolfgang Goethe-Universität Frankfurt herausgegebene fünfzigste Band einer Studienreihe unter eben dem Titel *Vom unmöglichen Zustand des Strafrechts*. Gleich in seinem Vorwort geben die Herausgeber Auskunft, was darunter zu verstehen sei: »Der gegenwärtige Zustand des Strafrechts im Umbau ist nicht zuletzt deswegen ›unmöglich‹, weil nicht erkennbar ist, ob nach Fertigstellung des ›modernen‹ Strafrechts noch Räume für eine freiheitsphilosophisch fundierte Arbeit an den Grundlagen des Strafrechts vorhanden sein werden. Man hat den Eindruck, als laufe der Umbau auf einen Betrieb nur scheinbar rationeller Kriminalitätsbekämpfung hinaus, der lediglich nach ›Effektivität‹ im Sinne vermehrter und intensiverer Strafverfolgung strebt. Dann allerdings hätte das Strafrecht den ›unmöglichen Zustand‹ erreicht, unter der irreführenden Firma ›Recht‹ die Verwaltung gesellschaftlicher Desintegrationserscheinungen als Geschäft zu betreiben.«[24] Dem Zitat zufolge will die Unmöglichkeit der so skizzierten Situation des Strafrechts Zeugnis von dessen Perversion ablegen, die nun bloß den Namen des Rechts trägt, ohne jedoch Recht zu sein: dort, wo das Strafrecht einst zu finden gewesen sei, werde in der Tat nun Geschäft betrieben. Trotz des starken marxistischen Nachklangs einer solchen Diagnose vernimmt man fast unvermeidlich wieder einmal die gespenstische Stimme Hegels, und zwar jene aus dem Vorwort der *Grundlinien der Philosophie des Rechts*, wenn er etwa mit größter Betonung sagt: »Was vernünftig ist, das ist wirklich; und was wirklich ist, das ist vernünftig«[25] – nun aber in Form abstrakter Negation. Das Phänomen des Rechts, wo es am konkretesten ist – denn wenn die ultima ratio des Strafrechts überhaupt ihren guten Grund hat, so ist er gerade hier ausfindig zu machen –, wird, indem es sich ans primitivste Naturrecht annähert,[26] im Namen einer freiheitsphilosophisch fundierten Idee von Strafrecht oder, wie man es häufiger nennt, vom rechtsstaatlichen Strafrecht endlich als ens realissimum vergeistigt.[27] Es geht also nicht einfach um eine schlechte Unendlichkeit,[28] denn das Recht kommt hier der Apotheose der schlechten Gesellschaft in der Tat zugute. Wenn diese Gesellschaft nicht mehr in der Lage ist, das von ihr einst Versprochene einzulösen und Sicherheit zu bieten gegen die möglichen Störungen seitens der von ihr Ausgeschlossenen,[29] so verstärkt das Recht die Ausschließung weiter, mit allen zur Verfügung stehenden Mitteln, am stärksten durch das des Strafrechts. Dichte Grenze werden eingerichtet, echte Mauern gebaut, man macht sich ans Werk, auch wenn man nicht die gleichen Ideen teilt. Wie kunstvoll der Gedanke des Rechtsstaats sein muss, um weitere wichtigere, ja politischere Unterscheidungen in die hintergründige Dunkelheit zu schieben, konnte man spätestens in dem 1937 von Franz Neumann geschriebenen Aufsatz *Der Funktionswandel des Gesetzes im Recht der bürgerlichen Gesellschaft* für die Zeitschrift für Sozialforschung eines ebenfalls Frankfurter Instituts lesen: »Der

Rechtsstaat ist hier die Schöpfung der deutschen Bourgeoisie als einer ökonomisch aufsteigenden, politisch aber stagnierenden Klasse. Sie ist zufrieden mit rechtlichem Schutz ihrer wirtschaftlichen Freiheitsrechte und hat resigniert, soweit es sich um die politische Herrschaft im Staate handelt. Das Wesen dieses Rechtsstaatsbegriffes besteht in der Abspaltung der Rechtsform von der politischen Struktur des Staates, wobei jene allein, unabhängig von der politischen Struktur, Freiheit und Sicherheit garantieren soll.«[30] Die Erscheinung des Geschäfts unter rechtlicher Firma besiegelt das Recht unter der Firma des Geschäfts, wie seine Sprache selbst, die allzu anfällig wird für Klischee und warenfetischistische Wortreproduktion einer permanent inszenierten Krise des Strafrechts.[31] Die Ohnmacht des rechtsstaatlichen Strafrechts und die Allmacht seiner vermeintlichen Negation existieren eben ungestört nebeneinander, gerade weil sie, von jenem Grundton präfiguriert, eine fixierte coincidentia oppositorum bilden.[32] Überbewertung und Verfinsterung des Horizontes gehören also verdichtet zusammen.[33] Was einst als unmöglich erscheinen wollte, beharrt nun umso stärker auf dessen Möglichkeit, und man könnte fast sagen, etwa Kafka paraphrasierend, das unmögliche Strafrecht ist möglich, indem es geschieht.[34] Die Negation des Rechts, in dessen Abstraktion gefangen, bleibt nach wie vor eine Parole, die im deutschen rechtswissenschaftlichen Raum des 20. Jahrhunderts eine beinahe betäubende Resonanz findet, nicht zuletzt aufgrund des höchst problematischen Versuchs, den Begriff des Rechts unmittelbar zu retten vor der, wie Raul Hilberg reichlich nachweist, nur durch den effektiven Rechtsbetrieb ermöglichten und in grausamem Maß durchgeführten *Vernichtung der europäischen Juden*[35] – ohne sie verstehen zu wollen, oder zumindest in gelinderer Form, die ja einen sensiblen Unterschied machen kann, ohne sie verstehen zu können.[36]

> Und das ist ganz verständlich, mehr noch, recht und billig, wenn eurer Verfahren auch nicht »wissenschaftlich« und »objektiv« ist, wie ihr gern glauben möchtet, nein, es ist reinstes Dichten und Moralisieren, insofern es wieder eine rationale, das heißt lebbare Weltordnung herstellen will, und die aus der Welt Vertriebenen stehlen sich dann durch diese Tore und Hintertürchen wieder in die *Welt* zurück, zumindest die, die dazu Lust verspüren und die glauben, dass die *Welt* in Zukunft ein Ort für Menschen sein wird, doch das ist eine andere Frage, [...] schlimm ist nur, dass solcherart Legenden geboren werden, wir erfahren aus diesen wissenschaftlichen Horrorromanen, dass der große Mann zum Beispiel über einen ausgezeichneten taktischen Sinn verfügte, nicht wahr, als ob nicht jeder Paranoiker und manisch Irre seine Ärzte und seine Umgebung mit seinem ausgezeichneten taktischen Sinn irreführte und zur Verzweiflung treibe, dann, dass die soziale Situation gerade so und so war, dass die internationale Politik noch viel mehr so und so war, dass die Philosophie, die Musik und der sonstige Kunst-Hokuspokus die Denkweise der Leute verdorben hatten, doch

> hauptsächlich erfahren wir, dass der große Mann letzten Endes, ehrlich gesagt, ein *großer Mann* war, er hatte etwas Verführerisches, etwas Faszinierendes, kurz und bündig: etwas *Dämonisches*, so ist es, er hatte dämonischen Zug, dem man ganz einfach nicht widerstehen konnte, zumal dann, wenn man gar nicht gewillt ist, ihm zu widerstehen, da man gerade auf *Dämonensuche* unterwegs ist, wir brauchen schon längst nur noch einen Dämon, um unsere widerlichen Wünsche auszuleben, natürlich einen Dämon, den wir glauben machen können, dass *er* der Dämon ist, der all unser Dämonisches auf seine Schultern lädt, wie ein Antichrist das Eiserne Kreuz, und der sich nicht frech aus unseren Krallen windet, um sich vor der Zeit aufzuhängen, wie Stawrogin.[37]

Das Zitat aus dem *Kaddisch für ein nicht geborenes Kind* der hier hervorgehobenen aber ansonsten stets durch längere Gedankenstriche eingeführten Stimme Imre Kértesz' soll deutlich machen, weshalb seine Kritik gegenüber dem Anspruch wissenschaftlicher Objektivität dennoch anders wirken muss im Vergleich mit der allzu oft wiederholten Kritik, einschließlich Hegel.[38] Für den Fall, den er beabsichtigt, greift jene Logik einfach zu kurz: —»Die Sehnsucht des Dämonischen gilt dem Absoluten, das Konkret des Absoluten wiederum ist der Totalitarismus – und in Auschwitz gibt es nur stinkende Leichen, Exkremente und unermessliches körperliches Leiden.«[39] Will die Wissenschaft mit dieser sowohl ausschließlichen wie totalen Wirklichkeit nicht fertig werden, schlägt sie gleich in schlechteste Fiktion der Paraliteratur um,[40] in Pseudowirklichkeit.[41] Der grausamen Figur Dostojewskis aus *Die Dämonen* des vorrevolutionären Russlands des 19. Jahrhunderts, also Stawrogin, diesem Mörder bzw. Selbstmörder der Weltliteratur, spricht Kertész mehr Sachgehalt zu als den Horrorromanen der Wissenschaft samt all ihrer vermeintlichen Objektivität.[42] Dass diese Bereiche doch kommensurabel sind und ein solches Urteil erlauben, darf nicht überraschen. Nietzsche, dem Kertész viel zugesteht, ist hier ein vornehmliches Modell.[43] In dem kurzen Stück *Wie die »wahre Welt« endlich zur Fabel wurde: Geschichte eines Irrtums*, einem Text aus der *Götzen-Dämmerung*, verfährt er so, als wolle er etwas Licht werfen auf die in der Regel nur wenig beachtete, ja dunkle Seite des Philosophen und nicht zuletzt großen Dichters und Juristen Francis Bacon. In der Knappheit dieses Texts lässt Nietzsche die Götzenbilder des *Novum organum* endlich vollkommen auf die Bühne treten.[44] Der Grundsatz der Naturbeherrschung – scientia et potencia humana in idem concidunt – wird erst verständlich durch die Einbeziehung der Möglichkeit des Fehlschlagens, des totalen Fiaskos. »Die wahre Welt haben wir abgeschafft: welche Welt blieb übrig? die scheinbare vielleicht?... Aber nein! *mit der wahren Welt haben wir auch die scheinbare abgeschafft!*«[45] So geraten Naturbeherrschung und Naturzerstörung in ein spannendes, ja dramatisches Verhältnis.[46] Das Thema gehört in die Tradition des Abendlands und kann beispielsweise in der *Dialektik der Auf-*

klärung weiterverfolgt werden. Was vielleicht von Dialektik in Nietzsches Schrift zu spüren ist – denn selbstverständlich ist sie bei ihm zuallerletzt eine Methode –, ist also einzig die immanente Bewegung des Textes, die den Sinn aus der Sache selbst herauszuholen sucht. Nietzsche folgt einfach Bacons eigenen Anweisungen und erzählt, am Ende, eine Fabel. Werden die Aphorismen Bacons, dessen ungeachtet, einseitig zum System der Wissenschaft, so ist es darum nur konsequent, wenn die Pseudowirklichkeit seines »Wir« mit den Anführungszeichen den Unterschied zur Wahrheit anzeigt. Die »wahre Welt« des Titels will an die von den Wissenschaften vergessenen Welten erinnern.[47] Einen ähnlichen Kunstgriff benutzt dann Kertész in seinem ersten Roman. Dort werden die sich selbst denunzierenden Gemeinplätze der Sprache ohne Weiteres mittels dieses kleinen Zusatzes der Schrift eingefangen.[48] Der *Roman eines Schicksallosen* führt ebenso wie Nietzsche direkt ins Problem des theoretischen Wissens – nämlich in *Die Theorie des Romans*. Gleich auf der ersten Seite wird der Name des Ich-Erzählers, Gyurka, also eine Verkleinerungsform für Georg, verraten, als eine unverkennbare Anspielung auf den jungen Lukács, den Autor jener so berühmten Abhandlung über die Form des Romans. Bei Kertész ist die Frage natürlich eine andere als 1916 – oder eben als 1928, als das Buch von Walter Benjamin über den *Ursprung des deutschen Trauerspiels* sie zwar wieder, aber auf seine ganz eigene Weise in Angriff nimmt.[49] Innerhalb dieser Tradition ist Kertész eher in der Nähe der Obdachlosen des vielleicht am meisten zitierten Aphorismus der *Minima Moralia* einzuordnen: auch er sucht Asyl.[50] Einige Seiten danach, in einem späteren Stück dieser Sammlung, kommt Adorno zu dem gleichen Schluss wie Kertész: »Am Ende ist es dem Schriftsteller nicht einmal im Schreiben zu wohnen gestattet«.[51] In seinem nächsten großen Roman, *Fiasko*, muss dann der Ich-Erzähler zuerst alle Schwierigkeiten überwinden, die ihm seine eigene Wohnung für seine Tätigkeit als Schreibendem bereitet.[52] Das Unterkunftsproblem wird auch inmitten der langen Erzählung *Die englische Flagge* erörtert wie zu Anfang des Romans *Liquidation*.[53] Kertész fällt es nicht schwer, sich in eine Genealogie der Obdachlosen in der Literatur einzuschreiben.[54] Seine Tätigkeit entwickelt sich dennoch in einem fort. Hier eine weitere Stelle des *Kaddisch*: —»dass ich nicht schreibe, um Freude zu finden, sondern dass ich, im Gegenteil, mit meinem Schreiben den Schmerz suche, den größtmöglichen, beinahe schon unerträglichen Schmerz, ja, das ist wahrscheinlich der Grund, denn der Schmerz ist die Wahrheit, auf die Frage jedoch, was die Wahrheit ist, schrieb ich, gibt es eine sehr einfache Antwort: Wahrheit ist, was mich verzehrt.«[55] Indem er sich selbst aus dem *Galeerentagebuch* zitiert,[56] zeigt er deutlich, dass sein Weg kein Geradliniger ist. Er legt den Krebs offen, seine Schmerzen. Auf sie pocht seine Wahrheit. Eine weitere Assoziation erscheint hier somit sehr angebracht: Während Heine am Anfang der *Reisebilder*, in der

Schilderung der Göttinger Universitätswelt um 1824, einer für ihn eminent juristischen, das Zitat gleich in Zitation verwandeln lässt,[57] reklamiert das Selbstzitat bei Kertész ihn direkt und höchst persönlich, mit seinem eigenen Leib. Freud konnte bei Heine ein Beispiel für den *Witz und seine Beziehung zum Unbewussten* finden;[58] Kertész spielt mit dem Bild des Bettler auf Adorno und Benjamin an,[59] also auf einen Träger des Leidens und des Auschwitz-Mythos als Antwort auf das ungelöste Versprechen der Rechtswissenschaft nach Glück und Wirklichkeit.[60]

—»Innerlichkeit ohne die Geschichte ist irgendwie ungültig. (Den Kopf nicht in den Sand der ewigen Dinge stecken, sagt Nietzsche.) Man kann den Stoff der Zeit nicht außen vor lassen. Unser Innerstes muss seinen Weg durch den historischen Stoff hindurch zu sich selbst zurücklegen; und es muss auch den Stoff (den Dreck), der an ihr haften bleibt, mit sich schleppen.«[61] Wie gelingt es dann dem Schriftsteller, den »dreckigen Stoff« aufs Papier zu bringen? Adorno gibt den Hinweis in der Vorlesung über *Philosophische Terminologie*: »Dabei gibt es nun für die materialistische Haltung sehr verschiedene Möglichkeiten. Sie reichen von einer Art grinsendem Einverständnis mit dieser Naturwüchsigkeit, also der Haltung: es ist ja eigentlich alles nur Dreck, bis zu dem leidenschaftlichen und gegen dies Unwürdige sich auflehnenden Protest.«[62] In den Plan von *Fiasko* eingehend notierte Kertész seinerseits auf dem nicht zu beherrschenden Wasser des *Galeerentagebuchs*[63]: —»Was ist Mittelalter? Welches sind die Archetypen? Was ist Moderne? Mittelalter: Dämon; Bürger: der soziable (und relative) Mensch; Moderne: Gesellschaftsstruktur, der verbrauchende und verbrauchtwerdende (Mensch). Irrationale Verhaltensweisen (Ich denke an meinen Henkersroman) sind Durchbrüche zum Dämonischen, doch es sind manipulierte, strukturell gesteuerte, staatlich organisierte, disziplinierte Durchbrüche, das heißt in Wirklichkeit keine: Das Erlebnis des Dämonischen kommt irgendwie nie zustande. Die ästhetische und gestalterische Projektion aber, überhaupt jede Vermittelnde (geistige) Projektion zeigt den Durchbruch als dennoch zustande gekommen […].«[64] Ein Moment der Indifferenz zwischen Kunst und Theorie sieht Kertész also in der Technik der Projektion. Beide Gebiete sind durch Vermittlung des Geistes Grundlage einer wirklichen, zumindest mitteilbaren Erfahrung. Etwa in diesem Sinn liest Kertész am Marx'schen Materialismus nur ein weiteres Produkt der deutschen Romantik ab.[65] So gesehen rechnet die Projektion mit einer Art Radikalisierung jener Literarisierung der Lebensverhältnisse, die Benjamin auf der Ansprache *Der Autor als Produzent* im Institut zum Studium des Faschismus analysierte.[66] Radikalisierung, weil er sie auch gegen Marx anwendet. Radikalisierung, weil Kertész gegen sich selbst verfährt.[67] Der Henkersroman, an den Kertész erinnert, wurde letztlich in toto in *Fiasko* integriert. Wieder einmal also der Kunstgriff des Selbstzitats. In der Konstruktion dieses späteren Romans ist jedoch die Autorschaft dieses ersten ernsthaften längeren Prosatextes der Romanfigur Berg zugeschrieben.[68] Viele Jahre später schreibt Kertész auf diese Figur zurückblickend in dem als eine Art Ermittlung inszenierten *Dossier K.* eine weitere Projektion: —»In der Figur von Berg meinte ich ein imaginables Bild des aus dem ersten Teil bekannten ›Alten‹ zu schaffen. Er ist ein absolut theoretischer Mensch, der in seinem Zimmer unablässig über den ›Plan für einen möglichst nicht allzu groß angelegten Traktat über die ästhetische Vermittelbarkeit von Gewalt‹ nachsinnt.«[69] Wegen des deutlichen Anklingens im Namen liegt der Bezug zu Alban Berg nahe.[70] Dennoch ist es eigentlich Adorno, der eine wichtigere Rolle im Roman spielt – Adorno, der bei dem großen Komponisten in Wien Komposition studierte und bis zum Ende seines Lebens an der *Ästhetischen Theorie* arbeitete. Daher scheint die Vermutung naheliegend, dass dieses Werk Adornos nur als Fragment überliefert wurde, weil es ihm unmöglich war, eine Form dafür zu finden. Der Traktat, den Benjamin definitiv in die Zeit des Barocks einschrieb, nur damit er erneut Gebrauch davon machen konnte, scheint Kertész jedenfalls nicht zu genügen.[71] Kein Grund jedoch, die Produktivkräfte Adornos und Benjamins zu verschwenden. Denn ihre Vorgehensweisen sind in vielerlei Hinsicht verwandt, auch Kertész benutzt zum Beispiel die Figur Richard III. als literarischen Prototyp jenes Mittelalters stärker als den vermeintlich historischen. Adorno macht in der Vorlesung *Zur Lehre von der Geschichte und von der Freiheit* das Gleiche[72] –, ein nur anscheinend freierer Zugriff eben wegen des festen Entschlusses, den Primat der Theorie gegenüber der Praxis nicht einfach gelten zu lassen.[73] Literatur und Historie stehen also hier in einem viel komplizierteren Verhältnis, als es üblicherweise angenommen wird. Alle drei, Benjamin, Adorno und Kertész, haben mit dem Marx der *Thesen über Feuerbach* gemeinsam, dass sie einem naiven, gleich in Idealismus umschlagenden Materialismus entgegentreten.[74] Als die Rohfassung von *Ich, der Henker* endlich separat auf Deutsch erschien, machte Kertész in einer Vorbemerkung deutlich, weshalb er von verschiedenen literarischen Vorbildern Gebrauch machen musste. Ihm ging es seit dem Anfang seiner schriftstellerischen Tätigkeit eigentlich darum, eine Sprache zu finden, in der er die mit nichts vergleichbaren Ereignissen der totalitären Staatsmacht beschreiben konnte.[75] »Ich glaube, dass jeder Gedanke, der an diesen Erfahrungen nicht sich misst, völlig ohnmächtig, völlig gleichgültig, bloßer Spaß ist« – die Formulierung stammt aus Adornos *Zur Lehre von der Geschichte und von der Freiheit*, könnte aber durchaus auch Kertész zugeschrieben werden oder zumindest einer seiner Figuren.[76] Die subjektive Erfahrung zusammen mit der Geschichte zu vermitteln, bedeutet für Kertész nichts als *eine exilierte Sprache*, die bar jeder vorwegzunehmenden theoretischen Sicherheit zögernd und abtastend zwischen einer

Vor- und einer Nach-Auschwitz-Sprache oszilliert.[77] Wo liegt diese Sprache überhaupt, wenn nicht in unnachlässigem Exil?[78] Wenn *Der Holocaust als Kultur* zu verstehen ist – so die Überschrift der Rede Kertész' zum Jean-Améry-Symposium in Wien –, wird das Gesamtkunstwerk des Materialismus auch zur Chiffre dieser Weltkatastrophe. —»Der Holocaust ist ein Wert, weil er über unermessliches Leid zu unermesslichem Wissen geführt hat und damit eine unermessliche moralische Reserve birgt.«[79] Es wird erst dann verständlich, weshalb ein solcher Zustand des Schriftstellers unmöglich geworden ist.[80] Nicht einfach weil er einer Idee widerspricht, so rein sie sein mag, sondern weil der Schmerz, der die Vermittlung des Wissens erst »flüssig macht«,[81] auch als Erinnerung kaum zu ertragen ist. Denn die Erinnerung ist sehr lebendig, nicht nur subjektiv mit den Überlebenden, sondern auch objektiv in der Gesellschaftsstruktur.[82] — »Auschwitz *ist existent.*«[83] Dies nötigt das Denken weiter, ihm ist keine Ruhe vergönnt; die Not jedoch kommt aus dem nicht weiter zu demütigenden Leib: »Irreduzibel ist das somatische Moment als das nicht rein cognitive an der Erkenntnis«[84] – wieder einmal nicht Kertész, sondern Adorno aus der *Negativen Dialektik*. Dann Kertész: —»Wo Auschwitz anfängt, ist die Logik zu Ende. Aber es tritt eine Art Zwangsdenken in den Vordergrund, das der Logik sehr ähnlich ist, weil es einen leitet, nur eben nicht auf den Weg der Logik. Dieser Schizophrenie bin ich auf der Spur, dieser Art zu denken, die uns die Absurdität zwangsläufig als Logik erscheinen lässt, weil uns in der Fallensituation von Auschwitz keine andere Wahl bleibt.«[85]

Diese letzte Wendung Kertész' scheint sich auf Hegels Dialektik zu beziehen, etwa wie in der *Wissenschaft der Logik* oder in Lukács' Variation aus *Geschichte und Klassenbewusstsein*: »Es gehört zum Wesen der dialektischen Methode, dass in ihr die – in ihrer abstrakten Einseitigkeit – falschen Begriffe zur Aufhebung gelangen. Dieser Prozess des Aufhebens macht aber zugleich notwendig, dass dennoch ununterbrochen mit diesen – einseitigen, abstrakten und falschen – Begriffen operiert wird; dass die Begriffe weniger durch eine Definition, als durch die methodische Funktion, die sie als aufgehobene Momente in der Totalität erhalten zu ihrer richtigen Bedeutung gebracht werden.«[86] Auf dieses vielleicht eher von Engels als von Marx abzuleitende Vertrauen in eine bestimmte Erkenntnistheorie[87] antwortet Kertész eindeutig: —»Ich bin ein Revolutionär, der von vornherein weiß, dass die Revolution längst gescheitert ist. Ich bin ein Revolutionär, der das Bestehende hasst und nicht das geringste zu dessen Umsturz tut. ›Objektiv‹ betrachtet mag ich das Böse und mein Denken ist nicht dialektisch, sondern widersprüchlich; mehr noch, ich halte das für Moral, genauer: für meine Moral.«[88] Denn er kennt genau die Gegner, die auf seinem Weg standen und keine Versöhnung anzubieten hatten. Darum ist sein Vorwurf an das Klassendenken offensichtlich, der ebenso auf Lukács angewandt werden könnte, der sich hier jedoch auf einen von Benjamin hervorgehobenen Satz aus *Der Autor als Produzent* bezieht: —»Wer die Schriftsteller nichts lehren könne, könne niemanden etwas lehren: Benjamin – dieser blendende, aber im Grunde unglückselige Autor, der sich dem Klassendenken verschrieben hatte«, schreibt Kertész im Galeerentagebuch, und weiter: »Was für eine Falle ist doch der Nihilismus, er macht es sich immer wieder zunutze, wenn große, aber nicht sehr starke Geister sich fortwährend selbst misstrauen und deshalb bereitwillig an der eigenen Zerstörung mitwirken, als könnten sie gerade damit ihre Stärke beweisen.«[89] Passagen wie diese, also ganz gemäß der Art des Geleerentagebuchs selbst, hinterlassen nicht weniger den Eindruck von Resignation als den von Kritik. Eben dieser saturnische Blick rückt Kertész wieder in die Nähe von Benjamin, lässt etwa an die berühmte Stelle der Ruine im *Ursprung des deutschen Trauerspiels* denken, die wie folgt anfängt: »Wenn mit dem Trauerspiel die Geschichte in den Schauplatz hineinwandert, so tut sie es als Schrift. Auf dem Antlitz der Natur steht ›Geschichte‹ in der Zeichenschrift der Vergängnis. Die allegorische Physionomie der Natur-Geschichte, die auf der Bühne durch das Trauerspiel gestellt wird, ist wirklich gegenwärtig als Ruine. Mit ihr hat sinnlich die Geschichte in den Schauplatz sich verzogen. Und zwar prägt, so gestaltet, die Geschichte nicht als Prozess eines ewigen Lebens, vielmehr als Vorgang unaufhaltsamen Verfalls sich aus.«[90] *Die Idee der Naturgeschichte* ist im Übrigen eins der am häufigsten von Adorno referierten Themen.[91] Verkürzt gesagt ist damit die doppelte Negativität gemeint, die sowohl die Natur wie die Geschichte als eine Art verdoppelte Bodenlosigkeit charakterisiert. Beide berühren sich in ihrer Nicht-Identität, das heißt in ihrer Vergänglichkeit, die nun ein breiteres Feld für die Kommunikation eröffnet. Die Idee wird von Kertész bis zu ihrem Äußersten zugespitzt: —»Die Osteoporose bewirkenden Ursachen als ein glänzender Beweis für das Auschwitz-Prinzip der Natur. Nachdem die vorübergehende Aufgabe der Arterhaltung erledigt ist, sofort raus auf den Müll, ab in die Grube. Die uneingeschränkte Macht – die totalitäre Diktatur – ist eigentlich eine Nachahmung der Natur, ist Naturalismus.«[92] Trotz aller Differenzen – die dennoch sehr von Bedeutung sind, um zu verstehen, warum Kertész so weit geht – ist hier die Stimme Lukács' wieder sehr deutlich vernehmbar, nämlich aus der *Theorie des Romans*, wo von der Welt der Konvention die Rede ist: »eine Welt, deren Allgewalt nur das Innerste der Seele entzogen ist; die in unübersichtlicher Mannigfaltigkeit überall gegenwärtig ist; deren strenge Gesetzlichkeit, sowohl im Werden wie im Sein, für das erkennende Subjekt noch in sinnlicher Unmittelbarkeit als Stoff für das handelnde darbietet. Sie ist eine zweite Natur; wie die erste nur als der Inbegriff von erkannten, sinnesfremden Notwendigkeiten bestimmbar und deshalb in ihrer wirklichen Substanz unerfassbar und unerkennbar.«[93] Will man den Weg der Ideengeschichte einer zweiten Natur noch weiter verfolgen, so trifft man bei Marx etwa auf »das in ein Naturgesetz mystifizierte Gesetz der kapitalistischen Akkumulation«[94] und stößt hier wieder einmal auf Hegel. In der *Enzyklopädie der philosophischen Wissenschaften* steht: »Die Gewohnheit ist mit Recht eine zweite Natur genannt worden, – *Natur*, denn sie ist ein unmittelbares Sein der Seele, – eine *zweite*, denn sie ist eine von der Seele *gesetzte* Unmittelbarkeit [...].«[95] Die Worte »mit Recht« drücken hier nicht so sehr Hegels Zustimmung aus, sondern meinen vor allem »*mittels* des Rechts«, wie später in der *Philosophie des Rechts* zu lesen ist: »Überhaupt aber ist es schlechthin wesentlich, dass die Verfassung, obgleich in der Zeit hervorgegangen, *nicht als ein Gemachtes* angesehen werde; denn sie ist vielmehr das schlechthin an und für sich Seiende, das darum als das Göttliche und Beharrende und als über der Sphäre dessen, was gemacht wird, zu betrachten ist.«[96] Man kann so weit in die Dogmengeschichte zurückgehen, doch irgendwie schließt sich der Zirkel nicht mehr, denn dem Phänomen der Rechtssetzung bei Hegel zufolge unterscheidet sich seine Einstellung ganz deutlich von der eines Melancholikers. Auch wenn er das Recht offensichtlich manipuliert, wirkt Hegel von ihm so begeistert, dass die Leserin oder der Leser oft nur eine verblendende Beschreibung des mystischen Moments im Ursprung des rechtlichen Gesetzes bekommt. Der Eindruck ist immer noch, Hegel komme über das notwendige vermittelte Dasein des Rechts hinweg. So fällt es ihm nicht besonders schwer, die Strafe im berühmten Zusatz zum § 97 als Negation der Negation auf einen Schlag ins positive Recht zu verwandeln.[97] Bekanntlich widerspricht Marx diesem Hegels Zauberspiel mit dem Recht im Kapitel über die sogenannte ursprüngliche Akkumulation des *Kapitals*. Dort bemüht er sich zu zeigen, wie die Negation der Negation nur die Vergänglichkeit der kapitalistischen Ära anzudeuten vermag, nichts Positives an und für sich.[98] Viele Jahrzehnte später, in einer Rede über *Réparation et rétribution pénales,* sagt der beharrlich im mystischen Glauben an die Strafe verwurzelte Jean Laplanche also zurecht erstaunt: »soudain m'était apparue l'universalité du raisonnement utilitariste, à la fois odieux dans ses visées manipulatoires, et puéril dans ses moyens. Craignons que la puérilité ne le cède peu à peu à l'odieux.«[99] Kertész, der ebenso wie Laplanche Freuds Werke in seine eigene Muttersprache übersetzte und dabei auch auf neue Richtungen für die einschlägige Diskussion hinwies,[100] gibt sich nicht mit diesem kindischen Glauben zufrieden. Er denkt weiter an andere Möglichkeiten: —»Der psychologische Realismus, die Zeitgeschichte und die Struktur. Irgendwo hier, in dieser Dreiheit der Mittel, muss das Dämonische, genauer, die Möglichkeit der Projektion des Dämonischen, erhascht werden.«[101]

In *Ich – ein anderer*, der Fortsetzung des *Galeerentagebuchs*, nennt sich Kertész dennoch ein unverbesserliches Kind der Diktaturen.[102] Durch eine Projektion erklärt er in der Folge, fast am Ende des Buches, was sich hinter einer solchen Besonderheit, diesem Gebrandmarktsein, steckt: —»Mit Christi Tod kam zu einem schrecklichen Bruch im ethischen Gebäude, das – wenn man so sagen darf – der Stützpfeiler der menschlichen Seelengeschichte ist. Worin besteht dieser Bruch? Darin, dass die Väter das Kind zum Tode verurteilten. Das hat keiner jemals verschmerzt. Damit dies jedoch zum Weltereignis werden konnte, bedurfte es natürlich der einzigartigen ethischen Genialität des jüdischen Volkes. Die Strafe, die schreckliche Strafe, die das jüdische Volk für immer auf sich lud, hat durch diese Wende einen besonderen Sinn bekommen. Man könnte die Linie von Christus zu Auschwitz ziehen, doch darf man sich solcher Mystik nur für einen Augenblick hingeben, und nur, um die bodenlose Tiefe der menschlichen Geschichte zu ermessen, die außergewöhnliche Aktivität des Lebens, die sich als Wirklichkeit kaschiert, Kreativität und Destruktion, die pausenlos am Werk sind. Dieser Auffassung zufolge ist Jesus nicht der Sohn Gottes, sondern der Sohn des *Vaters*. Kafkas Erzählung *Das Urteil* weiß einiges über diese Beziehung.«[103] Kertész weigert sich entschieden, den Bruch in der Sittlichkeit zu übersehen. Noch im *Galeerentagebuch* schrieb er: —»Ich könnte nicht eine einzige grundlegende Frage beantworten – jedenfalls keine, für die als Antwort nicht ein bloßes NEIN ausreichen würde.«[104] Die Negation bestimmt also die Kadenz des ganzen *Kaddisch für ein nicht geborenes Kind*: —»ich muss an meinen ›Kaddisch‹ denken. Ich habe keine Kindheit gehabt, die es mir unmöglich gemacht hat, Kindheit – auch nur indirekt, durch eigene Kinder – zu wiederholen oder daran etwas ändern zu können.«[105] Es ist ihm unmöglich, die nicht existierende Kindheit zu reproduzieren und vor allem die Rolle des Vaters zu übernehmen. Eine Nähe von Totalitarismus und männlicher Figur ist wohl bekannt und kann im Fall des Nazismus in *Männerphantasien* von Klaus Theweleit noch deutlicher gelesen werden.[106] Mit dem *Kaddisch* geht Kertész dennoch weiter. Wenn er mit allen möglichen Hervorhebungen schreibt: —»*Dass du* **nicht** *in Auschwitz warst*«,[107] wird jede Möglichkeit eines Gebots abgelehnt, die sein Beispiel nicht gebührend berücksichtigt. Deutlich behauptet sich die Negation des kategorischen Imperativs, denn gegenüber dem Verbot des Beispiels, das Kant in der *Grundlegung zur Metaphysik der Sitten* deduzieren wollte,[108] ist Kertész das hic et nunc lebendige Gegenbeispiel. »Dass Kant sein ungeheures Werk gerade unter der Konstellation der Aufklärung in Angriff nehmen konnte, besagt, dass dieses an einer gleichsam auf den Nullpunkt, auf das Minimum von Bedeutung reduzierten Erfahrung vorgenommen wurde. Ja man darf sagen, dass eben die Größe seines Versuches, der ihm eigene Radikalismus eine solche Erfahrung zur Voraussetzung hatte deren Eigenwert sich der Null näherte und die eine (wir dürfen sagen: traurige) Bedeutung nur durch ihre Gewissheit hätte erlangen können.«[109] Benjamins 1917 verfasste und lange unveröffentlicht gebliebene Frühschrift *Über das Programm der kommenden Philosophie*, aus der hier zitiert wird, hatte zwar nicht antizipieren können, wie tief ins Negative die Erfahrung tatsächlich noch sank. Man schrieb noch das Jahre 1933, als er in *Erfahrung und Armut* die Nachwirkung jener schweren Zeiten des Ersten Weltkriegs behandelte und erklärte, wie man nach der Wirtschaftskrise 1929 noch ärmer werden konnte: »Nein, soviel ist klar: die Erfahrung ist im Kurse gefallen und das in einer Generation, die 1914–1918 eine der ungeheuersten Erfahrungen der Weltgeschichte gemacht hat. Vielleicht ist das nicht so merkwürdig wie das scheint. Konnte man damals nicht die Feststellung machen: die Leute kamen verstummt aus dem Feld? Nicht reicher, ärmer an mitteilbarer Erfahrung.«[110] Die wirkliche Tiefe des Verlusts wird aber im *Fiasko* von Kertész umso dramatischer gezeigt.[111] Das Problem, das der Alte dieses Romans vor sich hat, wurde schon von Benjamin skizziert: »Erfahrungsarmut: das muss man nicht so verstehen, als ob die Menschen sich nach neuer Erfahrung sehnten. Nein, sie sehnen sich von Erfahrung freizukommen, sie sehnen sich nach einer Umwelt, in der sie ihre Armut, die äußere und schließlich auch die innere, so rein und deutlich zur Geltung bringen können, dass etwas Anständiges dabei herauskommt.«[112] Keine weiteren Spuren sind zu hinterlassen, keine Moralphilosophie ist im Stand, diese Aufgabe zu erfüllen. Wie Benjamin schon vorherahnte, kann es hier nicht so sehr darum gehen, noch ein Monument aus den moralischen Ruinen wiederaufzubauen, sondern eher darum, diese brüchigen Resten, eben um ihrer Fragilität willen, transparent darzustellen.[113] 1964 notierte Kertész Ähnliches im *Galeerentagebuch*: —»Aufpassen, also nach einer geschlossenen Form streben, den Inhalt gleichsam hinter eine Glasscheibe stecken, gut sichtbar, aber unantastbar.«[114] Im Sinne der Idee von einer gekünstelten Konstruktion streben dann Benjamin und Kertész einem erfahrungslosen Humanismus entgegen, einem Humanismus, der nicht verwirklicht werden konnte.[115] Beide verkörpern – jeder nach seiner eigenen Art – eher Grundzüge von Sammlern der Geschichte als von herkömmlichen Moralisten oder Historikern.[116] So antwortet der Überlebende Kertész dem Rigorismus des kategorischen Imperativs, der keine Ausnahme kennt,[117] mit selbstbewusster Ironie des Abgesandten der Erzählung *Der Spurensucher*.[118] Denn das JEDEM DAS SEINE, das am Eingang des Konzentrationslager Buchenwald stand, durch das er gehen musste, erscheint in der *Metaphysik der Sitten* zugleich als Türornament, als Prinzip der juristischen Subsumtion.[119] Man könnte hier Benjamin wiederholen: »Es ist niemals ein Dokument der Kultur, ohne zugleich ein solches der Barbarei zu sein.«[120] In Anlehnung an Horkheimers *Egoismus und Freiheitsbewegung* wirft Benjamin Kant nur implizit bürgerlichen Moralismus vor.[121] Kertész seinerseits spricht ihm seinen Sach- wie auch den einzig möglichen Wahrheitsgehalt zu, wenn er aufgrund seiner Erfahrung mit diesem Text zur eigenen Literatur gelangt.[122] Auch Kant leitet aus seinem persönlichen Erleben die Regeln ab, wenn er das Strafgesetz zum kategorischen Imperativ erhebt: »Das *Strafrecht* ist das Recht des Befehlshabers gegen den Unterwürfigen, ihn wegen seines Verbrechens mit einem Schmerz zu belegen. Der Oberste im Staate kann also nicht bestraft werden, sondern man kann nur seiner Herrschaft entziehen.«[123] Es ist eine notwendige Aktualisierung dieses Gedankens, wenn Kertész etwa zu der dritten, an und für sich ungelöste Antinomie der reinen Vernunft das selbst Erlebte, fast wie einen Kommentar, hinzufügt:[124] —»Die kalte Welt des Rechts. Oder: eine patronale, warmherzige Schreckensherrschaft.«[125] Wohlbegründet wählt er das Reich des Exils, zwischen dem der Freiheit und dem der Notwendigkeit.[126]

Nach einer wohlwollenden Aufnahme von Lukács' Kritik an Kants Privatethik und fast seinem gesamten Lebenswerk übte auch Adorno grundsätzliche Kritik an Kants Moral.[127] Diese entsprach einer der militanten Aufklärung der Kleinbourgeoisie[128] und versagt genau an der gleichen Stelle, wo Kertész seinen Angriff auf Hegel ansetzt. Denn auch in Kants Privatethik wird eine zu starke positive Haltung vertreten.[129] Formell, wie sie sein wollte, erklärt sie nicht das, worum es Adorno wie auch Kertész eigentlich geht: »Es erscheint nicht die Möglichkeit des Absurden.«[130] Erscheint diese Möglichkeit nicht, so kann nicht die Rede von Moral sein. Sie ist nicht a priori gegeben. Erst im letzten Modell – »Meditationen zur Metaphysik« – des dritten und wohl wichtigsten Teils der *Negativen Dialektik* wird man lesen, worauf es Adorno ankommt: »Hitler hat den Menschen im Stande ihrer Unfreiheit einen neuen kategorischen Imperativ aufgezwungen: ihr Denken und Handeln so einzurichten, dass Auschwitz nicht sich wiederhole, nichts Ähnliches geschehe.«[131] Nicht zufällig sind die zuvor beschriebenen Modelle also von Kant und Hegel repräsentiert. Zwischen beiden steht, als eine Art Knotenpunkt, das Strafrecht. Richtiger: sein Versäumnis. »Fritz Bauer hat bemerkt, dass dieselben Typen, die mit hundert faulen Argumenten den Freispruch der Schinder von Auschwitz verlangen, Freunde der Wiedereinführung der Todesstrafe seien. Darin konzentriert sich der jüngste Stand der moralischen Dialektik: der Freispruch wäre das nackte Unrecht, die gerechte Sühne würde von dem Prinzip zuschlagender Gewalt sich anstecken lassen, dem zu widerstehen allein Humanität ist. Benjamins Satz, der Vollzug der Todesstrafe könne moralisch sein, prophezeit diese Dialektik. Hätte man die Chargierten der Folter samt ihren Auftraggebern und deren hochmögenden Gönnern sogleich erschossen, so wäre es moralischer gewesen, als einigen von ihnen den Prozess zu machen. Dass ihnen zu fliehen, zwanzig Jahre sich zu verstecken gelang, verändert qualitativ die damals versäumte Gerechtigkeit. Sobald gegen sie eine Justizmaschine mit Strafprozessordnung, Talar und verständnisvollen Verteidigern mobilisiert werden muss, ist die Gerechtigkeit, ohnehin keiner Sanktion fähig, die der begangenen Untat gerecht würde, schon falsch, kompromittiert vom gleichen Prinzip, nachdem die Mörder einmal handelten. Die Faschisten sind klug genug, solchen objektiven Wahnsinn mit ihrer teuflisch irren Vernunft auszuschlachten.«[132] So nimmt Adorno einen Gedanken wieder auf, den Benjamin schon in einer der *Kurzwaren* aus der *Einbahnstraße* entwarf.[133] In der Tat aber ist diese Idee schon das Leitmotiv des früheren Essays *Zur Kritik der Gewalt*.[134] Die Nähe zu diesem Text ist so spürbar, dass Adorno ihn in der folgende Passage nicht einmal zu zitieren braucht: »Recht ist das Urphänomen irrationaler Rationalität. In ihm wird das formale Äquivalenzprinzip zur Norm, alle schlägt es über denselben Leisten. Solche Gleichheit, in der die Differenzen untergehen, leistet geheim der Ungleichheit Vorschub; nachlebender Mythos inmitten einer nur zum Schein entmythologisierten Menschheit. Die Rechtsnormen schneiden das nicht Gedeckte, jene nicht präformierte Erfahrung des Spezifischen um bruchloser Systematik willen ab und erheben dann die instrumentale Rationalität zu einer zweiten Wirklichkeit sui generis. Das juristische Gesamtbereich ist eines von Definitionen. Seine Systematik gebietet, dass nichts in es eingehe, was deren geschlossenem Umkreis sich entziehe, quod non est in actis. Dies Gehege, ideologisch an sich selbst, übt durch die Sanktionen des Rechts als gesellschaftlicher Kontrollinstanz, vollends in der verwalteten Welt, reale Gewalt aus. In den Diktaturen geht es über in diese unmittelbar, mittelbar stand sie von je dahinter.«[135] Indem Adorno einen sehr langen und nur abrupt unterbrochenen Dialog mit Benjamin rekonstruiert, konzipiert er das Recht als Urphänomen[136] und verleiht ihm eben dadurch eine gesteigerte Anschaulichkeit.[137] An diesem dialektischen Bild kann man die Auswicklung[138] der Geschichte ablesen, wie an einem Seismographen für die reale Gewalt der Gesellschaft. »Der Splitter in deinem Auge ist das beste Vergrößerungsglas.«[139] Im Strafrecht fängt das Denken erst dort an, »wo es kritisch wird, wo es ›weh tut‹«.[140] Eben darum lässt sich die Unmöglichkeit eines solchen Strafrechts dahingehend auflösen, dass es nur ins Ästhetische eingeht.[141] Deutlich und mit durchaus unverkennbarer Nähe zum Surrealismus wird dieser Bruch hier markiert durch die letzten Zeilen aus Paul Celans Gedicht *Weißgrau* aus dem Band *Atemwende*:[142]

> Ein Aug, in Streifen geschnitten,
> wird all dem gerecht.[143]

Kertész, der sich in hohem Maße von dem Dichter inspirieren lässt,[144] knüpft fast wie von selbst an diesem Punkt an. Ihm ist die Literatur eben ein Einander-die-Hände-Reichen von Schriftstellern über die Zeiten hinweg.[145] Durch diese Solidarität wird seine Sprache sozusagen montiert. Ihr Rhythmus ergibt sich aus der durchaus musikalischen Struktur, auf deren Grundlage Kertész seine Schriften komponiert.[146] Für den *Roman eines Schicksallosen* nimmt er beispielsweise das Modell Arnold Schönbergs. Seine Rezeption, wie er selbst im *Galeerentagebuch* gesteht, geschieht durch die Lektüre Adornos.[147] Nach der Musik Schönbergs will Kertész in einer atonalen Sprache komponieren, die auf einen moralischen Grundton verzichtet.[148] Für *Fiasko* entwickelt er den musikalischen Gedanken weiter. Sein Plan, die Zeitebenen der Geschichte nun »übereinanderzukopieren«,[149] erinnert etwa an andere Werke, so zum Beispiel an *Die Soldaten* von Bernd Alois Zimmermann. In der kreisförmigen Romanstruktur von *Fiasko* treffe man eine Art Variation jener berühmten Kugelgestalt der Zeit des Komponisten.[150] Wichtig, ja notwendig ist für ihn in diesem Zusammenhang jede Spur Zufälligkeit zu tilgen. —»Zufall, das ist das scheußlichste Licht, das auf ein Individuum geworfen werden kann (sagen wir ein gelbgrünes). Zufall, das bedeutet größtes Lebensungeschick, vollkommener Bankrott.«[151] Dagegen, also gegen das Zufallsprinzip, wehrt er sich so entschieden wie Schönberg gleich am Anfang seiner *Harmonielehre*.[152] So Kertész' eigene Sprachfindung: —»Solange Rechtschreibung wichtig ist, leben wir im Widerspruch. Aber auch in Disziplin.«[153] Nach Kertész darf in der Sprache also kein Zufall mehr sein. Es ist jedoch die gesellschaftliche Struktur samt ihrem Recht, und nicht Kertész, die den Zufall, die Freiheit eliminiert. Wie Beethoven es einmal mit dem »Es Muss Sein« des letzten Satzes des Streichquartetts Nr. 16 in F-Dur musikalisch formte,[154] so drückt Kertész frei und sich zugleich des Widerspruchs bewusst seine eigene Notwendigkeit in der Literatur aus. *Der Spurensucher* stellt in der Tat, das heißt in der Erzählung, dann fest: —»›Es gibt keine Zufälle‹, erklang es dumpf und zittrig hinter dem Trauerflor. ›Es gibt nur Unrecht.‹ Eine Pause entstand, auf diese Feststellung gab es keine Antwort.«[155] Ein Zufall der Geschichte, der Wirklichkeit ist der Widerstand, den die Sprache zu überwinden hat. Dabei ist das Unrecht hier nicht metaphorisch gemeint, denn die Rede von einer entarteten Kunst ist ausreichend bekannt. —»Die Frage der Rechtsmäßigkeit, das Postulat einer Rechtsordnung als etwas, das zum Bürger und damit auch zum bürgerlichen Schriftstellertum gehört. In den Kreis der Wahrheit des Jahrhunderts dringt der Schriftsteller aber nur vor, wenn er einsieht, dass er getötet werden kann und dass dies dadurch kein außerordentliches Ereignis darstellt.«[156] Zwar kann die Kunst, etwa so, wie Benjamin in *Charles Baudelaire* über die Detektivgeschichte Balzacs schrieb, die Kriminalisierung vorwegnehmen, um die Möglichkeit einer logischen Konstruktion zu retten,[157] doch steht das Verbrechen unablässig inmitten der Kunst, zumindest seitdem die wahre, ja die *Neue Kunst* zum Verbrechen gemacht wurde.[158] Wenn Kertész beispielsweise seine *Detektivgeschichte* in die Lateinamerika zu projizieren versucht[159], indem er die totale Wirklichkeit der ungarischen Diktatur vermeidet, trifft er dort im

Polizeijargon und dem üblichen Schweigen der Polizei unvermeidlich auf das Verbrechen jener Wirklichkeit.[160] Dies erklärt weiter, weshalb der allzu gegenwärtige Zustand, jener der zukunftslosen Ausnahme, unmöglich ist,[161] denn er enthält die Virtualität von Auschwitz.[162] Gegen die Gefängnismauern dieser Welt muss sich jeder bewusste Künstler ebenso wie jeder Verbrecher behaupten.[163] »Es muss sein, aber dem Gefangenen wird Brot und Wasser gegeben.«[164] – was Adorno über *Beethoven* schreibt, gilt umso emphatischer Kertész gegenüber, denn die literarische Solidarität ist für ihn nichts als vorsätzliche Mittäterschaft.[165] Die Idee ist auch Benjamin keineswegs fremd: Er analysierte die Politisierung der Kunst schon in *Kleine Geschichte der Photographie* im Fall Atgets und in *Das Kunstwerk im Zeitalter seiner technischen Reproduzierbarkeit* in Bezug auf den Film.[166] Als Verbrecher erscheinend erringt also Kertész endlich die Rolle, die es ihm ermöglicht, seine Aufgabe zu erfüllen – eine Aufgabe, die er bis zur Selbstaufgabe verfolgen wird. »Dieser Selbstmord ist nicht Verzicht sondern heroische Passion«[167] – schrieb Benjamin in *Charles Baudelaire.* In der Tat inszenierte Kertész durch die Figur Bé des Romans *Liquidation* seinen eigenen Selbstmord: —»Alles war vorbereitet, exakt, einem perfekten Verbrechen gleich.«[168] Wie er jedoch immer weiter schreibt, bleibt seine Aufgabe bestehen als eine Art neuer kategorischer Imperativ, der zumindest so stark wie das Überleben selbst ist.[169] Gegen einen Strafprozess, der in der Regel – und nur nach den Regeln funktioniert er – die Opfer ausschließt, muss Kertész Zeugnis ablegen. —»An ›Literatur‹, an Fiktion glaube ich immer weniger. Der Mensch verbraucht nicht nur, er wird auch verbraucht; was von ihm der Kunst vorbehalten war (der beste Teil), scheint langsam verbraucht zu sein. Was bleibt? Vielleicht das Beispiel (die Existenz): mehr als Kunst und zugleich weniger. Das Verlangen, *Zeugnis abzulegen*, wächst dennoch, als sei ich der letzte, der noch lebt und reden kann, und ich richte meine Worte gleichsam an jene, die die Sintflut, den Schwefelregen oder die Eiszeit überleben.«[170]

Wie klar sich Kertész mit dem Zitierten auf Adorno beziehungsweise Benjamin bezieht, lässt sich unschwer rekonstruieren, und zwar über die Tatsache hinaus, dass die von ihm gewählten Worte auf vernehmbare Weise einen Benjamin gewidmeten Text Adornos nachklingen lassen.[171] Gedichte nach Auschwitz zu schreiben sei barbarisch, schrieb Adorno einmal. Der Satz wurde so oft reproduziert, dass er hier kaum eines neuen Zitates bedarf, auch wenn man ihn selten in der originellen und etwas dialektischeren Form von *Prismen* zur Schau bekommt.[172] Über ihn sagt Kertész, er sei —»eine moralische Stinkbombe, die die ohnehin schlechte Luft überflüssigerweise noch mehr verpestet.«[173] Adorno selbst stellt später, in der *Negativen Dialektik* sein eigenes Diktum infrage – zusammen aber mit der Möglichkeit des Lebens, denn nicht so sehr die Literatur sei nach Auschwitz unmöglich geworden als vielmehr das Recht auf das Leben selbst.[174] Dem antwortet Kertész wiederum mit dem Verbot der Ethik direkt neben dem des Lebens.[175] In musikalischen Begriffen lässt dieser negative Kontrapunkt lässt weder dieses noch jenes Verbot besonders hervortreten, er funktioniert wie ein Dämpfer – es gibt ja keinen Grundton.[176] Auf diese Weise schafft Kertész der eigenen Literatur ihre conditio sine qua non, in der Sprache erscheint endlich die Möglichkeit eines freien Tons.[177] Er verkörpert die Dissonanz —»beim Konsens der zähneknirschend aufrechterhaltenen Konvention des Selbstbetrugs.«[178] Er zeigt, ganz im Gegensatz zu Adorno, dass man nach Auschwitz nur noch über Auschwitz Gedichte schreiben kann,[179] das heißt nur über Auschwitz schreibend leben kann: für ihn besteht das Leben nämlich aus dieser verdichteten Artikulation: —»Es ist zu fürchten, dass die ins literarische Lösungsmittel getauchte Form nie wieder ihre Dichte und Lebendigkeit zurückgewinnt. Man müsste sich um Formen bemühen, die die Erfahrung des Lebens (das heißt, die Katastrophe) total erfassen, die uns zu sterben helfen und den Überlebenden trotzdem auch etwas hinterlassen. Ich habe überhaupt nichts gegen sie einzuwenden, sofern die Literatur zu solcher Form fähig ist: doch soweit ich sehe, ist lediglich das *Zeugen-Geben* dazu fähig, eventuell noch ein stummes, artikulationslos gelebtes Leben *als Artikulation*.«[180] Ein Versuch des Überlebens durch das Abenteuer des Erzählens seines Abenteuers.[181] Oder zugespitzt

formuliert, in Kertész' eigenen Worten: —»Aber ich muss mein Leben als Toter leben.«[182] Wenn man sich nun *Der Idee einer Naturgeschichte* vergegenwärtigt, bedeutet das nichts anderes, als in der Schrift zu leben.[183] Die facies hippocratica von Auschwitz als erstarrte Urlandschaft liegt Kertész vor Augen: »Die Geschichte in allem[,] was sie Unzeitiges, Leidvolles, Verfehltes von Beginn an hat prägt sich in einem Antlitz – nein in einem Totenkopfe aus. Und so wahr alle ›symbolische‹ Freiheit des Ausdrucks, alle klassische Harmonie der Gestalt, alles Menschliche einem solchen fehlt – es spricht nicht nur die Natur des Menschendasein schlechthin, sondern die biographische Geschichtlichkeit eines einzelnen in dieser seiner naturverfallensten Figur bedeutungsvoll als Rätselfrage sich aus.«[184] Die Konzentrationslager werden »die zweite Natur« genannt: »Die-zweite Natur der Menschengebilde hat keine lyrische Substantialität: ihre Formen sind zu starr, um sich dem symbolschaffenden Augenblick anzuschmiegen; der inhaltliche Niederschlag ihrer Gesetze ist zu bestimmt, um die Elemente, die in der Lyrik zu essayistischen Veranlassungen werden müssen, je verlassen zu können; diese Elemente aber leben so ausschließlich von der Gnade der Gesetzlichkeiten, haben so gar keine von ihnen unabhängige sinnliche Valenz des Daseins, dass sie ohne sie in Nichts zerfallen müssen. Diese Natur ist nicht stumm, sinnfällig und sinnesfremd, wie die erste: sie ist ein erstarrter, fremdgewordener, die Innerlichkeit nicht mehr erweckender Sinneskomplex; sie ist eine Schädelstätte vermoderter Innerlichkeiten und wäre deshalb – wenn dies möglich wäre – nur durch den metaphysischen Akt einer Wiedererweckung des Seelischen, das sie in ihrem früheren oder sollenden Dasein erschuf oder erhielt, erweckbar, nie aber von einer anderen Innerlichkeit belebbar.«[185] Auch wenn der Geschichtsverlauf ihn gnadenlos zur harten Wirklichkeit des Totalitarismus nötigt,[186] verbirgt Kertész nicht den darüber hinwegreichenden Anspruch der Kunst, das Utopische seiner Literatur:[187] —»Aber wenn sich alle schuldlos Verurteilten dieses Jahrhunderts aus ihren Aschengräbern erhöben und, begleitet vom furchtbaren Rasseln ihrer Skelette, den Prozess eröffneten, milliardenfach ihre Knochenfinger auf Staaten und all die richtend, die, sich im Besitz der Macht wissend, Verbrechen begingen – ohne die drückende Einsamkeit des Verbrechers, die mordeten – ohne das schlechte Gewissen des Mörders, die ausbeuteten – ohne die Angst des Reichen – das würde der wahre Prozess.«[188] Die Unmöglichkeit der Wirklichkeit wird hier in einer Weise überboten, die etwa an die Juxtaposition *Kreuzigung/Jüngstes Gericht* von van Eyck erinnert, an das berühmte Diptychon der flämischen Malerei des 15. Jahrhunderts. Immer noch Kunst, diesmal aber ganz ikonoklastisch: —»Die moderne Mythologie beginnt mit einem gigantischen Negativum: Gott hat die Welt erschaffen, der Mensch hat Auschwitz erschaffen. Ich stelle mir eine Theologie vor, die sämtliche schlechten Erfahrungen der Schöpfung zu einer *Wissenschaft* zusammenfasst, deren Sprache jedoch von einem *göttlichen Stil*, von einem metaphysischen Kontrapunkt geprägt ist, aber nur rhetorisch, nicht argumentativ.«[189] Seine Art, mit dem Mythos der Modernevernünftig zu arbeiten,[190] diese Unmöglichkeit zu übertreten, eben das macht sein Meisterwerk aus.[191] Seine Literatur ist das wahre *Protokoll* der Möglichkeit – dem »amtlicheren« ganz zum Trotz.[192] Wie Schönberg und Benjamin – oder vielmehr wie sich Adorno auf beide bezog, ein Mal auf diesen wegen seiner festen Idee der Rettung des Toten,[193] das andere Mal auf jenen wegen der Rettung des Kunstwerks gerade mit der unvollendeten Oper *Moses und Aron*[194] – so wird auch bei Kertész die Möglichkeit des Unmöglichen noch einmal vernehmbar. In diesem neuen, künstlichen Prozess kann Kertész seine eigene Dissonanz »klingen lassen«. —»In letzter Zeit habe ich jeden Tag Schönbergs I. Kammersymphonie gehört, bis mein Herz sie so aufgesogen hat, dass ich nun schon in ihrem Ton wehklage.«[195] Die Befreiung der Tonalität bedeutet ihm zugleich die des Denkens aus der unablässigen Geschlossenheit der bürgerlichen Harmonie.[196] Das heißt auch: aus ihrem Berufshumanismus,[197] aus der Strafrechtsliteratur:[198] —»Das Wehgeschrei der geschlagenen Menschheit können die Exekutoren nicht ertragen«, diese Worte aus dem *Galeerentagebuch* findet man ähnlich in der *Negativen Dialektik* von Adorno: »Wie in Folterkammern Schallplatten aufgelegt werden, um das Brüllen der Gequälten zu übertönen, so wird das dumpfe Grollen der Wahrheit mit dem billigen Radau der sogenannten humanistischen Literatur unterdrückt.«[199]

> Schließlich und endlich lässt es sich auch so formulieren: ein klares Bewusstsein erzeugen. Worauf könnte es basieren? Auf einem demonstrativen Prozess, dem Zeigen (und Vorzeigen), wie der Kampf um die Herstellung eines klaren Bewusstseins abläuft: das genügt – und das ist es, was genügt. Als Ergebnis wird keineswegs eine unwiderlegbare Wahrheit erwartet, nein, es besteht lediglich in der vielversprechenden Möglichkeit des Funktionierens des normalen Geistes, genauer: dass wir von dieser Möglichkeit Zeugnis geben.[200]

Kertész' Literatur vollzieht eine ästhetische tour de force,[201] die dem Recht endlich den Prozess machen kann. Durch sie durchschaut man das Recht wie durch kaum eine andere Linse. Was Benjamin einmal über *Karl Kraus* schrieb,[202] gilt für Kertész' Literatur ganz aktuell, denn neben ihr verbirgt die wissenschaftliche Strafrechtsliteratur mehr schlecht als recht ihren Charakter als Paraliteratur.[203] Benjamin sprach Kraus den Titel des »ewigen Weltverbesserers« ab,[204] und auch Kertész wehrt sich gegen diesen romanhaften Heroismus.[205] Auf der Suche nach einem dem klassischen Humanismus entgegentretenden, einem am Fehlen des richtigen Ausdrucks ausgerichteten, einem sozusagen realen Humanismus – und hier zeigt sich das ganze Problem *Zur Judenfrage*, und zwar nicht nur wie Marx es einst behandelte,[206] sondern auch das des Bildverbots[207]–, befürwortet Kertész das Modell der avantgardistischen Musik Schönbergs und seiner Schule, während Kraus unter dem Einfluss der satirischen Operetten Jacques Offenbachs stand.[208] Solche Wahlverwandtschaften haben dann nicht nur ihre offensichtlich gesellschaftliche Basis, sondern sie schaffen auch die Grundlagen für die weitere Entwicklung der Komposition – also fast im Sinne einer rein strukturellen Folge.[209] Darum die Veränderung, etwa nach Schönberg: anstelle des Geltungsmodus' der Gesetze tritt jener der Anweisungen ein.[210] Wichtig bleibt vor allem, die Klarheit der Darstellung zu gewähren, auch um den Preis einer gesteigerten Komplexität.[211] Denn Deutlichkeit und Einfachheit sind nicht gleichzusetzen mit der Wahrheit, die nur in der entlegensten Form eines eschatologischen Konditionals erscheint.[212] Dies bedingt weiter die Komposition, eine Aufnahmebereitschaft für das eigentlich Neue: hier das unveräußerliche Recht der Leidenden auf Ausdruck, ja die Klage des Leidens.[213] Demgegenüber vermag das Strafrecht nicht mehr souverän über die Grundunterscheidung zwischen Konsonanz und Dissonanz zu entscheiden.[214] Methodisch betrachtet wird Atonalität zum Synonym für Gleichberechtigung. Doch nicht einmal als Methode lässt sie sich fixieren, ohne blindlings einen weiteren Grundton, eine zweite Natur vorauszusetzen.[215] Eine Erkenntnistheorie von der Zwölftontechnik ableiten oder Kertész' Literatur einfach ins Strafrecht transponieren zu wollen, ist darum unmöglich. Andererseits ist es zumindest moralisch sehr fragwürdig, auf derartige Beiträge zu verzichten. Wieder zeichnet sich eine Aporie ab, aber es fehlt nicht an bedeutenden Hinweisen, die einen Weg aus dieser Unmöglichkeit aufzeigen. Ein schönes Beispiel dafür ist immer noch *Der Weg zur neuen Musik* von Anton Webern, nicht nur weil auch Kertész sich eine Weile daran orientierte.[216] In diesem Vorlesungszyklus ging Webern nämlich von der Erfassung der Wortgestalt bei Karl Kraus aus und drückte die Zwölftontechnik in Sprache aus, indem er auf die serielle Komposition hindeutete.[217] Zweifellos ist das Resultat seiner Lektion, SATOR AREPO TENET OPERA ROTAS, in vielerlei Hinsicht viel fortgeschrittener als das PRIVILEGIA NE INROGANTO, das man – wenn nicht im Jugendstil der deutschen gusseisernen Übersetzung an den Toren von Vernichtungslagern – ganz nüchtern bezogen auf *Das Lied vom Gesetz* als dessen nackte Form lesen kann.[218] Die dort reklamierte Variation für die Musik[219] muss irgendwie vernehmbar sein, auch für das Recht. Und eben darum geht es hier. Die folgenden Kapitel der vorliegenden Arbeit, die sich unmittelbarer auf die Strafrechtsliteratur beziehen, sind also angeordnet nach den Anweisungen Schönbergs und Weberns. Im ersten Teil wird die originale Reihe durch die Stimme Ruth Klügers getragen, im zweiten durch die von Jean Améry. Gemeinsam mit Kertész vertreten sie nicht so sehr die Rolle des Opfers – es gibt ja keine Stellvertretung des Leidens,[220] es sei denn im sentimentalen Kitsch, der allzu oft ins repressive Gegenteil umschlägt, wie im Fall der Viktimologie –, sondern sie kommen zum Ausdruck kraft ihres undiskutablen literarischen Könnens.[221] So gesehen ist diese Einleitung am Beispiel Imre Kertész', des Nobelpreisträgers für Literatur und nicht zuletzt des Jean-Améry-Preises für Essayistik, nur methodisch zu rechtfertigen. Denn Klüger und Améry wurden und werden noch ausgezeichnet, und es ist keineswegs zufällig, dass beide gerade den Preis der Stadt Wien für Publizistik tragen. Daher sollen sie im Folgenden möglichst ganz für sich stehen. Darum die wichtige mimetische Funktion, die den Zitaten ideell auch hier zukommt.[222] Im Vergleich mit der von diesen beiden Stimmen angegebenen Reihe, die nicht zuletzt das wahrhaft Menschliche darstellt, tritt dann die deutsche Strafrechtswissenschaft auf, wie eine krebsartige Transformation des Originalen – analog zu dem eingangs zitierten Krebsgeschwür bei Kertész. Der sich aus diesem Fortschreiten notwendig ergebende Vergleich bietet einen immer erneut nachvollziehbaren Maßstab für die Willkür der Wirklichkeitsbetrachtung. Anschließend soll die Rezeptionsgeschichte der deutschen Strafrechtsliteratur in Lateinamerika, mit besonderer Berücksichtigung des Falls Brasilien, eine dritte Erscheinungsform der Reihe aufzeigen, also eine Umkehrung des Krebses. Ceteris paribus muss sich noch eine weitere Form ergeben, nämlich eine aus dem vorwissenschaftlichen, sozusagen geschichtlichen Kontext der lateinamerikanischen bzw. brasilianischen Strafrechtswissenschaft, die Umkehrung der ursprünglicheren Reihe. Am Ende werden nacheinander noch einmal die vier verschiedenen Formen vorgeführt, in der die Reihe erscheinen kann. Da es sich aber bei der vorliegenden Arbeit letztlich um eine strafrechtswissenschaftliche Dissertation handelt, das Strafrecht also ihr Objekt ist, muss die Komposition jeweils mit diesem Thema anfangen bzw. aufhören. Das soll zugleich die Aufmerksamkeit auf das lenken, worum es eigentlich geht, nämlich immer um ein konkretes Problem des Strafrechts. Darin liegt das Empirische oder Beispielhafte des Textes. Für das Folgende heißt das lediglich, in formeller Hinsicht, dass die Krebsform am Anfang bzw. die Krebsumkehrung am Ende steht. Und vice versa. In der Durchführung dieser vier Stimmen zeigt sich das Thesenhafte dieser Dissertation – quod est demonstrandum. Im Rahmen dieses Prozesses stehen Demonstration und Kollaboration im strengen Kontrapunkt, ebenso wie bei Kertész.[223] Über diese formale Struktur hinaus gibt es nichts zu beweisen. Im Hinblick auf die Kollaboration soll, wegen der thematischen Nähe, die Kertész selbst ausdrücklich benennt,[224] auf den Einfluss des dokumentarischen Theatern von Peter Weiss hingewiesen werden.[225] *Die Ermittlung*, das 1965 als *Oratorium in 11 Gesängen* anhand der Materialien des Frankfurter Auschwitz-Prozesses geschriebene und von Luigi Nonos Chören *Ricorda cosa ti hanno fatto in Auschwitz* vertonte Theaterstück, belegt nicht so sehr eine Möglichkeit, sondern vielmehr die Notwendigkeit einer weiteren Bearbeitung des rechtlichen Rohstoffs.[226] In eben diesem eher bescheidenen Sinn ist die vorliegende Dissertation über die Möglichkeit des unmöglichen Strafrechts zu verstehen.

I.

Litanei

oder ein Modell

Ich war für ein Heimatsgefühl sehr empfänglich gewesen: Donauweibchen und Basiliskenhaus, Stock im Eisen und Spinnerin am Kreuz, Türkenbelagerung und unsere Frühstückskipferl, als Halbmond gebacken, um die Feinde zu verunglimpfen, das lodernde Barock der Pestsäule und dazu die Geschichte vom lieben Augustin, der mit dem Dudelsack, der besoffen in die Pestgrube fiel, unter Leichen schlief und heil davonkam. Der aus dem Massengrab Gestiegene, nicht Infizierte, der Unverwüstliche, Verächtliche und Liebenswerte. (Doch hier gehe ich zu weit, das sind schon die Gedanken einer späteren Lebensepoche.)

[...]

Der liebe Augustin der Wiener Legende erwachte in der Pestgrube, und nichts war ihm passiert. Er stolperte aus der Grube heraus, ließ sie hinter sich und duldete weiter, Symbol der Lebensbejahung im großen Sterben. Uns geht es anders, uns lassen sie nicht locker, die Gespenster mein ich. Wir erwarten, dass Ungelöstes gelöst wird, wenn man nur beharrlich festhält an dem, was übrig blieb, dem Ort, den Steinen, der Asche.

Ruth Klüger, *weiter leben*

Man schrieb das Jahr 2000, als unter dem Titel *Die deutsche Strafrechtswissenschaft vor der Jahrtausendwende* die Dokumentation zu einer großen Tagung erschien, die kurz zuvor in Berlin stattgefunden hatte. Dem Bericht zufolge waren unter den Anwesenden in der Berlin-Brandenburgischen Akademie der Wissenschaften vorwiegend die Herren der deutschen Strafrechtswissenschaft. Auch wenn es sich dabei nicht ausschließlich um deutsche Professoren für Strafrecht handelte, so waren dort jedenfalls in großer Mehrheit Männer mit abgeschlossener juristischer Ausbildung und weiteren Qualifikationen vertreten.[227] Der Eröffnungsansprache zufolge herrschten, zumindest aufseiten der Verantwortlichen, Enthusiasmus und spontanes Engagement für das »Drehbuch«,[228] das Programm des Symposiums, das zwischen Loblied und dem Eindruck von Elend schwankte und das hier in den Worten des Redners zusammengefasst wiedergegeben wird: »Im Übrigen möchte ich mich zu Zielsetzung und Ablauf unseres Kolloquiums darauf beschränken, die drei Blickwinkel hervorzuheben, aus denen die deutsche Strafrechtswissenschaft vor der Jahrtausendwende beleuchtet werden soll: in einer Binnenperspektive, einer Außenperspektive und einer Zukunftsperspektive.«[229] Das Programm versprach also nicht nur nur »Selbstvergewisserung«,[230] sondern vor allem »den Weg in die Zukunft«.[231] Trotz der etwas anachronistischen Anklänge an einer Subjektphilosophie, die das Szenarium der Eröffnungsrede keineswegs zu verbergen versucht, scheint diese Art modernisierender Phänomenologie des strafrechtswissenschaftlichen Geistes das Publikum so massiv zu gewinnen wie ein antizipiertes Happy End. Nicht einmal die Erwähnung eines Glases Wein, auf das die Konzeption der Tagung zurückzuführen sei, wird erspart.[232] Bis ins kleinste Detail ist das Programm durchstrukturiert, damit sich die Wissenschaftlerinnen und Wissenschaftler – oder eher umgekehrt, wenn man die Proportion der Anwesenden betrachtet – »sicherlich würdig vertreten fühlen.«[233] Am Ende dieser kurzen Ansprache wird die Bedeutung der Berliner Bühne noch hervorgehoben, im Anschluss kommt die Generalsekretärin der Akademie zu Wort, die nur wegen der unerwarteten Abwesenheit des Präsidenten – nach den artigen wie seltsamen Worten des Redners – »die ›Hausherren-Rolle‹« übernehmen durfte.[234] Anscheinend wird die erinnerte Absenz des Herrn Präsidenten nicht nur erwähnt, sie wirkt nach und gibt den nostalgischen Ton des Grußwortes der Generalsekretärin an. Doch nichts kann die harmonische Stimmung der Feierstunde verderben, denn es geht dabei um die Darstellung des damals fast ein Jahrhundert alten Gebäudes, wo »das materielle Fundament des preußischen Staates ruhte.«[235] Es leuchtet einem gleich ein, dass die Nostalgie eher das Falsett ist, eine Art Vorbehalt, unter dem sich das Hochgefühl jenes gegenwärtigen Moments skrupellos ausbreitet. »Es ist also durchaus ein ehrwürdiges Haus, es hat seine historische Würde, aber eben auch den diskreten Charme verblichenen Glanzes, es trägt Wunden und Narben, man erkennt die Spuren jahrzehntelanger Vernachlässigung der Substanz aus nackter materieller Not. Die Einschusslöcher des Zweiten Weltkrieges bilden traurige, abstrakte Muster an der Fassade. […] Lichtpunkte, wie der wunderbar altmodische Paternoster, der Sie heraufgeführt hat, ein geliebtes Relikt, versöhnen mit vielem; versöhnlich sollte in jedem Fall die einzigartige Lage des Gebäudes am Gendarmenmarkt stimmen, den die Berliner, bescheiden wie immer, als den schönsten Platz Europas bezeichnen.«[236] Bemerkenswert ist auch das hier vermittelte historische Bild, das so abstrakt ist, dass es durch seine veraltete Ästhetik unmittelbar zur Versöhnung einlädt. Der kleine Aufzug bzw. Berlin verkörpern dieses Wunschbild – man ist, wie Andreas Huyssen in *The Voids of Berlin* bemerkt, unbescheiden, ja selbstbewusst, in der Hauptstadt des 21. Jahrhunderts.[237] Dass dieser allzu affirmative Gestus nicht viel Platz für Trauer lässt, wundert also durchaus nicht. Darum ist es hier wohl angebracht darauf hinzuweisen, dass diese Darstellung viel mehr mit jenen idealistischen Projektionen Hegels über die preußische Monarchie zu tun hat als etwa mit Benjamins späterem Exposé für das *Passagen-Werk*, *Paris, Capitale du* XIXème *siècle*, das einen materialistischen Ansatz entwirft.[238] Das Objektive solcher Beschreibungen schlägt gleich in Subjektivität um, wenn die Architektur der Stadt nur das Symbol für die deutsche Strafrechtswissenschaft repräsentiert: ihre verheißungsvolle Zukunft bedingt die Wahrnehmung der Vergangenheit und nicht umgekehrt. Idealismus und Positivismus widersprechen sich nicht, denn das Programm des Kolloquiums ist nur eines der Wissenschaft und nicht so sehr der Geschichte: »Auf dem Prüfstand steht weniger Strafrecht als solches als vielmehr die sich damit beschäftigende Wissenschaft.«[239] Angesichts der deutschen bzw. der wissenschaftlichen Gründlichkeit mögen die Reminiszenzen an den Zweiten Weltkriegs unspezifisch erscheinen, wohingegen die Herren die sowohl präzisen wie preziösen Früchte ihrer allzu versöhnlichen Leistungen auskosten – so im zweiten und letzten Grußwort im Namen des Senats: »Mit der umfassenden, kontroversen Erörterung von Rechtsfragen wurde wesentlich dazu beigetragen, dass wir die strafverfolgende Aufarbeitung von DDR-Systemunrecht weitgehend abschließen konnten.«[240] Indem sie den Blick gleich auf das Ausland wendend, als wäre mit dem Beharren auf der eigenen Geschichte das Risiko für die Plausibilität eines solchen Drehbuchs einfach zu groß, nimmt die deutsche Strafrechtswissenschaft davon gleich den vorbildlichen »Anwendungsfall« als ihr eigenes Produkt heraus – gerade die Aufarbeitung von Systemunrecht.[241] Denn sie will ja trotz allem noch praktisch sein.[242]

Man ist versucht hinzuzufügen: und nicht minder geschickt. Denn im selben Jahre, nur wenige Monate vor der Zusammenkunft der Strafrechtswissenschaftler und -wissenschaftlerinnen, also in zeitlich unmittelbarer Nähe, führte die Bundeswehr zusammen mit der NATO entgegen der deutschen Parole von »Nie wieder Krieg« den Krieg in Kosovo, den größten militärischen Einsatz in der deutschen Geschichte seit 1945.[243] Aus der Binnenperspektive jedoch handelt es sich selbstverständlich nicht um diesen Konflikt und noch weniger um seine komplizierte Legitimationsfrage,[244] die man übrigens in erheblichem Maße faktisch erledigte durch den bis heute noch zu beweisenden Hufeisenplan, der von den Deutschen angeblich entdeckt und dann falsch als Plan Potkova ins Serbische zurückübersetzt wurde.[245] Wie der Bericht über die nachträgliche Diskussion belegt, wird der Krieg auf der Tagung zwar flüchtig erwähnt,[246] aber es geht dabei in erster Linie um *Das Selbstverständnis der Strafrechtswissenschaft gegenüber den Herausforderungen ihrer Zeit*. Schon mit dem Wort Selbstverständnis begegne man, so dem Hauptreferat zufolge, einem deutschen Geheimnis. »Bei genauerem Zusehen ist das Wort aber nicht nur unübersetzbar etwa in die romanischen Sprachen; es ist auch den Deutschen dunkel.«[247] Das Entfremdende im Selbstverständnis jedoch erfüllt in der äußerst systematischen Darstellung der Mitveranstalter natürlich eher eine rhetorische Funktion, als es jenen Schock intendiert, von dem zum Beispiel Adorno in *Wörter aus der Fremde* spricht, wenn sie, eben diese komischen Wörter, die Ansprüche des Positivismus im Sprachgebrauch angreifen.[248] Nicht völlig fehl am Platz ist hier die Unterscheidung deswegen, weil der Referent selbst ausdrücklich darauf besteht, sich côte à côte mit den Philosophen in eine »Frankfurter Schule des Strafrechts« einzureihen.[249] Schon der ohne Weiteres zugestandene strafrechtswissenschaftliche Drang zum Positiven als notwendiger Ausgleich für die offensichtliche Negativität des Bestehenden soll im vorliegenden Kontext genügen, *Traditionelle und kritische Theorie* zu demarkieren und sie von Anfang an als unversöhnlich darzustellen. »Wer Strafrechtswissenschaft betreibt, hat freilich für Rückbesinnung und Ausblick besondere Gründe. Einige dieser Gründe haben negative, andere haben positive Vorzeichen.«[250] Die Aussage könne banal, nichtssagend klingen, aber nur wenn sie die Summe Null nicht programmatisch vorbestimmt – doch eben auf die Äquidistanz zu den Polen ziele die Rede.[251] Die Strafrechtswissenschaft plädiert immer noch für eine geglückte und praktische »Konkordanz«.[252] Nicht viel anders also als jene alte »These einer prästabilierten Harmonie«, wogegen die kritische Theorie entschieden rebelliert.[253] »Der Mittelweg ist der einzige, der nicht nach Rom führt«,[254] mag Adorno in der *Philosophie der neuen Musik* aus dem Vorwort Schönbergs zu den *Chorsatiren* nicht zuletzt in Verteidigung der notwendig gewordenen Dissonanz noch zitieren. »Weder die strukturelle Funktion der Dissonanz noch auch nur der geschichtliche Prozess, der den Gegensatz von Konsonanz und Dissonanz liquidierte, tritt ins Blickfeld der Würdigungsstunde. Nach ihrem Willen muss die Musik so harmonisch sein, wie sie wünscht, dass den Menschen die Welt dünkt. Während sie sich aufspielt, als ob sie die Bevölkerung musikalisch erzöge, reproduziert sie bloß das Geblök.«[255] Was für eine Herausforderung das Beharren auf einer anachronischen Harmonie der Strafrechtswissenschaft bereitet, kann man wohl an der begrifflichen Akrobatik ablesen, die sich zur Rettung ihrer Dogmengeschichte verpflichtet. So werden beispielsweise die intensiven Tätigkeiten einiger prominenter Strafrechtsideologen der Hitler-Diktatur, die vom eklatanten Opportunismus bis zum abstoßendsten Sadismus reichten, plötzlich bloß in die gelindere Form der »Politik durch Unterlassen« eingestuft,[256] während »Politik durch Tun« anderen, sozusagen besseren Namen der Wissenschaft vorbehalten wird.[257] Dass man innerhalb der Strafrechtswissenschaft schlecht handeln kann, und zwar mit voller politischer Absicht, bleibt dahingestellt ohne jeden Rechtfertigungs- noch Entschuldigungsgrund. Es stimmt, dass ein in dieser Hinsicht so bahnbrechendes Buch wie Muñoz Condes *Edmund Mezger y el Derecho penal de su tiempo* erst im darauffolgenden Jahr erstmals erscheinen sollte,[258] aber andere ebenso wichtige Studien wie Monika Frommels *Welzels finale Handlungslehre* oder Ingo Müllers *Furchtbare Juristen* lagen längst vor.[259] Indem auf dem cordon sanitaire des Selbstverständnisses der Strafrechtswissenschaft gegen den gesunden Menschenverstand insistiert wird, wird hier der Art. 5. Abs. 3 Satz 1 des Grundgesetzes mit seiner Bestimmung der Wissenschaftsfreiheit weise evoziert. »Niemand darf der Strafrechtswissenschaft von außen Gegenstände, Regeln und Ergebnisse vorgeben.«[260] Der Kreis der dafür Zuständigen wird zugleich eng gefasst. Das Selbstverständnis der Strafrechtswissenschaft sei doch typisch deutsch, sie lasse sich zum Beispiel nicht in eine romanische Sprache übersetzen.[261] Es handelt sich aber dem Redner zufolge nicht unbedingt um eine Unmöglichkeit der *Aufgabe des Übersetzers* als solcher.[262] Wie er in seinem letzten Kommentar zeigt – und für den Übersetzer ist es der sicherste Hinweis –, ist dieses Selbstverständnis direkt mit dem Stolz verwandt: »Und so gehöre es mit zur Aufgabe der Strafrechtswissenschaftler und zu ihrem Selbstverständnis und auch Stolz, dass sie bewerten gelernt hätten und aufgrund dessen die Meinung anderer kritisch überprüfen könnten.«[263] Inmitten einer so beherrschenden *Selbst-Gerechtigkeit* ist es jedoch unmöglich, Platz für Selbstkritik zu schaffen – angesichts dieser Frage wird Dirk Fabricius' scharfsinnige Habilitationsschrift zwar erwähnt, aber nicht diskutiert.[264] Von Vergangenheitsbewältigung etwa kann nicht die Rede sein,[265] und es wundert kaum, wenn der dem Hauptreferat unmittelbar folgende Kommentar plötzlich in einer Sprache verfasst ist, die trotz der einen oder anderen modernisierenden Färbung sehr verwandt ist mit derjenigen aus der NS-Zeit oder jeder sonstigen Diktatur auf der Welt: Die idyllisch wirkende Harmonie, auf der das Strafrecht des Rechtsstaats letztlich beruhe und die es immer noch um jeden Preis zu retten gelte, werde haargenau beschränkt zum Vorteil für jene guten Bürger, die sich freiwillig den Imperativen des dominanten Wirtschaftssystems unterwerfen.[266] Wer diese Rolle nicht gern annimmt, wer also keine Rechtsperson sein will, werde gleich auf einen Naturzustand überstellt, in dem man mit den unermesslichen Schmerzen eines unbestimmten Zwangsmittels gebeugt werde.[267] Da sich die Darstellung dieser »Unpersonen« fast ausschließlich sehr abstrakt entweder auf die Gesetzesbuchstaben oder auf alte freiheitsphilosophische Texte beruft, werden sie bald konkreter als Gewohnheitsverbrecher, Drogenhändler, Terroristen, ja Feinde benannt.[268] Wer sie sind, schließt man weniger aus wirtschaftlichen Verhältnissen, wie zunächst angegeben, sondern aus der Erfahrung der Vergangenheit.[269] Darum wäre es interessant zu erfahren, was es damit auf sich hat, wenn die Regie der Strafrechtswissenschaft gerade den Feinden des Rechtsstaats zukommt.[270]

Auch auf einer so freundlichen, fast festlichen Tagung wirkt der allzu selektive Gebrauch der Vergangenheit so aggressiv, die sozusagen präventive Abwehr ist dabei so deutlich erkennbar – denn von der Geschichte ist nur innerhalb der strengen Grenzen der Nützlichkeitsverhältnisse die Rede –, dass das »Feindstrafrecht«, wie es ausdrücklich heißt, nicht ohne vereinzelte empörte Erwiderungen bleibt.[271] Diese Reaktion, die in den folgenden Jahren zusammen mit der Radikalisierung jener These zwar nur steigern sollte, folgt aber erst auf den letzten großen Akt des Kolloquiums, auf das Hauptreferat über *Die Strafrechtswissenschaft vor den Aufgaben der Zukunft* samt den anschließenden Kommentaren dazu. Mit der zukunftsorientierten Strafrechtswissenschaft wird schließlich klar, weshalb man nie weder zu ihren Produzenten noch zu ihren Produktionsverhältnissen kommt, sie werden geschickt hinter die Kulissen geschoben. Anfänglich mag das Hauptreferat noch wie *Das Kapital* erscheinen, hier wird »die Dogmatik der allgemeinen Lehren von der Straftat« wie die Waren dargestellt, also als »ein Exportartikel der deutschen Strafrechtswissenschaft«.[272] Wenn der Ausgangspunkt beider Ansätze derselbe zu sein scheint, so überbietet die Strafrechtswissenschaft aber jene Sprengkraft der Kritik der politischen Ökonomie mit dem hartnäckigen Glauben an den disziplinierten Fortschritt zum Richtigen, trotz aller Sackgasse und Irrtümer. »Dass ein Musikinstrument schlecht gespielt werden kann,« so heißt es in dem Referat, »sagt nichts gegen das Instrument, und eine Flut geringwertiger Bücher ist kein Argument gegen die Zukunftsmöglichkeiten der Literatur.«[273] Irritierend an dem Vergleich ist nicht so sehr die unvermittelte Ästhetisierung bzw. Entpolitisierung der Strafrechtswissenschaft als vielmehr das Argument desjenigen, der die Zukunftsmöglichkeiten der Strafrechtswissenschaft verteidigt, einem von dem Schlag, ja vom dem gleichen Grundton der Rehabilitationsthese vieler lauter NS-Juristen. Man denke etwa an den 1966 vor der Berliner Juristischen Gesellschaft gehaltenen Vortrag *Über die Unentbehrlichkeit der Jurisprudenz als Wissenschaft* in Antwort auf die provokative Rede über *Die Werthlosigkeit der Jurisprudenz als Wissenschaft*.[274] Auch dort reduziert der Münchner Kronjurist die von v. Kirchmann 1848 erörterte Frage nach der totalen Entfremdung der Rechtswissenschaft aufs bloß Instrumentale: »Ist nämlich meine Behauptung von der Wertlosigkeit der Jurisprudenz eine wahre, so erhellt es zunächst, dass die Schuld davon nicht die Personen, nicht die Bearbeiter der Wissenschaft treffen kann.«[275] Übersetzt in die angeblich modernisierte Sprache des zweckrationalen, teleologischen bzw. funktionalen Strafrechts könnte man ebenso gut von einer vollkommenen Verantwortungslosigkeit der Rechtswissenschaft samt ihren Betreibern sprechen.[276] Die Strafrechtswissenschaftler werden, so formuliert, Unpersonen, wie eben – und hier liegt die ganze Ironie der Sache – in dem inzwischen allvertrauten deutschen Volkslied des Feindstrafrechts. Die im Hauptreferat oft auftauchenden Ausdrücke wie »fernerer Zukunft«,[277] »wissenschaftliches Neuland«,[278] »Homogenität des Gegenstandes«,[279] »Einbahnstraße«,[280] »ewigen Aufgaben«[281] und

»Schritt auf dem Wege zur Verwirklichung des uralten Menschheitstraums vom ewigen Frieden«,[282] »ja alles auf Einklang und Gleichgewicht abgestimmt«[283] – die Sprache der Strafrechtswissenschaft ist übertönt von diesen schwer zu ertragenden Ohrwürmern einer Zerstörungsgeschichte. Nicht einmal der Rekurs auf einen so gut wie ins Metaphorische entleerten Kriminalpolitikbegriff vermag die Zuhörer zu irritieren: der Kunstgriff war schon üblich in den alten strafrechtlichen Lehrbüchern, beispielsweise in vielen der Wilhelmischen Ära.[284] Solche inmitten einer selbstproklamierten neuen Moderne der Strafrechtswissenschaft ausbrechenden Vergangenheitsfloskeln belegen wohl den manischen Charakter dieser Sprache, die weder ihre eigenen Produzenten noch ihr politisches Dasein überhaupt infrage stellt.[285] Diese sozusagen schizoide Sprache ist darum nicht so sehr konservativ wie restaurativ[286] – eine restaurative Sprache des Niegewesenen, eine Retouchierung der Strafrechtswissenschaftsgeschichte, eine Art Phantasmagorie. Nur von ihr aus kann man noch ein so monumentales Werk wie das vom Hauptreferenten skizzierte ernsthaft planen: »Als Anfang dieses Jahrhunderts das deutsche Strafgesetzbuch reformiert werden sollte, wurde zur Vorbereitung dieses Unternehmens eine 16bändige ›Vergleichende Darstellung des Deutschen und Ausländischen Strafrechts‹ von zahlreichen Strafrechtswissenschaftlern angefertigt. [...] Diese Tradition gilt es zu erneuern und auszubauen, zumal da die Möglichkeiten internationaler Kommunikation und Informationsübermittlung heute unendlich viel größer sind als zu Anfang des Jahrhunderts. Ein gründliches internationales Strafrechtslehrbuch wäre für Wissenschaft und Gesetzgebung in der ganzen Welt eine wertvolle Erkenntnisquelle. Es wäre – und damit komme ich auf meine Ausgangsthese zurück – zugleich die überzeugendste Manifestation der weltweiten Einheit unserer Strafrechtswissenschaft.«[287] Schon in diesem neokonservativen Sinn,[288] einem, wenn man den Ausgangspunkt genau betrachtet, durchaus neuimperialen Stil, hieß ein vor einigen Jahren nicht umsonst zu Ehren des Referenten in Coimbra veranstaltetes Symposium *Bausteine des europäischen Strafrechts*.[289] Was für Europa damit gemeint wurde – symptomatisch kommen dabei nur Vertreter aus Deutschland, Italien, Portugal und Spanien zu Wort –, mag dahinstehen, nicht aber die unkontrollierte Beschwörung einer obskuren deutschen Vergangenheit. Sehr Ähnliches war beispielsweise schon ohne Umschweife in dem 1880 erschienenen Buch *Bausteine für eine allgemeine Rechtswissenschaft auf vergleichend-ethnologischer Basis* zu lesen.[290] Dass das Gebäude der deutschen Strafrechtswissenschaft noch heute so grandios erscheinen will, ist erstaunlich genug,[291] und die Strafrechtswissenschaft zögert nicht einmal, von Dialektik zu reden, wenn es darum geht, ihr Unversöhnliches harmonisierend zu versöhnen.[292] Ihre Expansion geschieht also, so heißt es in der *Festschrift für Claus Roxin*, in einer »quasi magischen Weise«;[293] ihr politischer Gehalt löst sich ins rein Ästhetische wieder auf. Schon Hegel sah in der zeitgenössischen Architektur den Ort, wo sich die »selbstständige und die dienende Baukunst« sich vereinigen.[294] »In a similarly contradictory way«, schreibt dann Andreas Huyssen, »Wagner uses a universalizing and mythic image of architecture to ground his own claims to an aesthetic monumentality adequate to an emerging new culture, that of the music drama as the new *Gesamtkunstwerk*. For the very notion of the *Gesamtkunstwerk* – this is my claim – is fundamentally architectural.«[295] Der Vergleich ist hier nicht nur plausibel, er ist keineswegs originell, es ist eben die Strafrechtswissenschaft selbst, die ihn, vielleicht mit umgekehrter Absicht, vorschlug.[296]

> Nun ist die Erfüllung geheimer Wünsche, oder das »Richtigstellen« einer rauen Wirklichkeit, gewiss eine der therapeutischen Funktionen von Literatur; doch wenn Phantasie sich als Realismus gibt, dann wird daraus *per definitionem* Kitsch. Die Überhöhung der Wirklichkeit, wenn sie als ästhetische Methode ernst genommen werden will, muss dem Leser als solche deutlich sein. Besonders in Bezug auf die historische Vergangenheit sollten Wunschträume nicht so tun als spiegelten sie, was stattgefunden hat.[297]

Die kurze Passage wird aus dem Buch *Katastrophen* über deutsche Literatur zitiert, und zwar aus dem Aufsatz *Gibt es ein »Judenproblem« in der deutschen Nachkriegsliteratur?* von der Literaturwissenschaftlerin und Schriftstellerin Ruth Klüger. Darin widmet sie sich wieder einmal einem ihr gut vertrauten Thema, nämlich dem des Kitschbegriffs.[298] Darüber steht sie längst wenn auch nicht widerstandslos in innerem Dialog beispielsweise mit Ludwig Giesz, dem Autor von *Phänomenologie des Kitsches*,[299] ebenso wie mit Benjamin und Adorno,[300] doch vor allem mit dem berühmten Essayisten und Schriftsteller und ebenso wie sie in Wien geborenen und von dort aus von den Nazis vertriebenen Hermann Broch.[301] Beide sehen also gemeinsam das Kitschphänomen weit über die Literatur bzw. die Ästhetik hinaus erscheinen. Wenn der Kitsch *Das Böse im Wertsystem der Kunst* repräsentiert, wie Brochs grundlegende Schrift schon im Jahre 1933 heißt,[302] so war er in jenen finsteren Zeiten der Hitler-Diktatur überall gegenwärtig, ja banal. Dokumentationsbücher wie Hannah Arendts *Eichmann in Jerusalem* oder Christopher R. Brownings *Ganz normale Männer* sind gute Belege dafür,[303] nirgends jedoch lässt sich ein besseres Beispiel für dieses Zusammenspiel von brutaler Ablehnung und sentimentaler Einfühlung finden wie in *Kommandant in Auschwitz*.[304] Gleich auf den ersten dieser mehr als zweihundert Seiten autobiographischer Aufzeichnungen des Rudolf Höß wird vor den Leserinnen und Lesern die paradigmatische Verwandlung von dem tierliebenden Kind in den Verbrechertypologie-Experten vollzogen. —»Sentimentalität oder Brutalität, schon immer die beiden Seiten derselben Münze«,[305] so Klüger in dem bereits zitierten Aufsatz. Das Argument, Höß betreibe weder Literatur noch Strafrechtswissenschaft mit seinen an Peinlichkeiten kaum zu überbietenden Notizen, leuchtet zwar ein, greift aber zu kurz, um die dort undiskriminiert ausgegossenen Klischees aus billigem Kitschroman und pseudowissenschaftlicher Kriminalpolitik zu erklären. Was Letzteres betrifft, wird man jedoch nur schwer leugnen können, dass diese Aufzeichnungen vielen strafrechtswissenschaftlichen Lehrbüchern – von gestern und heute – oft in nichts nachstehen. Der nun zwar ad hoc eingeführte Vergleich von Höß Schrift mit der strafrechtlichen Literatur tritt an die Stelle, wo Klüger weit über den Kitschmenschen hinaus,[306] also einen Schritt weiter als Broch bzw. Giesz,[307] den Edelkitsch —»auch das ein gutes deutsches Wort«[308]– des Wissenschaftsbetriebs mit aller Deutlichkeit vorführt. Durch ihr außerordentlich gut gelungenes literarisches Nacherzählen verschiedener Vorkommnisse ihrer akademischen Laufbahn wirft Klüger der Wissenschaft ihre verlogene Darstellung der Wirklichkeit vor, ebenso wie sie, nicht nur ironisch, fordert, dass Frauen mit unbestrittener Legitimität auf die Brutalität einer Männerwelt reagieren sollen.[309] Dem Kollegen an der renommierten Princeton Universität vor ihr kippt sie das Glas über ihn, auch wenn sie mangels des angemesseneren Roten nur Weißwein zur Hand hatte.[310] Denn wichtiger ist, und hier liegt die Moral der Geschichte, die institutionalisierte Gewalt, die Diskriminierung der Pseudowissenschaft nicht ohne Erwiderung zu lassen.[311] Während Klüger in ihrer Kritik an den amerikanischen Elitecolleges, den Männercolleges samt ihren Spitzenwissenschaftlern und Perversitäten kein Blatt vor den Mund nimmt – Berkeley und Yale werden neben anderen erwähnt, sodass deutlich wird, dass es sich nicht um einen Einzelfall handelt[312]–, reicht es anderseits völlig aus, dass sie über die deutschen Universitäten sagt, sie hätten längst jeden Hauch von Ehre verloren —»spätestens mit der Ausweisung der jüdischen Professoren, mit denen sich die sogenannten arischen Kollegen bekanntlich nicht solidarisch erklärten [...]; und weiterhin mit dem nazistischen Unsinn, der jahrelang dort unterrichtet wurde.«[313] Darum ist dieser Unsinn immer wieder erneut zu lesen, in Form des direkten Zitats der NS-Vergangenheit, sei es dem Zitierenden bewusst oder unbewusst. Vergangenheit und Gegenwart zitieren sich gegenseitig, sie wiederholen sich, ohne dass jeweils eine Lehre daraus gezogen würde. Für die Verfolgten jener Zeit bleibt die alte Diskriminierung deswegen sehr aktuell, zumindest immer aktualisierbar. Das belegt eine eigene Erfahrung Ruth Klügers an der Universität in Göttingen,[314] der Stadt, so Klüger, —»die in die Literatur einging durch ihre geniale Verunglimpfung in Heines ›Harzreise‹.«[315] Auch Ruth Klüger selbst hat Juristisches aus Göttingen zu erzählen: Als ihr, mittlerweile als alte, jüdische Gastprofessorin, um ein Haar eine neue Enteignung erspart wurde. Nur durch die Hilfe ihrer Kollegin Gesa Dane, der Tochter eines Anwalts, die —»Legalistisches mit einer Leidenschaft, als sei's eine höhere Form von Pornographie liest«,[316] entging Klüger einem Betrug, durch den sie bereits ihre in Deutschland vermutlich vor allem durch den großen Verkaufserfolg ihrer Autobiographie erworbenen Ersparnisse davonschwimmen sah. Demgegenüber wird man sich unwillkürlich mit Klüger fragen, was für ein Rechtsstaat die Bundesrepublik geworden ist und ob die Ausblendung dieser Frage durch die Rechtswissenschaft nicht einen Mythos füttert,[317] ähnlich wie den der Stunde Null in der deutschen Literatur.[318] Auch die Wissenschaft erscheint in einem überaus verdächtigen Licht, denn auch sie ist dem Mythos dem Wesen nach gleich was Klüger längst wusste, bevor sie von der *Dialektik der Aufklärung* Notiz nehmen konnte.[319] Über die geschilderte eigene Erfahrung in Göttingen wird sie noch sagen: —»Ist ja nur Geld, man hat Ärgeres erlebt, dachte ich, die alte Litanei der Enterbten und Betrogenen, Juden in vielen Variationen bekannt.«[320] Es geht hier darum, mit diesem kanonischen status quo zu brechen.[321] Ja, *Frauen lesen anders*, wie Klüger unermüdlich und provozierend zeigen muss,[322] und man soll nicht zuletzt deswegen sehr ernst nehmen, *Was Frauen schreiben*.[323]

AUSSAGEVERWEIGERUNG

Touristen waren als Deckung zur Hand,
In die Bahnhofshallen verschlug mich die Flucht.
Mein Steckbrief klebt an jeder Wand,
Unter mehreren Namen war ich bekannt,
Mit verschiedenen Frisuren gesucht.

Wo sie die neuen Hausen bauen

(Jeder Ziegel und Nagel erkennt mich!),
Wagte ich stillzustehn, zuzuschauen,
Floh in das Alltagsleben der Frauen,
Aber die Sonne des Alltags verbrennt mich.

Überall war ich angeklagt,
Überall war mir der Eintritt verboten.
Alle Gendarmen haben mich ausgefragt,
Wo ich ging und stand, nach den Toten.

Und jedes Verhör ist über Ereignen,
Das neben mir stattfand, doch ohne mich.
Hingeschaut hab ich, wie könnt ich es leugnen?
Aber die allerverlogensten Zeugen
Sind nicht so unzuverlässig wie ich.

Jedes hergelaufene Gespenst kann mich enteignen,
Weil ich weiter muss, wenn eins sagt: »Sprich.«[324]

Der Text steht fast am Ende von *weiter leben*, Klügers autobiographischem, erst im Jahre 1992 erschienenem Buch, zugleich einer Art Gefängnisbuch, wie sie Dostojewskis *Aufzeichnungen aus einem Totenhaus* nennt,[325] jedoch nicht fiktiv. Das Gedicht stammt aus den sechziger Jahren, als sie, wie in *weiter leben* zu lesen ist, zum ersten oder zweiten Mal nach dem Krieg wieder in Deutschland war. Sie scheut sich also nicht vor dem offensichtlichen Widerspruch des Titels, den sie erst im Verlauf der Gedichtes zurechtrückt. Sie weiß wohl, dass die Kontradiktion nicht bloß eine der Logik ist, sondern die Konsequenz ihres behaupteten Lebenswillens, zu dem nur ein Kind in solch entschiedener Weise in der Lage war, gegen das allzu konkrete Gesetz des Vernichtungslagers.[326] Was man unter der Logik immer noch zu verteidigen versucht, wird bald demaskiert als Rehabilitationsversuch,[327] Eskapismusdrang[328] oder Versöhnungspathos.[329] Denn die angeblich sachliche Unparteilichkeit weckt arglose Assoziationen. —»Was kann einem da einfallen, man assoziiert eventuell eher Ferienlager als gefoltertes Leben. Und heimlich denkt wohl mancher Besucher, er hätte es schon schlimmer gehabt als die Häftlinge da in dem ordentlichen deutschen Lager.«[330] So einfach es zu konstatieren ist, dass die preußische Perfektion in der Verwaltung der KZs eine deutsche Legende ist,[331] so verbirgt sich hinter jeder logischen Sicherheit darüber hinaus auch die Gefahr einer erneuten politischen, ästhetischen, ja kitschigen Ausbeutung der Vergangenheit.[332] Hat es noch einen Sinn, von Realitätsvokabeln zu reden, also ganz im Sinne Brochs,[333] dann müssen Täter und Opfer angesichts des Ausmaßes des Unrechts immer sehr klar unterscheidbar sein, auch um den Preis der vermeintlichen Normalität der

Welt.[334] Dies schließt selbstverständlich eine Hochstilisierung der Opfer aus,[335] denen ist vielmehr das letzte Wort zu lassen, sie sind eher zu zitieren, eben weil das Zitat die Möglichkeit des Widerspruchs keineswegs ausmerzt, sondern ihn schon mit sich bringt.[336] —»Nur an meinen Unversöhnlichkeiten erkenn ich mich, an denen halt ich mich fest. Die lasst mir. [...] Beim Hofmannsthal sagt Elektra: Ich bin kein Vieh, ich kann nicht vergessen. Verzeihen ist zum Kotzen, denk ich oder sage ich.«[337] Jene Normalität, wenn sie je existiert hatte, ging auf einmal verloren —»Verkehrte Welt«.[338] Denn Wien war von Anfang an nicht so sehr der Heimatort für Klüger, sondern die Stadt, so schreibt sie, —»aus der mir die Flucht nicht gelang.«[339] Es war das Gefängnis, wo sie seit der frühesten Kindheit in Ausnahmezustand lebend kritisieren und vergleichen zu lernen hatte.[340] Dann kamen die Lager in der Reihenfolge: Theresienstadt, Auschwitz-Birkenau und Christianstadt (Groß-Rosen) —»Und doch hat alles anders ausgesehen. Aus dem Vernichtungslager kommend, schaute ich auf die normale Landschaft hinaus, als sei sie unwirklich geworden.«[341] Nicht weniger beeindruckend ist die Nüchternheit, mit der Klüger den Leserinnen und Lesern die Umkehrung beschreibt, die Auschwitz, nicht nur für sie, bedeutete: —»In der ganzen Hitlerzeit habe ich keinen Juden je den Gedanken aussprechen hören, Deutschland könne siegen. Das war eine Möglichkeit, die einer Unmöglichkeit gleichkam, ein Satz, der tabu war, ein Gedanke, den man nicht zu Ende dachte. Hoffen war Pflicht.«[342] Ihr geht es dabei offensichtlich, sie schreibt es ausdrücklich, weder um ein Prinzip noch um ein Trauerspiel und noch weniger um ein Happy End, sondern um das einfache Weiterleben.[343] Dabei hilft ihr das humanistische Erbe, das die ihr bekannten Auszüge aus der klassischen Literatur durchtränkt hatte und aus der Klüger gern die Schiller'schen Balladen rezitiert. Und auch wenn ihre didaktischen Ansprüche völlig ins Leere liefen, so waren sie zumindest ein Trost, und das ist doch in Auschwitz nicht wenig.[344] —»Auschwitz war nicht auf einem fremden Planeten gewesen, sondern eingebettet in das Leben da vor uns, das weitergegangen war wie vorher.«[345] Darum ist es wohl immer wieder vonnöten, die Philosophie samt ihren ewigen Gesetzen einer erhabenen Disziplin wieder auf einen soliden Boden zu stellen.[346] Das gilt ebenso für die Kritische Theorie, zumindest wenn sie auch einen Ausschließlichkeitsanspruch erhebt.[347] Und Klüger weist nicht nur auf den strukturellen Denkfehler, den Mangel an dialektischem Bezug hin, der eine wie auch immer gedachte Werteskala sistiert.[348] Wenn man sich vor den Vertretern unanfechtbarer Gesetzlichkeiten sieht,[349] vor allem wenn sie den umgekehrten Fall der Illegalität des Lebens verfechten,[350] erst dann wird man unweigerlich genötigt, eine Diskrepanz der Wahrnehmung,[351] eine Diskrepanz der Affekte geltend zu machen,[352] und angesichts der totalen Unmöglichkeit eine Möglichkeit moralischer Ambivalenz neu zu entdecken.[353] Jeder absolute Wahrheitsanspruch dementiert sich gleich, auch und besonders aus einer so objektiven historischen Perspektive wie der von Raul Hilberg vertretenen, als die totale Lüge der Wirklichkeit.[354] — »Die ›Todesfuge‹ wurde nämlich zum Brennpunkt für Theodor Adornos berühmtes Wort, das Schreiben von Gedichten nach Auschwitz sei barbarisch. Dieser Satz ist nicht so autoritär, wie er zuerst klingen mag. Er steht in einem Kontext, wo über das dialektische Verhältnis von Kultur und Barbarei gehandelt wird und wie das eine paradoxerweise zum anderen werden kann. Doch der Grund, warum dieser Satz so viel diskutiert wurde, ist, dass er eine heikle Frage aufwirft, die uns immer noch angeht. Die Frage nämlich, ob man Spaß haben darf am Massenmord.«[355] Doch nicht einmal vor dem massenhaft reproduzierten Tod verliert die moralische Frage ihren Bestand. Sie ist wohl das sicherste Indiz dafür, dass es auch hier ja Unterschiede und Ausnahmen noch geben muss. — »Nicht in diesem unmöglichen Jetzt befangen zu bleiben. Zeuge sein wollen bedeutete ja: Es wird eine Zeit geben, wo das hier vorbei sein wird, und diese Nummer nur noch Indiz, Beweismaterial.«[356] In diesem Punkt legt also Klügers unbestreitbar legitime, tröstende Projektion auch davon Zeugnis ab. Das Recht auf Leben deckt sich mit dem Recht auf Erinnerung.[357] —»Bitte, ich bin die Ausnahme.«[358] Dieses Eigentum[359], das auf Papier gebrachte Zeugnis der am Leben Gebliebenen kann man ihr nicht mehr einfach nehmen.[360] —»Denn die Erinnerung an das Leiden ist auch eine Art Schatz, ein Besitz, und wer ihn uns entreißen will, macht uns ärmer.«[361] Klüger ist eine emphatische Zeugin der Möglichkeit entgegen allen Erwartungen wie die der Polizei,[362] die der Theorie,[363] die der alttestamentarischen Erwartung der Religion[364] oder jeder anderen Erwartung, die die Zeugenaussagen zu enteignen, zu erniedrigen, zu entfremden versucht[365]– es handelt sich ja um eine Rechtsfrage.[366] Eben daran gemessen, das heißt am Gewicht der Aussagen der Zeugen, wird sie übrigens mit Recht die Nürnberger Prozesse im Unterschied zu den Auschwitz-Prozessen so gering schätzen wie ein zynisches Beiseiteschieben. Und es ist bestimmt kein Zufall, dass sie Peter Weiss – sie beruft sich oft auf *Die Ermittlung* – für den besten Auschwitz-Besucher, den man sich wünschen kann, hält.[367] Das korrupte und inkompetente Entnazifizierungsprogramm mag seinerseits dahingestellt bleiben.[368] Wie es auch sei, Klügers Insistieren auf einem differenzierenden Erzählen, einem kritischen Schreiben, einem vergleichenden Verfahren, ihrem Insistieren also auf der Variation und Differenzierung als dem eigentlich möglichen Kommunikationsprinzip[369] weckt die Erinnerung an die noch heute wirklich herrschenden Diskriminierungen.

Das Sinnbild, das Klüger in *weiter leben* für die Beschreibung der Sprache bzw. Kommunikation oft verwendet, nämlich das Bild des Stacheldrahts zwischen Lebendigen und Toten,[370] fußt auf der Doppelbödigkeit des Vergleichs und der Wirklichkeit.[371] —»Wir können nicht umhin, die Bücher, um die es sich hier handelt, von einem Standpunkt zu lesen, der den Autoren fremd war, nämlich mit dem Wissen um einen tödlichen Ausgang, während sie die katastrophalen Auswirkungen des ›Judenproblems‹ unmöglich voraussehen konnten. Wir Heutigen wollen die Perspektive der Damaligen zwar bis zu einem gewissen Grad verstehen, doch ganz nachvollziehen können wir sie nicht und stellen unsere Frage aus dieser bewusst doppelten Perspektive.«[372] Die im Buch erzählte Episode vom gescheiterten Wurf ihrer Mutter bzw. der oben im Draht hängen gebliebenen Wollsocken, die jene bedürftigen, schon auf der Rampe getrennten, ungarischen Frauen nicht mehr erreichten, bekräftigt den Vergleich jenseits des bloß Metaphorischen.[373] Darum gilt es, die unüberwindbaren Unmöglichkeiten einer unleugbaren Erfahrung zu übertreten – sei es die der nicht gelungenen Flucht, des Bildverbots oder des den Frauen untersagten Kaddisch.[374] —»Ich werde oft gerügt, weil ich über Diskriminierung gegen Juden und gegen Frauen in einem Atemzug rede, aber so hab ich's erlebt.«[375] Die Doppelbödigkeit der Kritik antwortet also einer verdoppelten Bodenlosigkeit des Wirklichen. Klüger beschreibt, wie sie sich noch multiplizieren lässt, wie facettenreich die Diskriminierung in der Tat sein kann. —»Ich hörte nur die Verachtung für Frauen, die in dieser Unterscheidung und in der Anmaßung der Männer lag, eine Art Vormundschaft über mich ausüben zu wollen. Erst hatte es die Verachtung der arischen Kinder für die jüdischen in Wien, danach die der tschechischen Kinder für die deutschen in Theresienstadt gegeben, jetzt die der Männer für die Frauen. Diese drei Arten der Verachtung sind inkommensurabel, werdet ihr sagen, ich aber erlebte sie an mir selber, in der angegebenen Reihenfolge. Ich war das *tertium comparationis*, das Versuchskarnickel dieses Vergleichs, und darum stimmt er für mich.«[376] Klüger verkörpert die Kritik selbst und macht sich ganz entgegen dem logischen Satz zum Beweis dafür, dass das ausgeschlossene Dritte doch zu retten ist. Vergleiche dürfen also nicht Gleichungen werden.[377] —»Sie schockieren uns alle auf die gleiche Weise, in ihrer Haltung von ›Arbeit ist halt Arbeit‹, ›Geschäft ist Geschäft‹, ›Befehl ist Befehl‹. Der Sinn für Horror, für Alpdruck fehlt ihnen so sehr, dass man ihnen beinahe glaubt, wenn sie behaupten, sie hätten nichts gewusst. Eigentlich glaubt man es nicht.«[378] Gleichsetzung und Analogie sind wohl in der Weise zu unterscheiden, dass man das tertium comparationis nicht aus dem Auge verliert.[379] Dadurch kann man sich besser über die Phantasmagorie nach Auschwitz klar werden.[380] Ebenso wie in der für sie ersten Modernisierung eines klassischen Stoffes, einer Inszenierung von Jean Anouilhs Theaterstück *Antigone*, die einen so starken Eindruck bei ihr hinterlassen hatte,[381] aktualisiert Klüger nun selbst die Widerstandskraft der Kunst, indem sie die Wirklichkeit immer weiter beschreibt, kritisiert, unterscheidet, ja diskriminiert.[382] Sie gewinnt der Sprache ihr Politisches wieder ab. —»Man muss die abgenützten Worte auf die Waagschale legen, als wären sie neu, was sie dem Kind ja waren, und dann muss man die Schlauheit durchschauen, die es mir eingab, das Trauma der Auschwitzer Wochen in ein Versmaß zu stülpen.«[383] Dieser Arbeitsprozess macht den Reichtum ihrer Sprache aus, gibt ihr neben dem Inhalt den wirklichen Gehalt.[384] Das ebenso autobiographische *unterwegs verloren*, eine Art Fortsetzung von *weiter leben*,[385] belegt die Reichweite Klügers weit über das Opfersein hinausschießender Spracharbeit. Sie ist noch einmal in Wien, wenn sie schreibt: —»In einem Gedicht von Robert Frost heißt es: ›Home is the place where you have to go there, / They have to take you in.‹ (Zu Hause bist du dort, wo man dich reinlassen muss, wenn du vor der Türe stehst.) Und da sehen wir sofort den Riss, der durch die Vergangenheit und Gegenwart der vielen Flüchtlinge unserer Welt geht. Denn wie, wenn sie dich plötzlich ›zu Hause‹ nicht mehr reinlassen, dort, wo du eben noch gewohnt hast? Dann wird dir das Zuhause noch immer vertraut sein und doch unheimlich wie kein anderer Ort. Und du wirst dir nehmen, was du schleppen kannst, wenn's auch nur die ohnmächtigen Wörter sind, die man beim Spielen verwendete, Spiele im Stadtpark, bis das verboten war, später Spiele am jüdischen Friedhof, das war erlaubt. Wörter wie Steine, die man, gemäß der jüdischen Sitte, den Toten aufs Grab legt. Und vielleicht ist auch das, dieses Beschweren der Gräber mit Bruchstücken der Welt, eine politische Handlung.«[386] Die unzähligen Anhaltspunkte in der Wirklichkeit einer solchen Passage machen ganz offensichtlich die politische Dimension von Klügers Arbeit aus.[387] Ihr Entwurf zielt, wie schon am Ende von *weiter leben* steht, —»im Kreis oder in einer Spirale, in den wunderlichsten geometrischen Figuren, nur nicht linear« auf dieses Weitere: —»Immer neue Besucher. Ich staunte über die Anteilnahme, auch von Menschen, die ich gar nicht kannte, die nur über gemeinsame Freunde von mir gehört hatten. Sie kamen, um gutzumachen und um wiedergutzumachen. Ihre Gegenwart war wie ein Seil, an dem ich mich aus der Pestgrube – o du mit dem Dudelsack meiner ersten Todeslegende! – der halbtoten Gedanken hochzog«, schreibt sie eben aus Göttingen fort, »Alles zum Trost und um die Gespenster wegzuscheuen, die mich wichtigtuerisch, wie bei einer Konferenz, umlärmten.«[388] Ihr Schreiben ist auf diese Ansprechbarkeit abgestimmt, auf diese Verständlichkeit. Lesen und Schreiben stehen im Widerspruch zueinander. Aus diesem Zusammenhang entsteht die schmale Möglichkeit Menschheit, so klein wie die Schrift sein kann, die Freundschaft,[389] die Liebe.[390] Erst wenn, weit über die Psychologie der Einzelnen hinaus, der totale Zusammenhang der Gesellschaft, so kreis- und gefängnisförmig sie auch ist, durchbrochen wird – und hier steht Klüger côte à côte mit der kritischen Theorie[391]–, erst in diesem Moment erscheint die Freiheit. Sie besteht aus winzigen hier und da ausbrechenden Fluchtpunkten, so entrückt scheinend, als wollten sie eine ähnliche Konstellation bilden, wovon Benjamin mehrmals schrieb und damit Adorno nachhaltig beeinflusste.[392] Ohne sie ist man unterwegs verloren. Darum dokumentiert Klüger ihre eigene Herkunft so klar wie nur möglich – sie wurde auch als Sozialistin erzogen und als solche verfolgt, und dies gehört gleichfalls zu ihrem Spezifischen.[393] So macht sie sich beispielsweise den antikolonialistischen Kampf zu eigen und zitiert zum Beispiel gern aus *Die Verdammten dieser Erde* von Frantz Fanon,[394] diesem vorzüglichen modernen Zeugen zum Thema Anti-Imperialismus.[395] Denn auch bei ihr kommt der Skandal der Sklavenarbeit, ebenso gespenstisch wie realistisch zum Ausdruck. Im Epilog von *unterwegs verloren* kreuzt sie das zugleich gleiche und doch andere Meer, das Heine einmal, von Senegal bis zum Hafen von Rio de Janeiro, in *Das Sklavenschiff* behandelte.[396] Klüger erzählt ihrerseits von möglichem Mitleiden, einem durchaus wirklichen.

> Die »Dunera« und die »Rotterdam« kreuzten andere Meere zu anderen Zeiten, aber sie gehören zusammen wie Plus und Minus. Ich blättere in dem Wälzer wie in einem vergilbten Photoalbum, und die »Dunera« mit ihren Insassen wird deutlicher als die farbenfrohe Erinnerung an meine Reise mit der »Rotterdam«, die noch nicht lange her ist. Zwischen zwei Stühlen sitzen ist eine alte Redensart, auf zwei Schiffen reisen ist eine Variante dieses Zustands. Der Schnittpunkt in meinem Kopf, wo die zwei Schiffe aufeinandertreffen, war in Senegal, auf einem Ausflug zu der Insel Ile de Goree. Da taten mir plötzlich die Füße weh. Nicht auf gewöhnliche Art weh, sondern krampfhaft, ich möchte schreien. Ich schreie nicht, sondern ziehe mir die Schuhe aus und höre barfuß und geduldig zu, was der einheimische Reiseführer über diesen früheren Sammelplatz für Sklaven zu erzählen weiß. Von hier sind Unmengen schwarzer Menschen, beiden Geschlechts und jeden Alters, nach Amerika verkauft worden. [...] Wie das möglich war? Durch Rechtfertigung, die seelenruhige Überzeugung, die Ausbeuter seien von Natur aus besser als die anderen Rassen. Ich kenn das ja, war einmal mitten drin. Ein fauler Geschmack steigt vom Magen auf, drängt in die Kehle, schlägt auf den Mund. Ich stelle mich auf die Zehenspitzen, wippe hin und her, gehe ein paar Schritte nach vorn, nach hinten, hilft alles nichts, die Füße sind noch immer verkrampft. Wir werden eingeladen, uns das Sklavenhaus anzuschauen, wo die Menschenware aufbewahrt war, bevor sie verfrachtet wurde. [...] Ich bin der einzige Mensch hier, ob Touristen oder Einheimische, ob Männer oder Frauen, der sich daran erinnert, was Sklavenarbeit ist. Persönliche Erfahrung, nix Vorfahren und 18. Jahrhundert. »I was a slave girl.« Die Baracke im Auschwitzer Frauenlager, wo ich als Zwölfjährige die letzten paar Nächte vor dem Abtransport nach Groß-Rosen mit vier anderen Frauen auf der untersten Liege der dreistöckigen Pritsche verbrachte, voll Angst vor dem Tod, bis der Schlaf die Angst ablöste, die dann am Morgen wiederkam. Dann das Aufatmen, als es doch nur zur Zwangsarbeit, nicht zur Vergasung ging. Jetzt bin ich mit denen hier, die Luxus besser kennen als Gefahr und deren Vorstellung von Armut aus Büchern, Filmen und – naja – aus Kreuzfahrten kommt. Wer bin ich denn, die oder jene? Kein Wunder, dass ich Krämpfe kriege, in den Füßen und den Beinen. [...] Die Fahrt ist dann weitergegangen, von Afrika nach Südamerika [...]. Von meiner anfänglichen Erkältung

habe ich mich erholt und in Rio de Janeiro mit Maria ein Hotelzimmer geteilt und noch schöne Tage verbracht.[397]

Ungefähr fünfzehn Jahre trennen das oben erwähnten Gedicht Heines und das von ihm wohl beeinflusste, doch rhythmisch weiterentwickelte *O navio negreiro* von Castro Alves.[398] Zwar erschienen beide Gedichte schon, nachdem der Sklavenhandel durch das Gesetz Eusébio de Queirós, dessen Erlassung dem starken kommerziellen Druck seitens Großbritanniens viel verdankte, seit 1850 in Brasilien rechtlich untersagt war. Wenn man aber genauer bedenkt, dass die Sklavenarbeit als solche bis 1888, das Jahr des Lei Áurea, noch mit unbestrittener gesetzlicher Anerkennung rechnen konnte, dann wird man den lyrischen Bearbeitungen ihre Aktualität bezüglich des offiziellen Rechts nicht ohne Weiteres absprechen können – sich dagegen sträuben zu wollen, wäre frivol, denn die immer noch nicht abgeschlossene Rezeptionsgeschichte beider Texte spricht ausreichend dafür. »Das ist heute noch das Trauma von Heines Namen«, schreibt Adorno über Heine, was man trotz aller Unterschiede in diesem speziellen Zusammenhang wohl auch auf Castro Alves anwenden kann, »und geheilt kann es nur werden, wenn es erkannt wird, anstatt trüb, vorbewusst fortzuwesen. Die Möglichkeit dazu aber liegt rettend in der Heineschen Lyrik selber beschlossen. Denn die Macht des ohnmächtig Spottenden übersteigt seine Ohnmacht. Ist aller Ausdruck die Spur von Leiden, so hat er es vermocht, das eigene Ungenügen, die Sprachlosigkeit seiner Sprache, umzuschaffen zum Ausdruck des Bruchs. So groß war die Virtuosität dessen, der die Sprache gleichwie auf einer Klaviatur nachspielte, dass er noch die Unzulänglichkeit seines Worts zum Medium dessen erhöhte, dem gegeben ward zu sagen, was er leidet.«[399] Offensichtlich wirken die über drei Jahrhunderte hinweg verursachten Wunden noch immer nach, sind bestenfalls immer noch schmerzend vernarbt.[400] Darum macht sich eine diachronische Betrachtung gegenüber der allzu massiven Präsenz der Sklavenausbeutung in der brasilianischen Geschichte, ja deren Ausmaßlosigkeit, von Anfang an verdächtig. Und nicht frei davon sind jene theoretischen Ansätze, darunter auch viele orthodox marxistischen, die diese deutlich dominante historische Periode im Sinne einer vorgeschriebenen Kadenz interpretieren wollen. Man wird zwar nur schwer leugnen, dass dadurch, so szientistisch orientiert diese Versuche waren, wertvolle Daten gesammelt werden konnten, die in der Tat viel dazu beitrugen, den tradierten Gründungsmythos des Landes zu revidieren bzw. nuancierter neu zu formulieren.[401] Der Preis dafür war jedoch hoch, denn die positivistische Tendenz eines solchen Marxismus, einschließlich der Dependenztheorie[402] samt ihren späteren Varianten,[403] hypostasiert letztlich die Produktivkräfte und vernachlässigt weitgehend hochkomplexe Produktionsverhältnisse, die den brasilianischen Kapitalismus ebenfalls ausmachen.[404] Was für Schwierigkeit das darunter gefasste unermessliche Leiden dem brasilianischen Geschichtsschreiber bereiten wird, lässt sich etwa ahnen anhand des Bildes, das Luiz Felipe de Alencastro auf das 19. Jahrhundert zurückblickend vor sich hat: »Rio de Janeiro, der letzte Zufluchtsort für die monarchische Legalität in der Neuen Welt.«[405] Anschließend sogleich wird es in eindeutige Ziffern übersetzt und klarer geschildert: »1849 lebten in der Hauptstadt des Imperiums 266.000 Menschen, von denen 110.000 (41%) Sklaven waren – was Rio de Janeiro zur größten städtischen Konzentration von Versklavten in Amerika machte. Dieser breite nationale Konsens über das sklavische Eigentum komponierte die historische Grundlage der brasilianischen Sklaverei.«[406] Es bestand also eine Art allzu wirklicher Gesellschaftsvertrag, so verbindlich und unwiderruflich, dass der Historiker anhand konkreter Beispiele darüber eher nüchtern als hyperbolisch schreiben kann: »Während der Revolutionen des Imperiums durfte man das Feuer gegen die legalen Truppen eröffnen, die Bürger aufwiegeln, den Bürgerkrieg auslösen; sofern dieses und jenes Feld ›die gleichen Grundüberzeugungen‹ des imperialen Konsenses bewahrten: den Gehorsam gegenüber der sklavischen Privatordnung.«[407] Auf einer so expliziten Grundlage musste der Fortschrittsglaube, der den nationalen Geist allmählich durchdrang, bis man ihn zur pathetisch patriotischen Parole der dann verspäteten Republik proklamierte, notwendigerweise seine Selbstverständlichkeit einbüßen. »Im Diskurs des 19. Jahrhunderts entsprechen die Sklaven von der Hälfte bis zu zwei Fünfteln der Gesamtheit von Einwohnern des Hofs. Gleich entsteht ein Kontrast zwischen der Sklavenbevölkerungsdichte in der Stadt und den zivilisatorischen Ansprüchen des Hofs und der Krone, stolz auf ihren Status von einziger Vertreterin des ›europäischen Systems‹ – der Monarchie – in der vom republikanischen System beherrschten Amerika. Die typischen Eigenschaften des Sklavenbetriebs und -besitzes machen den Kontrast noch offensichtlicher. [...] Mit anderen Worten, in der modernen Sklaverei des amerikanischen Erdteils entfaltet sich die Gegenüberstellung Herr/Sklave in eine rassische Spannung, die die ganze Gesellschaft durchdringt.«[408] Und dies gilt nicht weniger für die sich mit dem Thema beschäftigende Wissenschaftsmethode, die nun mit einer immer mehr in Vordergrund tretenden synchronischen Darstellung zu wetteifern hat. Aus dieser anderen, zugleich neuen und befremdenden Perspektive kann es nicht länger um die bloße Anpassungsfähigkeit an irgendetwas Allgemeines gehen, sondern vor allem um das Unterscheidungsvermögen zur Konstituierung des Besonderen. Fortschritt und Rückständigkeit, Moderne und Antike erscheinen nun, so verschieden sie auch bleiben, in einem einzigen Kontext, simultan und relativ im Hinblick auf das darunter leidende Menschliche. »Im Unterschied zu dem, was in der Antike geschah«, schreibt Alencastro fort, »beruhte aber die moderne Sklaverei, besonders die brasilianische, auf der Plünderung von Individuen aus einem einzigen Gebiet, von einer einzigen Rasse.«[409] Der begriffliche Komplex, der für sich allein nicht unkommentiert stehen sollte, versucht auf diese Weise zumindest, auch wenn man angesichts des andauernden Gräuels nicht leichtfertig von Wahrheit sprechen darf, noch einen möglichen Grad Verständlichkeit zu bewahren.

Wenn es sich also um die Erforschung der plötzlich offenbarten Irrationalität bzw. der nun unmittelbar gegenwärtigen Brutalität handelt, dann erweist sich eine bestimmte Strategie als angebracht. So kann beispielsweise die Hinwendung zu einer voraufklärerischen Epoche die nötige Distanz schaffen für eine solche stets riskante Annährung, so paradox es auch klingen mag. Dabei scheint die Barockzeit sich besonders zu eignen. Mit ihr beschäftigen sich nicht nur Benjamins gescheiterte Habilitationsschrift[410] oder Klügers Dissertation,[411] auch Schönberg macht sich J. S. Bach zum Vorbild wegen der unerschöpften Möglichkeiten seiner Musik[412] und Marx geht ebenso auf diese relativ lange Periode zurück, um die für ihn so fundamentale Kategorie des Fetischismus herauszuarbeiten. Was Letzteren angeht, so dient der Begriff übrigens schon im Marx' schen Frühwerk als Chiffre für die Verbannung des Leidens unter der kolonialistischen Herrschaft.[413] Das Ansinnen, mittels des Barocks das Menschliche zu retten und es erneut geltend zu machen, ist auch brasilianischen Autoren durchaus nicht fremd.[414] Und so lässt sich auch die längere Arbeit Alencastros *O trato dos viventes* in diese Tradition einreihen. Ihm geht es in der Tat um die Konstituierung Brasiliens im Südatlantik während des 16. und 17. Jahrhunderts. Auf diese Weise vermeidet er schon programmatisch eine übliche Exzentrik des brasilianischen Marxismus, fast einen Kategorienfehler, nämlich den, in den Sklaven selbst die fertigen Waren zu sehen, ohne eigentlich auf ihr Produktionssystem einzugehen.[415] Denn auch die Wissenschaft bleibt oft im Bann des Warenfetischismus stecken, sie bildet allzu gern ihren eigenen Begriffsfetischismus. Die Auseinandersetzung mit seinen Vorläufern betreibt Alencastro seinerseits sehr bewusst, und der Dialog erscheint dabei eher reflexiv und kritisch. »Hegel erläutert, dass die Entwicklung des Arbeitsprozesses den Sklaven wieder zum Menschen macht. Der berühmten Lehre Kojèves über die *Phänomenologie des Geistes* zufolge zerstört die Arbeit des Sklaven nicht das Objekt, sondern sie bildet und verändert es und macht das natürliche Universum zur geschichtlichen Welt. Durch die Arbeit nimmt der Sklave das Bewusstsein von seiner Freiheit wahr. Xenophon sprach seinerseits von der historischen Sklaverei, während sich die Hegelsche Dialektik von Herrn und Knecht auf das ursprüngliche Trauerspiel der Menschheit bezieht, auf die Verkettung des menschlichen Kampfs mit der

Natur. Darum ist es sinnvoller, aus der Untersuchung Marx' das Element des Hegelschen Gedanken zu retten, das uns interessiert. Nachdem er daran erinnerte, dass die Autoren der Antike den Sklaven von den inerten Instrumenten und Tieren nur um der Tatsache unterschieden, er sei mit Stimme ausgestattet, beobachtet Marx, dass der Sklave die Tiere und die Arbeitsinstrumente misshandelt, um sich als Mensch zu behaupten. Die Behauptung des Sklaven als Mensch bringt ihn dazu, den Produktionsprozess zu boykottieren. Daher, so Marx, händigten die Herren aus dem Süden der Vereinigten Staaten ihren Sklaven nur schwere solide Arbeitsinstrumente und Maultiere statt anfälligerer Pferde aus.«[416] Eine ähnliche Unbefangenheit in der Lektüre von *Das Kapital* wusste schon Benjamin in Karl Korschs *Marxismus und Philosophie* zu schätzen.[417] In seinem Buch weigert sich Alencastro, Brasilien im Rahmen einer fixierten Beziehung zur portugiesischen Hauptstadt als bloß beherrschte und ausgeplünderte Kolonie zu beschreiben. Die wohl notwendige Einbeziehung von Zentralafrika, vor allem Angola, in den Formationsprozess des Landes zeigt, wie facettenreich die Herrschaftsverhältnisse unter den Menschen tatsächlich sind, insbesondere wenn man sie mit jener üblicheren, jedenfalls aus der brasilianischen Perspektive bequemeren Betrachtungsweise vergleicht. Die Identifikation der wahren Opfer inmitten dieses Prozesses geschieht dann weder spontan noch abstrakt, sondern erst durch erneute Negationen, das heißt durch Unterscheidungen, welche »Schimpf und Schande Schreck und Graus«,[418] die den Kolonialismus wohl konstituieren und Ausdruck desselben sind, wie schon in Peter Weiss' Stück mit Musik *Gesang vom Lusitanischen Popanz*. Denn erst innerhalb dieses Komplexes, der die Gewalt zur Triebkraft der Wirtschaft transformiert[419]– von der Unterwerfung von Zentralafrika mit dem Massaker einheimischer Bevölkerungen[420] bis zur qualvollen Verschiffung der Versklavten ins portugiesische Amerika samt den zahlreichen epidemischen Ausbrüchen, wie der tiefgreifende Melancholie, einer Art *banzo*,[421] und der selbstmörderischen Verzweiflung[422]–, nur inmitten dieses Prozesses sind die nicht restlos instrumentalisierbaren Stimmen jener Menschen noch vernehmbar, begreifbar, verständlich. Daher auch die seltsame Rhythmik dieses Werks, die ihm neben dem unverkennbaren dramatischen Element seinen historischen Wert verleiht. Mit Recht spricht man also von einem geschichtlichen Rhythmus, nach dem allein die durch Geschichte Verstummten wieder messbar sind.[423] Es ist noch ganz im Sinne Benjamins,[424] dass der Ursprung des brasilianischen Produktionssystems hier im Meer des Werdens, ganz konkret in ständigem Hin und Her des südatlantischen Strudels, in dieser merkantilistischen Spirale immer wieder auftaucht.[425] »In der Mehrheit der Fälle beschränkt sich dieser Akt ›ursprünglicher Akkumulation‹ auf die Vorgeschichte und geht darin verloren. Im sklavischen System hingegen wird der Verdinglichungsakt von Beherrschten ständig erneuert«, schreibt Alencastro in deutlichem Unterschied zur Marx'schen Orthodoxie, »es ist darum sehr wichtig, mit den verschiedenen theologischen und juristischen Argumenten zu räsonieren, die während dieser drei Jahrhunderte die anfängliche, afrikanische Etappe des Sklavenhandels legitimieren, welche den entscheidenden Moment für die rechtsgültige Begründung der Sklaverei konstituiert.«[426] Das etwas verlangsamte tempo des Haupttextes von *O trato dos viventes* antwortet einer solchen notwendigen Aufmerksamkeit in der Wiederherstellung des Verkehrs der Lebenden im Südatlantik. Auf jenen längeren Passagen, gefüllt mit detaillierten Schilderungen und barocken Zusammensetzungen verschiedenster Quellen über die Gräuel, gewinnt man eben den Eindruck von zögernden, recht schwachen Schrittchen, die Benjamin bei Korsch bemerkte. Die wohl verständliche Verzögerung wird erst dann überholt mit den am Ende hinzugefügten sehr kurzen Szenen, eigentlich 7 Anhängen,[427] die, ohne das reale Ausmaß der Verbrechen zu schmälern, eher wie musikalische Bagatellen wirken und ihnen eine fast kinematographische Ausdruckskraft verleihen, wobei die Leidenden ungemindert als Lebende dargestellt werden. Die Warenform der Sklaven wird endlich entlarvt als die zweite Natur, die sie in der Tat repräsentiert.

Man wird einräumen können, das Thema der Sklaverei sei schon alt. Veraltet ist es dennoch nicht. Denn, wie Alencastro auch darlegt, sind die wahrhaft abgelegten Zeugnisse davon in der brasilianischen Geschichte – und Vorgeschichte – tatsächlich äußerst selten. »Insgesamt sollen die zur Kenntnis genommenen Zeugnisse über die portugiesischen, brasilischen und brasilianischen (während des Imperiums) Sklavenschiffe nicht drei Dutzende überschreiten. Viele stammen von Ausländern, aber keins von den Priestern, die am meisten diese Route fuhren, den portugiesischen Jesuiten. Warum? Weil es bestimmte Anweisungen des Ordens gab, solche Erzählungen zu vermeiden. Dies ist der einzige Grund, den ich finde«, schreibt er fort, »um das skandalöse Schweigen der Quellen über das Thema zu erklären: die Kirche, die Missionare, die Europäer, die Brasilischen, alle wussten, dass das Drama des atlantischen Handels ungeheuerlich war auch in jener Epoche, wo in Europa Kriege und Hunger herrschten. Sie wussten und verheimlichten es.«[428] Daher die fundamentale Rolle, die dem an einigen der zeitgenössisch wichtigsten Universitäten Europas – vor allem in Coimbra und Salamanca – gelehrten Recht, dem kanonische vor allem, in dieser Geschichtsschreibung zukommt.[429] Wenngleich auch keine genauen Informationen und Quellen über die Sklavenschiffe vorliegen, so kann man sich anhand der Ziffern des Hofes in Lissabon bezüglich der Kolonie in Amerika von 1808 dennoch ein recht gutes Bild über das Ausmaß der Kollaboration im Hinblick auf diesen Prozess machen. Zusammen mit der Königsfamilie, den 297 Adligen und den 2.000 Bürokraten des Verwaltungsapparats schifften sich nicht weniger als 700 Priester, 500 Rechtsanwälte und 200 Medizinpraktiker ein, die vor den napoleonischen Truppen in den Hafen von Rio de Janeiro flohen.[430] Und als das Land 1822 endlich als unabhängig von Portugal erklärt wurde, wurde die Rechtsfrage zur brasilianischen Ursprungsfrage: »Der Sklave ist eine Art Privateigentum, dessen Betrieb und Besitz erneuert der Bürgerschaft der Obrigkeit bedürfen. Besteuert, beurteilt, gekauft, verkauft, beerbt, verpfändet, muss der Sklave mit dem juristischen Netz des Imperiums eingefangen werden. Aus diesem Grund nimmt das Recht einen fast konstitutiven Charakter der Sklaverei an und der gesetzlichen Untermauerung kommt eine entscheidende Bedeutung für das Fortbestehen des Systems zu: letztendlich stürzt die Sklaverei von einem Tag zum Anderen zusammen – von dem 13. zu dem 14. Mai 1888 –, als ein vierzeiliges Gesetz ihre Grundlage außer Kraft setzt. [...] In diesem Sinn stellt sich die Sklaverei nicht als ein koloniales Erbe dar, als ein Band mit der Vergangenheit, das die Gegenwart des 19. Jahrhunderts zu lösen hätte. Sie stellt sich dar im Gegenteil als ein Kompromiss mit der Zukunft: das Imperium nimmt und baut sie im Rahmen des modernen Rechts wieder auf; innerhalb eines unabhängigen Landes projiziert es sie ins Zeitgenössische.«[431] Das dichte Amalgam aus Sklaverei und Recht bekam gleich in den ersten Jahren des brasilianischen Imperiums seine unentbehrlichen akademischen Farben. Am 11. August 1827 gründete Peter I. die ersten Fakultäten in Brasilien. »In den Fakultäten für Rechtswissenschaft von São Paulo und Recife«, so erzählt Alencastro über sie, »studierten Juristen und künftige Anwälte die disharmonischen Wirkungen des Eindringens des positiven Rechts in die sklavische Gesellschaft.«[432] Die Aufgabe, die auf den ersten Blick ungeheuer erscheinen kann, stand jedenfalls in perfektem Einklang mit den damals herrschenden Ansprüchen. »Der nun wissenschaftliche Diskurs gab der alten sklavischen Praxis Vorschub. Jetzt konnten die Schwarzen in der Knechtschaft *auch* im Namen der ›Beschränktheit‹ ihrer kulturellen Einrichtung gehalten werden: im Namen der Wissenschaft. Tatsächlich passten die szientifischen Theorien zu der bestehenden sozialen Hierarchie, um die Sklaverei *auch* zu rechtfertigen: die neuen Ideen bestätigen die traditionelle Praxis und die traditionellen Argumenten.«[433] Dabei waren sich die fleißigen Studenten meistens über die Absicht ihrer Ausbildung ganz im Klaren: »Übertrieben wäre, behaupten zu wollen, dass ein Schuldgefühl dominant war. Dennoch bestand die Gewissheit, dass ein kollektiver Betrug begangen wurde.«[434] Ein selbstgerechter Blick wurde angenommen und »dauerhaft unterschrieb man das Prinzip der Straflosigkeit und der Zufälligkeit des Gesetzes.«[435] Solche Techniken untermauern nicht nur die Immunität der Rechtsproduzenten, wie sie, so paradox es auch klingen mag, für die Modernisierung der brasilianischen Rechtswissenschaft im größeren Kontext sprechen: »Der Positivismus in den Schriften Auguste Comtes legt den Hauptakzent auf die Überlegenheit der lateinischen Kultur und führt das Imperium Brasiliens ins Konzert der großen zeitgenössischen Nationen ein: dies war nicht wenig für ein bisher wegen des Sklavenhandels verachtetes Land«, schreibt Alencastro und schließt: »Wenn die Ideen sich veränderten, veränderte sich auch die imperiale Musik.«[436] Nach dem Beispiel dieser perversen Harmonie entwickelten sich alle Arten von Syndromen,[437] von Verfolgungswahn[438] und unzählige andere Erscheinungen, die wohl pathologisch zu nennen wären, fußten sie nicht auf der schieren Faktizität des Rechts. »So gesehen, auch wenn sie auf Zwang beruht, hängt die Sklaverei von einer Legitimität ab, die von der Legalität abgeleitet wird.«[439] Das Feindbild wurde lange, über mehr als drei Jahrhunderte, mit erstaunlicher Präzision für Brasilien geformt – der Generalinspekteur und Schiedsrichter Pero Rodrigues war nur einer der vorbildlichsten Bildhauermeister aus der Barockzeit.[440] Er ist eine Art Vorläufer für die nächsten Generationen. Verständlich wird diese ununterbrochene Geschichte jedoch nur durch ihre eigenen Dissonanzen. Hier noch einmal mit den Worten Alencastros: »Ausgeladen an den Häfen des portugiesischen Amerikas, wieder einmal zum Verkauf gestellt, wurde der Afrikaner in der Regel verprügelt, wenn er auf dem Bauernhof ankam [...]. Dies ist das Zeugnis des Priesters und Juristen Ribeiro Rocha, eines Einwohners von Bahia, aus seinem Mitte des 18. Jahrhunderts veröffentlichten Traktat über die Sklaverei in Brasilien. Hundert Jahre später bestätigte der französische Reisende Adolphe d'Assier die Gewohnheit des Verprügelns von Sklaven gleich nach ihrer Ankunft, um sie im Sinne der Unterdrückung auf den Bauernhöfen des Imperiums zu resozialisieren. Die lusitanisch-brasilische Methode von Terror, nachher authentisch national, brasilianisch, der barbarische Schock von Herrenwillkür, der dem Neuankömmling seine neue untermenschliche Stellung nachzuweisen hatte, wurde wieder einmal während der Diktatur von 1964–85 angewandt. Geschult durch die lange sklavische Erfahrung, benutzten die Folterer des DOI-CODI und der Operação Bandeirantes das sofortige Verprügeln am Eingang der Polizeikommisariate und Kasernen, um die der ›Subversion‹ Verdächtigen zu entmenschlichen.«[441]

Offensichtlich fehlt der brasilianischen Rechtswissenschaft noch heute ein Buch im Sinne von Robert Covers *Justice Accused* über Abolitionismus und das Gerichtsverfahren in den Vereinigten Staaten. »With the sole exception of Nazi atrocities«, schreibt er gleich auf der ersten Seite seines Prelude, »the phenomenon of complicity in oppressive legal systems (oppressive from the actor's own perspective) has seldom been studied.«[442] Was Brasilien betrifft, so scheint eher die Unfähigkeit fortzubestehen, sich mit der eigenen Geschichte zu identifizieren. Das gilt umso mehr für das Strafrecht, wobei die Diskriminierung alter Zeiten in der Kriminalisierung des einmal Versklavten unmittelbar nachlebte. Das erste Strafgesetzbuch der Republik dokumentiert dies trotz aller Fortschritte, die man wohl anerkennen muss – es ist beispielsweise das erste Mal, dass die Todesstrafe nicht mehr im brasilianischen Strafkatalog zu finden ist. Der Artikel 402 sicherte dem nun gegenwärtigen Produktionssystem mit dem Verbot von *capoeira* und der Vagabundierens unter Drohung von bedeutenden Freiheitsstrafen die gleichen Bedingungen jener unbewältigten Vergangenheit.[443] Die künftigen Möglichkeiten des Strafrechts waren also in der Republik von Anfang an besetzt. Vielleicht liegt hier der Grund für die spätere Sehnsucht der Strafrechtswissenschaft nach einer verlorenen Moderne. Denn wie wären sonst Titel wie *A moderna teoria do fato punível*, die just um die Jahrtausendwende erschienen, anders als durch die Geschichtsverblendung zu erklären? Die Moderne kommt hier datiert vor wie eine erfundene, aber nie verwirklichte Utopie, so wie die Insel Nova Atlantis von Francis Bacon. »Die von der deutschen Dogmatik aufgebaute Straftattheorie bildet vielleicht das feinste begriffliche System der gegenwärtigen Rechtswissenschaft und entspricht deswegen der *Matrix* des wissenschaftlichen Gedankens über das Strafrecht Kontinentaleuropas und Lateinamerikas des 20. Jahrhunderts. In Brasilien – mit Ausnahme einiger jüngster Monographien – kommt die direkte Information über die Entwicklung der deutschen Strafrechtswissenschaft von alten Übersetzungen her, woraus sich die Konsequenz einer beschränkten und lückenhaften Kenntnis des reichen theoretischen Instrumentariums der modernen Strafrechtsdogmatik ableitet.«[444] Dabei handelt es sich nicht um einen isolierten Einzelfall. Der etwas übertriebene Ton ist auch deutlich vernehmbar in einem Aufsatz der für die brasilianische Strafrechtswissenschaft wohl repräsentativsten Zeitschrift, der sich programmatisch anschickt, 30 Jahre seit der ersten Veröffentlichung von *Kriminalpolitik und Strafrechtssystem* zu feiern: »Wenn einerseits schon dreißig Jahre vergangen sind, seitdem Roxin seine Abhandlung ›Kriminalpolitik und Strafrechtssystem‹, das Manifest des Funktionalismus, geschrieben hat, so bleibt das System andererseits noch vollkommen in seinen Anfängen. Seine Früchte – die, wie wir gesehen haben, unzählig sind – sind nicht mehr als eine erste Ernte, von der nicht gewagt wird, noch weitere zu erwarten. Und zwar deswegen nicht, weil dort bewusste Anstrengungen für das erste Mal gemacht werden, um die Spannungen System versus Problem, Sicherheit versus Freiheit, Strafrecht versus Kriminalpolitik in der Synthese zu überwinden, die das Strafrecht des materialen Rechtsstaates sein wird.«[445] Nicht nur, dass gewisse Kategorien im Sinne einer Festlegung von Begriffen hypostasiert werden, die im Namen der wissenschaftlichen Entwicklung völlig ausgeklammert werden, diese Hypostasierung zieht die Grenzen der Gültigkeit des nationalen bzw. ausländischen Gesetzes sogar nach beliebigem, oftmals eher fragwürdigem Geschmack. Nur inmitten eines schizophrenen Prozesses von Selbstvergessenheit, der in einer schwer als unbewusst zu nennenden Negation der eigenen Wirklichkeit besteht, mag es noch unproblematisch scheinen, wenn ein brasilianisches Lehrbuch Auskünfte gibt, die sich nicht auf das nationale Strafrecht beziehen, sondern ausschließlich auf das deutsche. So schreibt der Autor von *A moderna teoria do fato punível* paradigmatisch über das mangelnde subjektive Element der Notwehr: »die nicht gerechtfertigte, vorsätzliche tatbestandsmäßige Handlung entspricht einem dem Angreifer zuzurechnenden Handlungsunwert; das Vorliegen einer Notsituation schließt indes den Erfolgsunwert aus, und, da der Handlungsunwert nicht in Erfolgsunwert verwandelt werden kann, ist der Fall gleich wie untauglicher Versuch zu begreifen (strafbar nach dem deutschen Gesetz).«[446] Von der brasilianischen Behandlung des untauglichen Versuchs erfährt der Leser oder die Leserin übrigens, dann allerdings ohne jeden ausdrücklichen Bezug auf das vorgenannte Problem, erst 148 Seiten danach.[447] Unter anderen kuriosen Beispielen desselben Lehrbuchs kann man gleichfalls das Verlangen angeblicher Notwehreinschränkungen durch sozialethische Überlegungen nennen, ganz nach dem Modell der deutschen Strafrechtsdogmatik. Diese ist angesichts des engeren Rahmens für den Erlaubnistatbestand in Brasilien – das Strafgesetzbuch schreibt in Art. 25 die angemessene Anwendung der notwendigen Verteidigungsmittel vor – nicht nur überflüssig, sondern dem Gesetzlichkeitsprinzip zufolge auch durchaus inakzeptabel.[448] Der prätentiöse »Stuyvesant-Stil« der Strafrechtswissenschaft ist nur die äußerste Gebärde eines leichtsinnigen Gefühls. Man meint, frei im Niemandsland zu schweben. Es ist aber zugleich der Ort, an dem man mit hoher Wahrscheinlichkeit haltlos in die historischen Abgründe hineinfällt. Die Geschichte neigt dazu, sich zu wiederholen – und dort wie hier wird neuerdings, nämlich im Fall der Drogenbekämpfung, der skurrile Versuch unternommen, die Lehre von normativen Tätertypen, also von einem Täterstrafrecht, wieder ins Leben gerufen, wenn auch in gelinderer Form. Und alles, wie man hinzufügen muss, im Namen der Freiheit und Sicherheit.[449] Wessen Freiheit und Sicherheit, danach wird selbstverständlich nicht gefragt, denn die Antwort ist wohl ohnehin klar. Auf den ersten Blick mögen die Ansätze sehr unterschiedlich scheinen, doch ist dabei noch immer der eine Grundton zu vernehmen, etwa der von Erik Wolfs *Tattypus und Tätertypus* (1936),[450] Edmund Mezgers *Die Straftat als Ganzes* (1938),[451] Georg Dahms *Der Tätertyp im Strafrecht* (1940)[452] und nicht zuletzt von Hans Welzels *Persönlichkeit und Schuld* (1941).[453]

Bekanntlich gab der junge Welzel schon mit diesem langen Aufsatz aus dem Jahre 1941 seinem seltsamen Menschenbild Ausdruck, das den Finalismus nachhaltig prägen sollte,[454] vor allem im Sinn einer harmonischen Anpassung an die NS-Ideologie. Es ist zudem kein Zufall, dass die finale Handlungslehre kurz darauf gerade im Lateinamerika der zweiten Hälfe des 20. Jahrhunderts einen geeigneten Resonanzboden fand. Die Rezeptionsgeschichte geht dennoch weiter und 2001 übersetzte man in Brasilien *Das neue Bild des Strafrechtssystems*[455] aus der bereits vertrauten spanischen Fassung[456] zusätzlich ins Portugiesische – allen Ähnlichkeiten beider Sprachen zum Trotz. In der vom Übersetzer hinzugefügten Einleitung heißt es, dass man immer den Anspruch habe, »gravierende Lücke in der brasilianischen strafrechtswissenschaftlichen Literatur«[457] richtigzustellen. Das ist allerdings keine idiosynkratrische Erscheinung. Kein Geringerer als Eugenio R. Zaffaroni, einer derjenigen also, die am meisten dazu beitrugen, dass man von einer genuin lateinamerikanischen Kriminologie reden darf – sein *En busca de las penas perdidas*[458] ist zweifellos ihr authentischstes Manifest –, verteidigt den Bonner Strafrechtswissenschaftler gleichfalls voreilig inmitten der Polemik, die das schon erwähnte Buch von Muñoz Conde über Mezger provozierte. Ganz entgegen dem dubiösen Licht, in dem Welzel in diesem Werk erscheint, führt Zaffaroni an: »Niemand will ein ethisches Urteil über Aristoteles fällen, weil er die Sklaverei für natürlich hielt.«[459] Sehr merkwürdig ist hier das rettende Argument,[460] und nicht nur wegen der Tatsache, dass es die wohl offensichtlichste Schwäche der *Nikomachischen Ethik* oder der *Politik* Aristoteles' mit einem Schlag ausblendet.[461] Den Keim der Herrschaftsverhältnisse in die Natur des Menschen gelegt zu haben, sich einfach mit dieser Art zweiter Natur zufriedenzugeben und dies sicherzustellen, das war von Anfang an der Punkt bei Aristoteles, der Welzel am meisten anzog.[462] Der Zirkelschluss in *Persönlichkeit und Schuld* verläuft in der Tat so, dass man diejenigen unterdrücken soll, die schon unterdrückt sind. Aristoteles vermied diese krasse Schlussfolgerung durch die direkte Annahme der nackten Gewalt der Sklaverei. Dafür – für seine eigene politische Theorie – macht er sich selbst verantwortlich und spricht zugleich die Sklaven von jeder Schuld frei. Darum ist das moralische Urteil gegen ihn, wie beispielsweise in Blochs *Naturrecht und menschliche Würde*, nicht nur möglich, sondern vor allem notwendig.[463] Ganz anders bei Welzel. In seinem *Naturrecht und materiale Gerechtigkeit* geht er überhaupt nicht auf die Frage der eigenen Verantwortlichkeit für die Reformulierung des Rechts ein, und die NS-Zeit wird mit einer verblüffenden Teilnahmelosigkeit nur sehr flüchtig erwähnt.[464] Aristoteles wird vom Anfang bis zum Ende zitiert, aber das Thema der Sklaverei stets mit einem zugefügten »nur« abgemildert, als sei es eigentlich eher ein Fremdkörper inmitten der Lehre des Griechen.[465] Welzel behandelt Aristoteles so, wie er selbst behandelt werden möchte, als unzurechnungsfähig in Bezug auf das, was ihn kompromittieren könnte. Es ist eben der Moment, wo Zaffaronis Schrift ins rein Fiktive gerät: »Diese strafrechtliche Maschinerie, von Mezger so sorgfältig aufgebaut, brach an der Schnittstelle zum Realismus ein, die Welzel in ihr eröffnete; und letztendlich konnte ihr Schöpfer vor dem Zusammenbruch seines hoch entwickelten Gebäudes nicht teilnahmslos bleiben.«[466] Die Verurteilung Welzels mag einer grundlegenden Untersuchung bedürfen, doch ihn als Saboteur des Nazismus zu schildern,[467] ist zumindest falsch. Zaffaroni zögert nicht, sogar eine Annährung des Finalismus – also ganz im Gegenteil zu seinem Wortführer[468]– an den Marxismus anzudeuten.[469] Hier droht Konfusion, wenn nämlich die Dialektik mit der Ontologie bzw. der Materialismus mit der Natur der Sache gleichgesetzt wird. Der Kunstgriff dieser Art Fiktionalisierung ist bei Zaffaroni keineswegs neu. Er zeugt zugleich von dem wohl verständlichen Bedürfnis der lateinamerikanischen Strafrechtswissenschaft, ihre eigenen Vorbilder zu schaffen. Dieses Verlangen muss man immer in Rechnung stellen, wie die Schriften über Tobias Barreto zeigen. Aus den äußerst widerspruchsvollen theoretischen Versuchen Barretos nimmt Zaffaroni eine der plakativen Aussage, die für den brasilianischen Publizisten des 19. Jahrhunderts sehr charakteristisch waren, und will in ihm einen Vorläufer von Welzels Lehre der sachlogischen Strukturen sehen.[470] Von der sozialen Anerkennung, die Barreto noch zu seinen Lebzeiten und unmittelbar danach noch genoss – er wurde zum Professor der juristischen Fakultät von Recife und später zum Schirmherr der Brasilianischen Akademie für Literatur ernannt –, wird weitgehend abgesehen und man beschreibt ihn als den einsamen Rebellen, der elend starb. Im Gegensatz zu den historischen Daten, die eher auf die Kollaboration der Mischlinge zur Erhaltung der sklavischen Ordnung in Brasilien hinweisen,[471] eine notwendige Zusammenarbeit angesichts der relativ geringen Anzahl von portugiesischen Weißen, räumt Zaffaroni die Hypothese einer gegebenenfalls stärkeren Diskriminierung von Mulatten wie Barreto im Vergleich mit Schwarzen ein.[472] Der eigensinnige Arrivierte, dessen Bild Jorge Amado in *ABC de Castro Alves* in sehr realistischen Farben malte,[473] wird auf diese Weise zum existentiellen Strategen,[474] mehr noch: zum Romanhelden der Strafrechtswissenschaft.[475] Denn Zaffaroni scheut sich nicht einmal, ihn auf den Protagonisten des Romans *Tenda dos Milagres* [Werkstatt der Wunder] desselben Amado zu projizieren. Gegen eine solche Absicht gab der Schriftsteller selbst also umsonst die ausdrücklichen Hinweise.[476] Auch innerhalb der Erzählung. Denn wie ist jene Zufriedenheit, mit der Pedro Archanjo den Berichten über den deutschen Niedergang im Krieg im ausländischen Rundfunk zuhört,[477] in Einklang zu bringen mit Barretos mehrmals, vor allem in seiner späteren und prägnantesten Phase deklariertem Fanatismus in Bezug auf Deutschland und den Imperialismus der Wilhelmischen Ära?[478] Oder wie passt der entschlossene Gegner des Positivismus von Auguste Comte, eines, so Zaffaroni, elitären, frauenfeindlichen und antidemokratischen Autoritarismus,[479] mit dem pathetisch-stolzen Verfasser eines selbstreferenziellen Aufsatzes von 1888 zusammen, in dem er noch zu erklären versucht, weshalb Ernst Haeckel ihn in die Rasse der großen Denker einordnete?[480] Es stimmt zwar, dass Barreto einer der Ersten, wenn nicht der Erste überhaupt war, der Marx in Brasilien erwähnte,[481] es stimmt aber gleichfalls, dass er Bismarck in seiner Verfolgung der Sozialistischen Arbeiterpartei befürwortete[482] und den Kommunismus für den höchsten Grad der Knechtschaft hielt.[483] Was er über die Sklaverei in seiner unmittelbaren Nähe zu sagen gehabt hätte, das behielt der unkontrollierbare Polemiker lieber für sich. Das kurze Gedicht *A escravidão* aus der früheren Zeit ist gehaltlos und bleibt weit unter dem Niveau seines eigenen dichterischen Werks.[484] Und wenn man dieses Gedicht neben *O navio negreiro* des Gegenparts Castro Alves legt – ein Vergleich, der in diesem Fall notwendig ist –, so werden seine Schwäche umso deutlicher.

Die Unmöglichkeiten, auf die solche Art Geschichtsschreibung unvermeidlich stößt, zeitigt ein ähnliches, wenn nicht das gleiche Orientierungsproblem, das Lukács in *Die Theorie des Romans* erörterte. Denn auch die Strafrechtswissenschaft ist hier ratlos, wenn sie sich plötzlich ihrer Epik beraubt sieht. Jene Suche nach dem Heldischen ist hier nicht weniger zum Scheitern verurteilt – das wusste Lukács schon früher zu sagen als Max Weber: die Welt hat sich entzaubert.[485] »Das Vergessen der Sklaverei in schönen Spielen der freigewordenen Phantasie oder im gefassten Flüchten auf selige Inseln, unauffindbar auf der Landkarte der Welt der trivialen Gebundenheit, kann niemals zur großen Epik führen.«[486] Er ist hier genau beim Wort zu nehmen. Der Eifer, das tragische Element für die Strafrechtswissenschaft zurückzugewinnen, ohne es inmitten des Prozesses von Rationalisierung ausfindig zu machen, läuft nicht nur ins Leere; die geschichtslose Strafrechtswissenschaft legt bereitwillig die Argumentationsbasis für neokonservative Ansätze wie den zeitgenössischen Neorassismus.[487] Die Gegenüberstellung von Positivismus und Kritik wird auf diese Weise lediglich intendiert, während es eigentlich darum ginge, auf der Immanenz der Kritik zu insistieren: die Irrationalität des Positivismus offenzulegen. Das Werk von Nelson Hungria Hoffbauer repräsentiert einen bedeutenden Moment der brasilianischen Strafrechtswissenschaft, wo Rationalisierung und deren Gegenteil nicht voneinander zu unterscheiden sind. Zauber und Gegenzauber sind dort untrennbar miteinander verbunden.[488] Hungria studierte an der Freien Fakultät für Rechtswissenschaft von Rio de Janeiro, der dritten juristischen Fakultät des Landes, der sogenannten modernen Strafrechtsschule also. Ein Professor für Strafrecht an der Fakultät der damaligen Hauptstadt Brasiliens und Richter am Verfassungsgericht – dieselbe Laufbahn, die Hungria später beschreiten sollte – schrieb in der Tat noch am Ende des 19. Jahrhunderts *A nova escola penal* [Die neue Strafrechtsschule], ein Werk von ausgesprochen positivistischem Geist, das aber zugleich der Lehre von Tobias Barreto und explizit einem fast-Fanatismus[489] verpflichtet war – das Wort gehörte ja zum Jargon jener Epoche, die Nazis waren diesbezüglich nicht originell.[490] Der sich dort entwickelnde Positivismus war zudem auch stark geprägt von den unerträglichen Anklängen an Rassismus. Wenn man Jahrzehnte später in die Kommentare von Hungria, der mittlerweile Professor, Verfassungsrichter und nicht zuletzt Mitverfasser des Strafgesetzbuchs 1940 war, dieses beispielhaften Dokuments der faschistischen Diktatur des Estado Novo, wie es in Portugal von Salazar schon hieß, wenn man also in dieses Standardwerk des brasilianischen Strafrechts der Fünfziger und der folgenden Jahre hineinliest, so hat man den Eindruck, die Blütezeit der ethnologischen Kriminologie der Jahrhundertwende noch einmal zu erleben. Man meint etwa die Nachklänge eines *As raças humanas e a responsabilidade penal no Brasil* [Die Menschenrassen und die strafrechtliche Verantwortung in Brasilien] (1894) von Nina Rodrigues[491] oder *Los negros brujos* [Die schwarzen Hexer] (1906)[492] von Fernando Ortiz ganz deutlich zu hören. »Eine andere verderbliche Kaste von Quacksalbern«, so kommentiert Hungria den Art. 284 des Código Penal, also eine Art authentischer Auslegung, »sind die Offizianten des *feitiço* oder der *macumba*, auf die wir uns anderswo auch wie folgt bezogen: ›Unzählig sind noch unter uns die Menschen, die blindlings an die mysteriösen Kräfte der *catimbós* und *candomblés* glauben. In ganz Brasilien gibt es noch viele Leute, die vom übernatürlichen Einfluss von Zauberern und Hochstaplern der *macumba* bis tief in Mark und Seele durchdrungen sind. Darüber hinaus gibt es viele Herren, die Bescheid wissen über die letzte literarische oder wissenschaftliche Neuigkeit der Alten Welt, die aber vor einem *despacho* oder vor einem *ebó* erstarren, erschaudert und zitternd, ängstlich davor, es zu berühren und das Unglück oder Übel eines anderen nach sich zu ziehen. Nicht nur die Ignoranten, angefeuert durch die Überzeugung von übersinnlichen Einflüssen auf das Irdische, besuchen die düsteren Schlupfwinkel der *macumba*. Viele vornehme Leute gehen heimlich in diese Höhlen von Hexerei und barbarischen Ritualen (sog. *terreiros*), um sich mit alten dummen Schwarzen zu beraten, die vorgeben, das Geheimnis zu kennen, um den *Exu* zu verscheuchen, einen Kopftausch zu operieren oder ein heiliges Essen vorzubereiten… Glaubt man an die Chroniken des *bas-fond* von Rio de Janeiro, so schämen sich noch nicht einmal die gutbürgerlichen Damen und suchen in einsamen Ecken nach geheimnisvollen Lösungen, wo sich die *mandinga* und der *candomblé* verstecken; wo die Schwarzen, wie in einer Chorea von Besessenen und begleitet von der hypnotisierenden Klangfülle von *xequerês* und *ubatás*, den *jequedê* oder den *batucagê* tanzen und um den *Orixá-alum*, die *Iemanjá* und den *Xangô* flehen und um andere fantastische, von der afrikanischen Küste überführte und sogar mit den Heiligen des Katholizismus identifizierte Entitäten; wo die *babalaôs*, die *babaloxás*, die *açobas*, die *malês*, die *pais de santo*, die *filhas de santo* usw. mit ihrer ekelhaften Gemeinheit herrschen.‹«[493] Anders als Rodrigues und Ortiz, die sich allmählich in ihr

Forschungsobjekt – ja immer noch ein Objekt – verliebten, konnte Hungria seinen Verfolgungswahn ungehemmt in die Wirklichkeit umsetzen, so grenzenlos erschien ihm die Macht in seiner Hand.[494] Außerdem erkannte er offensichtlich nur einen einzigen für ihn »unübersteigbaren Schrank« an, nicht Liszt'sche Legalität sondern die stärkere ökonomische Elite. Vor ihr beugte er sich skrupellos in seiner richterlichen Tätigkeit[495] und ebenso tat er es in Rahmen seiner Theorie. Er schrieb wie ein jederzeit bereitwilliger Kollaborateur eines stark repressiven Wirtschaftssystems: »Schwarze und Mulatten werden ins Alltagsleben mit den Weißen integriert ohne irgendeine Diskriminierung von bürgerlichen oder politischen Rechten.«[496] Auf ähnliche Weise verleugnet er die alltägliche Wirklichkeit und plädiert zum Beispiel für die Entbehrlichkeit der Norm über Sklavenarbeit des Art. 149 seines eigenen reaktionären und modernen Strafgesetzbuchs.[497] Wer das Código Penal auf diese Weise bezeichnet, ist übrigens ein recht liberaler Jurist, der ebenfalls fasziniert war von der Koryphäe Hungria.[498] Der *puro-sangue do vernáculo*, etwa: Vollblut der reinen Sprache, wie Evandro Lins e Silva Hungria noch ohne jede Ironie nannte,[499] äußerte zwar einige Gedanken gegen Hitler und das NS-Strafrecht, vor allem gegen die eugenetische Ausrichtung jener Kriminalpolitik.[500] Ihn störte in erster Linie die zunehmende Einmischung der Medizin ins rein juristische Geschäft.[501] Darum seine Vorliebe für das faschistische Italien und das Strafsystem von doppio binario des Codice Rocco (1930). Doch vernachlässigte er keineswegs die Entwicklung der Dogmengeschichte der deutschen Strafrechtswissenschaft, vor allem ihrer Straftechnologie. Allen Unterschieden zum Trotz, besonders in Bezug auf die Bedeutung des normativen Schuldbegriffs,[502] teilte Hungria wohl mit Welzel das sozialethische Anliegen, die Antisozialen, also den charakterologischen Tätertyp,[503] pädagogisch zu korrigieren.[504] Auf dem 1950 im Studienzentrum für Sozialmedizin gehaltenen Vortrag *A criminalidade dos homens de cor no Brasil* [Die Kriminalität von farbigen Menschen in Brasilien] bedeutete das, nach einer groben Verfälschung der an sich schon fehlerhaften Kriminalitätsraten, die Hungria damals zur Verfügung standen,[505] nichts weniger als ein zynisches Plädoyer für die Überstellung der Schwarzen und Mulatten von *favelas*,[506] gemäß dem Art. 88, § 1, Nr. III des Código Penal, in nun moderne Strafkolonien.[507] Das entsprach ganz dem alten, skurrilen Traum der brasilianischen Literaturgeschichte, wie zum Beispiel der vornehmste Schüler von Tobias Barreto, Silvio Romero, lange zuvor geschrieben hatte.[508] Der koloniale Ton solcher Stimme bleibt unvermeidlich und pathetisch verhaftet im Vergangenen.[509] Nicht immer subtil war also – und ist noch heute – die Diskriminierung ganzer Bevölkerungsschichten, die im Land unter den Vorzeichen eines noch immer herrschenden Mythos der rassischen Demokratie weit verbreitet ist, einer Diskriminierung von nicht zuletzt darum Rechtslosen.[510]

II.

Entrückung

oder kein Modell

Das traditionelle Heimweh war für uns – und ist für jedermann, der sich's darin traurig wohl sein lässt – tröstendes Selbstmitleid. Doch war es stets unterströmt von dem Bewusstsein, dass wir es uns widerrechtlich angeeignet hatten. Wir sangen, wenn es sich so fügte, den Antwerpenern, vom Alkohol gelöst, Heimatlieder im Dialekt vor, erzählten von heimischen Bergen und Flüssen, wischten uns verstohlen die Augen. Was für ein Seelenschwindel! Es waren Reisen nach Hause mit gefälschten Papieren und gestohlenen Ahnentafeln. Wir mussten mimen, was wir doch waren, aber zu sein das Recht nicht hatten, welch närrisches, spiegelfechterisches Unterfangen!

[...] Dann war kein Lied mehr, keine schwärmerische Beschwörung verlorener Landschaften, kein feuchtes und zugleich zwinkernd um Komplizität bittendes Auge. Das echte Heimweh war nicht Selbstmitleid, sondern Selbstzerstörung. Es bestand in der stückweisen Demontierung unserer Vergangenheit, was nicht abgehen konnte ohne Selbstverachtung und Hass gegen das verlorene Ich. [...] Was zu hassen unser dringender Wunsch und unsere soziale Pflicht war, stand plötzlich vor uns und wollte ersehnt werden: ein ganz unmöglicher, neurotischer Zustand, gegen den kein psychoanalytisches Kraut gewachsen ist. Therapie hätte nur die geschichtliche Praxis sein können, ich meine: die deutsche Revolution und mit ihr das kraftvoll sich ausdrückende Verlangen der Heimat nach unserer Wiederkehr. Aber die Revolution fand nicht statt, und unsere Wiederkehr war für die Heimat nichts als eine Verlegenheit, als schließlich die nationalsozialistische Macht von außen gebrochen wurde.

Jean Améry, *Jenseits von Schuld & Sühne*

Der aus der Münchner Fakultät vertriebene Verfassungsrechtler Karl Loewenstein schreibt 1942, noch zur Zeit des Estado Novo, in seiner Studie *Brazil under Vargas*: »The Brazilians are an extraordinarily legalistic people and it is by no means accidental that the rigid and implacable positivism of Hans Kelsen and his school made a deep impression on them, as is the case all over South America.«[511] Bestimmt gilt die These eines so formulierten brasilianischen *judicialismo* nicht unbestritten. In dem einzigartigen Jargon der Systemtheorie zum Beispiel spricht Niklas Luhmann in Anlehnung an die Dissertation des Brasilianers Marcelo Neves von einem Zustand der Korruption des brasilianischen Rechts.

Während sogar das NS-Rechtssystem seine Autopoiesis bewahrt habe,[512] wird das brasilianische durch seine Allopoiesis charakterisiert.[513] Neuere Recherchen wie *Was damals das Recht war...* offenbaren aber, wie willkürlich die Unterscheidung in der Tat ist; und man braucht nicht unbedingt schon an die moralischen Implikationen eines solchen Ansatzes zu denken, denn heute ist allgemein bekannt, dass die deutsche Militärjustiz, deren Zuständigkeit zu jener Kriegszeit erheblich zunahm, keineswegs nach der ihr eigenen Codierung des Rechtssystems funktionierte, nicht einmal eines an sich ungerechten.[514] Die starke These der Autopoiesis in strikter Opposition zu einer historisch gegebenen Konstellation diente inzwischen als ein hochkomplexes Alibi, das heißt als Mythos der Nichtverantwortlichkeit der Wehrmachtjustiz. Man mag dabei vielleicht Schnittpunkte mit Luhmanns eigener Lebensgeschichte ausfindig machen, aber darum geht es hier, weniger noch um eine subsumtive Suche nach den Verantwortlichen. Rückblickend scheinen Luhmanns Zeit als Luftwaffenhelfer und die anschließende amerikanische Gefangenschaft nicht viele Spuren in seinem späteren, monumentalen Werk hinterlassen zu haben.[515] Die nachträgliche Entwicklung der gesamten Systemtheorie bleibt sozusagen indifferent zu dieser Vergangenheit.[516] Doch Veröffentlichungen wie etwa *Was damals das Recht war...*, die ein ganz anderes Thema zu behandeln scheinen als zum Beispiel Wesels auch in vielerlei Hinsicht scharfsinniges *Fast alles, was Recht ist*,[517] sind umso besser zu verstehen im Rahmen einer fortwährenden Beschäftigung mit den wichtigen Enthüllungen der erfolgreichen Ausstellung des Hamburger Instituts für Sozialforschung der Neunzigerjahre über die Verbrechen der Wehrmacht.[518] *Impunidade*, schließt man anhand zahlreicher Belege, lässt sich sehr gut als »illegale Straflosigkeit« ins Deutsche übersetzen, denn sie scheint eher eines der konstantesten Merkmale aller mörderischen Diktaturen zu sein als eine lateinamerikanische Idiosynkrasie. Wichtige Seiten des Strafrechts werden immer wieder überlesen. Die Behauptung der Allopoiesis des brasilianischen Rechts trübt anderseits nicht weniger die genaue Einschätzung der individuellen und institutionellen Verantwortung für die in die Tat umgesetzte Staatspolitik. Das Argument spricht für die Nichtverantwortlichkeit der schwachen Justiz – was selbstverständlich nicht ganz zustimmt. Bei solchen Verallgemeinerungen bleibt man etwa so ratlos zurück wie vor der Radbruch'schen Formel als solcher,[519] das heißt wie man sie auch in den meisten Lehrbüchern zu lesen bekommt, mit kühner Präzision herausgelöst aus ihrem offenkundig politischen Kontext. Doch ähnlich wie Oskar Negt mit *Achtundsechzig* einen originellen Ausweg aus der scheinbaren Sackgasse finden musste,[520] so verfolgt Anthony W. Pereira Loewensteins Linie weiter[521] und vertritt mit seinem *Political (in)justice* die nicht minder starke These einer im Vergleich zu Argentinien und Chile weitgehenden Kollaboration des Rechtssystems zur Aufrechterhaltung des überlangen Militärregimes in

Brasilien. Dafür sprechen wohl die relativ geringeren Zahlen von *desaparecidos*, keineswegs aber für den Rückgang verübter Gewalt, wie lautstarke Kollaborateure bis heute immer meinen.[522] Die vom System verübte Gewalt habe lange mit einem legitimierenden Verfahren gerechnet, mit einer durchaus institutionellen Garantie. Die These eröffnet also eine Perspektive, in der die Strafjustiz bzw. das Strafrecht einen privilegierten Schauplatz dieser Geschichte bilden. Marcelo Neves spricht später, noch in der systemtheoretischen Sprache, von einem juristischen Autismus.[523] Die scheinbare Normalität, die prätendierte Rationalität, die Geschlossenheit des Strafrechts ist auch zu lesen als Reaktion auf das Geschrei der vielen im Namen einer bestimmten Staatspolitik Gefolterten. Beispiele der jüngsten Vergangenheit mögen verdeutlichen, wie dauerhaft dieser wohl pathologische Zustand nachwirkt. Repräsentativ sind diese Fälle nicht nur deswegen, weil sie aus dem Verfassungsgericht des Landes, also von der höchsten Instanz der brasilianischen Justiz bzw. Strafjustiz, stammen, sondern vor allem, weil sie jener politischen Dimension nicht zu entkommen vermögen. Als öffentliche Äußerungen der jeweiligen Präsidenten des *Supremo Tribunal Federal* aus der Tagespresse sind sie vielleicht eher ganz am Rande jenes Ortes zu suchen, den Luhmann strukturelle Kopplung des Rechtssystems mit dem Politischen nennt,[524] doch weder die genaue Stelle noch die Definition ändern den Inhalt der Erklärung – und eben darum geht es. Wahrzunehmen ist also jene Strafgewalt, die auch dem Recht zum Trotz geübt wird, eine Art autotelischer Strafgewalt. Etwa hier liegt die Aporie des Rechts, an der beispielsweise Agamben und Derrida anhand Benjamins *Zur Kritik der Gewalt* weiterarbeiteten.[525]

Anno 2011: der aktuelle Präsident des Verfassungsgerichts schildert die Bedingungen im brasilianischen Strafvollzugssystem wie folgt: »Das Land hält Strafanstalten in unmenschlichen Umständen, wie mittelalterliche Kerker.«[526] Seltsam an dem Vergleich, der ja mit mehr oder weniger unparteilichen internationalen Berichten über den wirklichen Zustand der Gefängnisse in Brasilien übereinstimmt,[527] ist die unbeteiligte Stellungnahme des Redners, der so spricht, als sei er bloß als ein weiterer Beobachter, und zwar einer mit besten Absichten. Nicht anders auch sein Vorgänger. Dieser versuchte 2009, so scheint es, noch seine in Deutschland vollendete Ausbildung zu rechtfertigen[528] und sprach wie ein Spezialist im Rechtsvergleich schon anderthalb Jahre vor jenem über die Bedingungen der Strafanstalten in einigen Bundesländer Brasiliens: »Was in diesen Ländern geschieht, ist nicht viel anders als das, was in den Konzentrationslagern geschah.«[529] Das juristische Problem der NS-Zeit taucht übrigens auch andernorts bei Mendes auf, wie in Begründungen von Entscheidungen, eher leichtsinnig,[530] oder bizarr, wie in der 2007, nach eigenen Worten, zu großer Ehre verfassten Einleitung zur brasilianischen Übersetzung von *Der Hüter der Ver-*

fassung. Da deutete der Verfassungsrichter Hitlers Machtergreifung 1933 als ein Indiz für den Sieg Kelsens in ideologischem Kampf gegen den »hervorragenden deutschen Denker, den Professor Carl Schmitt« um.[531] Die Lektüre ist etwa mindestens so fragwürdig wie die pathetische Versöhnung zwischen Henker und Opfer, die Jacob Taubes wohl zugunsten des berühmten Kronjuristen unternahm.[532] Währenddessen steht eine Übertragung von *Carl Schmitt im Dritten Reich*[533] immer noch aus. Von der authentischen Auseinandersetzung des hervorragenden deutschen Denkers mit der eigenen Vergangenheit ist ebenso wenig die Rede.[534] Für die brasilianische Geschichte, die brasilianische Politik und das brasilianische Recht sind derartige Vergleiche mit mittelalterlichen Kerkern bzw. nazistischen Konzentrationslagern indes sehr bedeutungsvoll, ja symptomatisch. Denn wären sie ernst gemeint, also ganz im Sinn jeder Sprachtheorie,[535] dann wären die Richter gemäß dem Art. 5, Nr. LXVIII der Verfassung Brasiliens in dem Moment zu sofortigen habeas corpus für alle in solchen grausamen Umständen Verhafteten gezwungen. Demgegenüber sind alle weiteren Maßnahmen, wie die zu dieser Zeit gegründeten »Arbeitsgruppen Gefängnis«, nichts als ärmliche Surrogate.[536] Kommunikativ betrachtet stößt man hier auf eine pathologische Erscheinung, und auf ihr zu bestehen, beschränkt das Handlungsfeld der Strafjustiz nur noch mehr. Nach einem kommunikativen Ansatz spricht Habermas in Anlehnung an Marx von innerer Kolonisierung.[537] *Das Kapital* endet in der Tat mit dem Kapitel über die moderne Kolonisationstheorie.[538] Und da neben der Ökonomie auch ein höchst produktives Strafsystem vorgesehen war – Marx skizzierte es inmitten des Konvoluts *Theorien über den Mehrwert*[539]–, gehört ja zur kapitalistischen Logik mehr oder weniger explizit auch die Möglichkeit moderner Strafkolonien. Diese hätte sich der Aufmerksamkeit eines wahrhaft modernen Schriftstellers, so wie Kafka es definitiv war,[540] nicht entziehen können. Bei ihm erscheint sie in ihrer unwiderstehlichen Notwendigkeit. Auf der Landkarte des modernen Materialismus so wie in der fragmentarisch gelieferten Fortschreibung des *Kapitals* tritt diese grausame Wirklichkeit in reiner Rechtsform auf, jenes apologetischen Tons des Manifests beraubt, als bestimmte Negation des Rechts: »Sklaverei, auf Basis der kapitalistischen Produktionsweise, ist ungerecht; ebenso der Betrug auf die Qualität der Ware.«[541] Die Denunziation der Ungerechtigkeit des alltäglichen Betrugs hinter der Tauschform war das Leitmotiv des gesamten ersten Bands des *Kapitals*, und sie ist nur in dem Maß gelungen, wo das faktische Fortbestehen der Sklaverei auf dem Grund moderner Produktionsweise deutlich in Erscheinung tritt. Die Kritik pocht auf dieses gesellschaftliche Defizit, auf die Notwendigkeit eines ungerechten Repressionssystems, auf dieses Negative schlechthin.[542] Aus dieser ideologiekritischen Perspektive muss jede Straftechnologie nun in verdächtigem Licht erscheinen. Viel verständlicher als die gesamte Kriminalpolitik etwa von Paschukanis, die die Folterlogik nur ein Stück weiter dreht,[543] ist darum der kleine Text Horkheimers *Zur Ergreifung Eichmanns*, in dem das Versagen der Strafjustiz sogar vor einem so eklatanten Fall wie dem von Eichmann nüchtern denunziert wird.[544] Adornos kritischer Kommentar *Zum Freispruch des Polizeiobermeisters Kurras* steht jenem Horkheimers wohl in der Weise gegenüber, dass er die Möglichkeit eines naheliegenden, doch moralisch gravierenden Fehlschlusses aufzeigt, der immer in solchen Freisprüchen steckt.[545] Der Gedanke einer positiven Kriminalpolitik ist beinahe unmöglich, weil er zwangsläufig die Praxis einer verbrecherischen Politik mit einschließt. Dies sollte verdeutlichen, weshalb ein agnostisches Strafrecht, wie Zaffaroni – also auch ein Verfassungsrichter – es am kohärentesten entwirft,[546] jedoch keiner ontologischen Basis wie der sachlogischer Strukturen bedarf.[547] Die Ontologie kommt stets, um in diesem Register zu bleiben, zu spät, wenn der Akzent, der Akut des Heutigen schon längst gesetzt ist. Die Gegenwart der Folter fordert ohne Weiteres ein Recht auf Widerstand: man muss mit dem Foltern aufhören. Darin mag wohl eine Möglichkeit für das Strafrecht liegen. Die Frage der Strafwürdigkeit fängt erst an, nachdem diese im Namen des Staats verübten Verbrechen rechtlich behandelt werden, das heißt auch gestoppt werden. Alles andere klingt so zynisch und erschreckend wie der Ruf »Holt's mir die Juden wieder her!«, dessen Chor sich Schmitt ungehemmt im privaten Rahmen eines Briefs vom 14. April 1952 an den gleichgesinnten Freund Armin Mohler anschließen konnte.[548]

Die Selbstanästhesierung der brasilianischen Strafjustiz ist offenbar eine schlechte Kompensation für die Reproduktion der Folter. So metaphorisch dies auch gemeint sein kann, dem entspricht ganz real Folgendes: Ein Strafvollzugsrichter hatte ab dem 11. November 2005 die sofortige Entlassung einiger Dutzend Gefangener wegen der unzureichenden Unterkunftsbedingungen verordnete.[549] Sogleich wurde der Richter aus dem Strafvollzugsamt entfernt, ein Prozess vom oberem Gericht gegen ihn geführt,[550] bis man ihn schließlich zwangsweise in den Ruhestand versetzte.[551] Ganz im Gegensatz zu dieser Entfernung aus dem juristischen Dienst wirkt die allzu prononcierte Beredsamkeit seiner Spitze. »Im letzten Jahr genehmigte das Supremo 350 habeas corpus.« Immer wieder aus sind solche Äußerungen wie die des letzten Präsidenten des Supremo Tribunal Federal im Jahr 2009 über die Verteilung von zugelassenen habeas corpus in Bezug auf die verschiedenen sozialen Schichten zu entnehmen: »Unter denen gibt es Reiche und Arme. Wegen der aktuellen politischen Debatte konzentriere ich mich nun auf eine genauere Analyse solcher Fragen und suche nach Informationen. In den letzten Tagen habe ich zur Kenntnis genommen, dass das Gericht 18 habeas corpus in solchen Fällen genehmigte, wo man es mit Bagatelldelikten zu tun hat: die Wegnahme einer Zahnbürste, eines Reifens, einer Zahnpaste, einer Seife, eines Videobands.«[552] In der Tat, der offiziellen Statistik zufolge gewährte das brasilianische Verfassungsgericht 31 habeas corpus mit einer ähnlichen Begründung wie dem Opportunitätsprinzip von insgesamt 355 bewilligten habeas corpus im Jahr 2008.[553] Wenngleich dieses freiheitsrechtlich wie zweckrational ausgerichtete Prinzip für sich allein nur einen unzulänglichen Indikator für die Verteilung von Reichtum bietet, so reichen die groben Zahlen jedoch völlig aus, um zu zeigen, dass das Sensorium des Gerichts etwas abgespalten von der Wirklichkeit des Landes funktioniert, das gemessen an komplexeren statistischen Kriterien hartnäckig als eines der sozial Ungerechtesten der Welt gilt.[554] Der Präsident: »Einmal wurde mir gesagt: Das hätte im Supremo nicht ankommen sollen. Wäre es nicht im Supremo angekommen, so wären sie verhaftet worden. Die wurden nur deshalb auf freien Fuß gesetzt, weil das STF eingriff. Und wer Reifen, Zahnpaste und Seife stiehlt, ist bestimmt nicht reich. Doch man verbreitet diese Gerüchte. Darum müssen wir in der Öffentlichkeit sagen, was wir eben tun.«[555] Wenngleich eine kleine Note Schuldgefühl zu vernehmen ist, so ist die Antwort doch geprägt von der Selbstgerechtigkeit der Strafjustiz. In Bezug auf die eigene Verantwortung entscheidet sie sich für die Selbstamnestie und sanktioniert die weitere Strafgewalt.[556] Darin liegt die paradigmatische Bedeutung des Urteils im Fall ADPF Nr. 53/DF vom 29. April 2010. Das Verfahren provozierte das Gericht, endlich über die Verfassungsmäßigkeit des Amnestiegesetzes, Lei Nr. 6.683 vom 28. August 1979, zu entscheiden. Typischerweise bedeutet diese Entscheidung für solche noch in Diktaturzeiten erlassenen Gesetze somit die Möglichkeit, die Mittel des Strafrechts zur Verfolgung der Folterer des Regimes einzusetzen, also Staatsverbrecher vor die Strafjustiz zu bringen. Auf einmal wird die gesamte kommunikative Dimension des Strafrechts, jener Teil, der sich mit der bloßen Strafgewalt nicht zufrieden gibt und eine wie auch immer geartete Wahrheit beansprucht, infrage gestellt. Doch hier fand Pereiras These einer kontinuierlichen Kollaboration der Justiz Anwendung, und das Verfassungsgericht entschied mit einer Mehrheit von sieben zu zwei für die unbeschränkte Geltung der Amnestie.[557] Weit mehr als die Entscheidungsbegründung selbst, die, stark geprägt vom Versöhnungspathos, eine Aufarbeitung der Vergangenheit nur verkitschte, sagt die spontanere Erklärung des Verfassungsgerichtspräsidenten, die bereits über ein Jahr vor der Entscheidung in der Zeitung zu lesen war, Folgendes: »Die ganze Diskussion über Unverjährbarkeit ist doppeldeutig. Der Verfassungstext sagt auch, terroristische Straftaten sind unverjährbar.«[558] Folterer und Terroristen gehören bekanntlich zusammen, vor allem im Begriff des Folterers. Für den Gefolterten aber wird jeder Sinnzusammenhang durch den Akt des Folterns brüchig.[559] Die Wiederholung der Parole des Regimes durch den Richter im vorliegenden Fall diente lediglich der konservativen Seite gegen die Initiative zur Bildung von Wahrheitskommissionen in Brasilien. Dass dieser Sprachgebrauch nun oft zusammen mit dem freiheitsrechtlichen Diskurs verwoben erscheint, ist nicht nur auf eine zu Recht zelebrierte Demokratisierung zurückzuführen, sondern auch auf die Notwendigkeit der Selbsterhaltung der neuen Produktionsweise in Zeiten des Neoliberalismus. Die Freiheit auf dem Markt wird immer wieder erkauft mit der Bestrafung der unproduktiven Kräften, also die alte doch noch sehr konsistente These von Georg Rusches *Arbeitsmarkt und Strafvollzug*.[560] Darin liegt das zwar Störende, zugleich aber auch Einleuchtende bei Foucault, wenn er die politische Ökonomie des Körpers direkt mit der der Strafmacht zusammenführt.[561] Das Strafgeschäft verspricht ja Profit. Die fortschreitende Spezialisierung der Strafverteidigung auf das lukrativere bzw. wissenschaftlich genau ausgearbeitete Wirtschaftsstrafrecht ist also nur eine weitere Folge desselben Prozesses auf Kosten von Zahlungsunfähigen. Was aber die Strafjustiz noch unmittelbarer betrifft, ist ihre stillschweigende Sanktionierung der Produktivität von Staatsagenten der Folter. Schon im selben Jahr brachte die richterliche Anerkennung der Selbstamnestie Brasilien zu einer Verurteilung vor dem Corte Interamericana de Derechos Humanos.[562] Neben dieser bedeutenden Zensur sind auch die von der *Secretaria de Direitos Humanos* herausgebrachten Dokumentationsbände *Direito à memória e à verdade* [Recht auf Gedächtnis und Wahrheit][563] und *Habeas corpus – que se apresente o corpo* [Habeas corpus – du habest den Körper][564] eine aufrichtige Antwort auf die immerfort verschwiegene Kollaboration der Strafjustiz mit dem Staatsregime, die, wie es scheint, darauf besteht, sich nicht bei ihrer Arbeit stören zu lassen. Da die Folter aber immer noch besteht, wie übrigens auch international deutlich gezeigt wird,[565] ist jeder vor der Tür der Strafjustiz Wachende stets der potenzielle Folterer. Er verkörpert das Gesetz mit jeder seiner Ankündigungen, da er jederzeit im Namen des corpus juris civilis den menschlichen Körper vernichten kann – also die letzte Stufe der Naturbeherrschung. Wie auch immer er sich benimmt, der Türhüter repräsentiert, von außen betrachtet, die ganze Korruption des Rechtssystems, vor allem die des Strafvollzugssystems.[566] Eine Gefängnisstrafe absitzen zu müssen, bedeutet also beinahe dasselbe, wie der Folter ausgeliefert zu sein.[567] Die gegenwärtige, widerständige Stunde drängt auch die Rechtssprache vor diesen Abgrund, sie ist die Chiffre dieses unaufhaltsamen Verfalls – der offenkundig wird.[568]

»Sehr geehrter Herr Präsident, sehr geehrte Herren Abgeordnete, alle erkennen an oder meinen zumindest anzuerkennen, dass die Mehrheit der nationalen Streitkräfte nicht einverstanden ist mit der militaristischen Spitze, die Gewalttaten begeht und dieses Land unter einem repressiven Regime hält. Nach den Ereignissen in Brasília glaube ich, dass der große Moment der Vereinigung für die Demokratie gekommen ist. Dieser Moment ist zugleich der Moment des Boykotts. Die brasilianischen Mütter haben deswegen schon demonstriert. Alle sozialen Schichten rufen zu dieser Auflehnung gegen die Polizei auf. Das reicht aber nicht. Es ist notwendig, besonders vonseiten der Frauen, wie es im hiesigen Parlament mit den weiblichen Abgeordneten der ARENA schon begonnen hat, dass der Boykott gegen den Militarismus organisiert wird. Der 7. September steht vor der Tür. Die militaristische Spitze versucht, das tiefe Vaterlandsgefühl des Volkes auszunutzen und wird dafür beten, dass die Schulgruppen samt den Henkern der Schüler zusammen marschieren. Jeder Vater, jede Mutter sollte sich davon überzeugen, dass die Teilnahme ihrer Kinder an der Parade gleichbedeutend ist mit dem Beistand für die Henker, die ihre Kinder auf den Straßen zusammenschlagen und unter Kugelhagel jagen. Boykottieren Sie also die Parade. Und noch einmal an die Adresse der Frauen: dieser Boykott lässt sich auch auf die jungen Frauen übertragen, auf diejenigen, die mit Kadetten tanzen und mit jungen Offizieren flirten. Heute, 1968, wäre es in Brasilien nötig, dass die Frauen sich von den Paulistas des Krieges der Emboabas inspirieren ließen und denjenigen den Eintritt in ihr Haus verweigerten, die sie vergewaltigen; dass sie diejenigen nicht empfingen, die schweigen und deswegen als Helfershelfer dienen. Anderer Meinung zu sein und darüber zu schweigen, bringt wenig. Es ist nötig, Widerstand zu leisten gegen diejenigen, die die Streitkräfte missbrauchen, indem sie in deren Namen handeln und reden. Glauben Sie mir, Herr Präsident, es ist möglich, diese Farce, diese Demokratur, dieses falsche Hindernis zu lösen durch den Boykott. Während die Schweigenden sich darüber nicht äußern, muss jeder Kontakt zwischen Bürgern und Militärs aufhören, denn erst dann wird es uns gelingen, dass dieses Land zur Demokratie zurückkommt. Nur so können wir versichern, dass sich die Schweigenden, die nicht einverstanden sind mit dem Missbrauch ihrer Vorgesetzten, dem großartigen Beispiel der 14 Offiziere von Crateús zu eigen machen, die den Mut und die Aufrichtigkeit zeigten, als sie sich öffentlich äußerten gegen den gesetzwidrigen und willkürlichen Akt ihrer Vorgesetzter.«[569] So etwa der Diskurs des Abgeordneten Márcio Moreira Alves vom 2. Juli 1968 im Abgeordnetenhaus Brasiliens auf Deutsch. Der pathetische Charakter dieser fünfminütigen Protestrede, der sehr an Aristophanes' *Lysistrata* erinnert, mag wohl schon zu jener Zeit überhöht interpretiert worden sein. Sie hat jedoch ihren guten Grund. Das komische Element ist das Bemühen des Redners um eine größere politische Wirkung im Hinblick auf das gleiche Anliegen, das er schon 1966 behandelt hatte in seinem mutigen Berichtsbuch *Torturas e torturados*,[570] eine wahre, in objektiv-journalistische Sprache verfasste Anklage der mit dem militärischen Putsch vom 1. April 1964 eingeführte Folterpraxis: die nackte Polizeigewalt des – zumindest nach allen juristischen Formalia immer noch – Rechtsstaats. Schon dort bezeugt der Abgeordnete und Journalist seine Widerstandskraft gegen diesen Apparat und erkennt seine innerer Notwendigkeit und seine schmerzhafte Ausbreitung. Die Logik kehrte sich ja plötzlich um: Schmerz provoziert Gewalt. Es klingt fast komisch, von Demokratur zu sprechen, doch Moreira Alves nimmt mit diesem Begriff lediglich die definitive Wandlung der scheinbaren Demokratie in eine offene Diktatur vorweg, die in jener Zeit nur noch auf ihre Anerkennung als eine solche durch das Rechtssystem wartete. Tragisch ist die Tatsache, dass der Abgeordnete sich von vornherein im Klaren war über das Scheitern seiner Sprache. Sie prallt auf die Härte der Rechtssprache. Diese antwortet erst nach einigen Monaten mit dem infamen Institutionellen Akt Nummer Fünf, vom 13. Dezember 1968, der offiziellen Deklaration des Ausnahmezustands, in ihrer rein juristischen Form. In diesem Dokument steht das Recht endlich schwarz auf weiß, unverblümt. Nicht gebeugt, etwa aus Gewissensbissen darüber, die Folter schon lange praktisch sanktioniert zu haben. Das Recht kapituliert nicht, auch nicht auf Kosten unzähliger Opfer. Der Artikel 10 des AI-5 suspendierte nun ausdrücklich das menschenrechtliche *writ* von habeas corpus. Das wäre aber nur ein erster Eindruck, der wohl übereinstimmen würde mit der verbreiteten Geschichtsschreibung, die allzu direkt die Provokation von Moreira Alves' Rede im Abgeordnetenhaus mit der Verschärfung des Regimes verbindet. Diese Deutung entspricht zum einen dem beschränkten Bewusstsein derjenigen Soldaten, die sich sofort aufhetzen ließen durch das Kommando der konspirativen Militärelite zur allgemeinen Empörung über den an sich harmlosen Diskurs einer allzu inszenierten Reaktion. Zum anderen und vor allem stellt sich eine solche Reduzierung aber dagegen, die Schuld auf das Opfer zu verschieben (Márcio Moreira Alves verlor mit dem AI-5 sein Mandat und musste umgehend ins Exil). Diese Logik greift selbstverständlich zu kurz. Einer der Unterzeichner dieses monströsen Rechtsdokuments, der treue Finanzminister des Regimes Antônio Delfim Netto, erklärt viele Jahre später, wie die militärische und zivile Elite, die an der Macht war, hier mit dem Kausalzusammenhang spielte: »Die Zeit des AI-5 war sehr spannend, aber letztlich war alles nur Theater. Es gab Demonstrationen, Unzufriedenheit der Militärs, aber es gab vor allem Theater. Es war ein Theater, das zum [institutionellen] Akt führen sollte. Jene Zusammenkunft war reine Inszenierung. […] Der Diskurs von Marcito war völlig belanglos. Was man vorbereitete, war eben eine Diktatur. Alles wurde zu diesem Zweck getan.«[571] Ihm selbst kam dabei die nicht unbedeutende Rolle zu, das brasilianische Wirtschaftswunder 1969–1973 – denn letztendlich war auch das kein deutsches Privileg – so zu inszenieren, dass man die Wunden eines unaufhaltsamen Folterbetriebs für den akzeptablen Preis des ökonomischen Fortschritts hielt. Darum ist es nicht übertrieben, hier von einem seltsamen Folterkapitalismus zu sprechen. Mit dem AI-5 sicherte das

Rechtssystem die legale Grundlage einer direkteren Mitwirkung von Geschäftsleuten am Folterunternehmen. Ihre Tätigkeit beschränkte sich keineswegs nur auf die großzügige Finanzierung des großen Apparats mit dem üblichen schwindelerregenden Gewinnversprechen seitens der Regierung. Und diese Art Partnerschaft ist heute weltweit verbreiteter denn je, denkt man an das Programm des Neoliberalismus für das Strafrecht, zum Beispiel an die Privatisierung von Strafanstalten.[572] Doch war die Teilnahme der höhen brasilianischen Bourgeoisie oft direkt an das Handwerk gebunden, an den Entwurf und die Herstellung von neuen und effektiveren Folterinstrumenten, eines unendlichen Repertoires, von dem berüchtigten *pau-de-arara* bis zur elektrischen *pianola* – eigens ausgedacht zum Ziehen aller Register der menschlichen Grausamkeit. Zum anderen förderten die nun geschaffte Legalität und die fortschreitende Rationalisierung des Folterbetriebs eine rasche Spezialisierung des für diese Praxis benötigten Wissens, also eine unvermeidbare Verwissenschaftlichung der Technik. Die heute immer noch verwendeten Instruktionen des KUBARK *Counterintelligence Interrogations*, des auf aufwändigen Recherchen der Central Intelligence Agency der Vereinigten Staaten beruhenden, berühmten Folterhandbuchs der Sechzigerjahre – offensichtlich das Resultat einer recht großen Zusammenarbeit vieler Forschungsinstitute und Spitzen-Universitäten–all jene mehr oder weniger hypothetischen Anleitungen fanden also nun den idealen Versuchsort: billige Versuchspersonen, oft Obdachlosen ohne jedwedes politisches Engagement konnten im Namen des wissenschaftlichen Fortschritts dazu herangezogen wer-

den.[573] Und die Folter wurde zu gelehrt und gelernt: ein Prozess, der sich nur im Schatten der Rechtssprache entwickelte, der aber vielerorts noch erstaunlicher anschaulich nachvollzogen werden kann. So wie in den detaillierten Beschreibungen des *Projeto Brasil: nunca mais*,[574] einem wahren Katalog von Foltermethoden, der bis an die Grenze der gesunden Vorstellungskraft reicht, oder direkt auf eine große Leinwand projiziert, wie in dem Dokumentationsfilm *Cidadão Boilesen* (2009) von Chaim Litewski oder in dem mittlerweile einige Jahrzehnte älteren, wenn auch nicht eigentlich dokumentarischen Film *État de siège* (1972) von Costa-Gavras, einem doch in gewissem Sinne Augenzeugenbericht dieser Zeit.[575]

Die Folter war also längst nicht mehr ein rein militärisches oder polizeiliches Geschäft. Auch unter den Bürgern kollaborierten viele Geschäftsleute. Auf der anderen Seite gab es natürlich Denunzianten, doch zumeist Verfolgten. Darum mag die Idee einer militärischen Diktatur irrführend sein. Die verschiedenen Rollen der Strafjustiz bleiben noch zu erforschen. Und diese Aufgabe bleibt die Strafrechtswissenschaft bis heute schuldig. Nicht bedeutungslos ist jedenfalls die Tatsache, dass das Militär, abgesehen von einer einzigen strategischen Reduzierung der Anzahl an Richtern, das weitgehend ungestörte Funktionieren des Supremo Tribunal Federal zuließ. Die Diktatur ersparte der Justiz weitgehend die Verfolgung und kaufte sie mit Privilegien, die bis heute nicht abgeschafft sind (ein Richter oder ein Staatsanwalt im Brasilien verdient am Anfang der Karriere ungefähr zweieinhalbmal so viel wie sein deutscher ebenfalls nicht armer Kollege).[576] Und die Justiz antwortet dankbar durch Unterstützung des Regimes. Was das wirkliche Theater angeht, so erlitt es durch die Diktatur einen herben Schlag. Die hochproduktive und vielversprechende Generation von Theaterkünstlern unterlag der offiziellen Zensur sowie gewalttätiger Verfolgung und Folter. Das betraf zum Beispiel das Teatro Arena, wo unter anderem auch Augusto Boal des späteren *Teatro do Oprimido* [Theater der Unterdrückten] mitwirkte,[577] oder das Theater Plínio Marcos, der schon 1958 mit dem skandalösen *Barrela* debütierte, der schonungslosen und brutalen Darstellung eines dramatischen Tages im brasilianischen Gefängnis, verdichtet in einem einzigen Akt, in dem eine wahre Vergewaltigung (wie man *barrela* übersetzen müsse) auf der Bühne erschien.[578] Einer der kreativsten Köpfe dieser sehr vielfältigen Generation brasilianischer Dramaturgie war und ist unbestritten José Celso Martinez Corrêa. Er verkörpert wie kaum ein anderer die ungeheure Widerstandskraft der darstellenden Künste gegen die Gewalt des Regimes. Seine provokative Inszenierung von *Roda viva* (1968) zum Beispiel denunzierte die alltägliche Folterpraxis des Landes und verlangte dem Publikum eine klare Stellungnahme ab, indem sie die Zuschauenden aktiv mit einbezog und so zu Akteuren machte. Auf diese Weise übertrug die Inszenierung die Geschichte mit Hilfe des experimentellen, avantgardistischen Theaters direkt auf die Bühne. Die wiederholten Drohungen seitens der Milizionäre des CCC, Comando de Caça aos Comunistas [Jagdkommando gegen Kommunisten], unter denen häufig Soldaten und Polizisten waren, und die Zerstörung der Kulissen sowie das Verprügeln von Schauspielern und Schaupielerinnen, mit der typisch perversen Vorliebe solcher faschistischer Männerbünde zeigen deutlich, wie das Politische mit Gewalt ins Ästhetischen schon eingebrochen hatte. Die Angriffe in São Paulo und Porto Alegre, wo das Teatro Oficina *Roda viva* seine Vorstellungen gab, zeigten, wie Kollaboration und Denunziation die Unterscheidung von Zuschauern und Schauspielern längst überschattet hatten. Eben das führte die Inszenierung ganz bewusst vor. Dahinter war der Einfluss von Sartre, Brecht und vielen anderen erkennbar,[579] doch der eigentliche Ursprung dieses Theaters lag vor allem im brasilianischen Modernismus der Zwanzigerjahre, genauer im *Manifesto antropófago* (1928) von Oswald de Andrade.[580] Schon ein Jahr vor der erwähnten Inszenierung von *Roda viva*, also 1967, während der Arbeiten an der ersten Bühnenfassung von *O rei da vela* (1933),[581] verfasste Zé Celso das *Manifesto do Teatro Oficina*. Hier war Ähnliches zu lesen wie in Guy Debords *Die Gesellschaft des Spektakels* aus demselben Jahr[582] aber auch anderes: —»Es gibt keine Geschichte, nicht im Hegel'schen Sinn«, schrieb der Regisseur. »Die These bringt die Antithese nicht aus sich allein hervor. Die Struktur (These) verteidigt sich (ideologisch, militärisch, ökonomisch), bewahrt sich und stellt einen Ersatz für Geschichte bereit; und dann strömt aus alledem der entsetzliche Geruch eines ungeheuren verbrannten Leibes, fast eines Leichnams, an dem jede Generation ihren Anteil hat und eine Kerze anzündet. Geschichte gibt es nicht. Es gibt eine Vorstellung von der Geschichte. Zu viel Zynismus umsonst.«[583] Wahrhaftig ist das Welttheater nur, wenn darin charakterlos aufgetreten wird, ähnlich also wie es der wohl größte moderne Held der brasilianischen Literatur, *Macunaíma* (1928), tut.[584] Denn so soll die Moderne erscheinen: charakterlos, genauso wie sie für Musil ohne Eigenschaften ist. Darum auch die fast sakrale Bedeutung des nackten Körpers für dieses Theater; aber nicht ganz, denn die Weihung des Körpers, dieser ständige Fluchtpunkt ins Dionysische, und die konsequente Vermeidung jedes trauerspielerischen Elements haben einen durchaus säkularen, ja einen emphatischen politischen Grund. Der stinkende Leib, der Leichnam sind selbstverständlich keine Metaphern, sie sind eher eine nüchterne Chronik eines grausamen Alltags. Die Nackten in den Orgien des Teatro Oficina stehen nicht zuletzt für die wirklich Gefolterten; mit Porno- oder Sex-Theater, das ihnen die deutsche Boulevardpresse im heuchlerischen Falsett noch heute vorwirft,[585] haben sie nicht das Geringste zu tun. Das Positive dieses Theaters pocht zwar auf scheinbare Möglichkeiten; diese sind aber keineswegs willkürliche, nicht einmal freie Assoziationen, als solche, das heißt wahrhaftig, erscheinen sie nur durch die entschlossene Negation einer sehr bestimmten Wirklichkeit. Weil sie die Wunden am eigenen Leib ständig zur Schau tragen, stellen die Akteurinnen und Akteure auf äußerst demonstrative Weise das Recht dieser Wirklichkeit infrage. Repräsentation und Präsentation geraten auseinander, indem die nackten Körper hartnäckig darauf zu bestehen scheinen, beide Momente – trotz der offensichtlichen Unmöglichkeit – wieder zu vereinen. Ihre Aktion ist diese Rebellion gegen das gesetzte Recht, gegen das Wirkliche schlechthin. Kunst ist hier nicht zuletzt Rechtskritik. Es ist bestimmt kein biographischer Zufall, dass sich Zé Celso für das Theater entschied, als sicheren Zufluchtsort, weg von der erzkonservativen Fakultät für Rechtswissenschaft von São Paulo: —»der wohl schlimmsten Schule Brasiliens. Eine monströse Schule«, wie er selbst sie nannte. »Während meines fünfjährigen Studiums hörte ich nie ein Professor, nicht einmal eine Sekunde lang, von Menschenrechten reden.«[586] Als Rechtskritik bedient sich die zeitgenössische Kunst keiner Theorie; im Gegenteil, sie drängt stets zur Praxis. Ein Höhepunkt dieser gelungenen Arbeit war zweifellos, auch wenn er angesichts der hoch gesteckten Ziele bescheiden erscheinen mag, der Besuch der 35. Caravana da Anistia [Amnestiekarawane] im Teatro Oficina am 7. April 2010. Dabei ging es um eine Art freiwillige Gerichtsbarkeit bezüglich der Diktaturverbrechen, die vom brasilianischen Justizministerium beauftragt worden waren, das nun richterlich über die gesetzlich anerkannten Ansprüche der vielen Opfer auf Entschädigungsgeld zu entscheiden hatte. Die übliche Hierarchie wurde hier außer Kraft gesetzt, sodass plötzlich der Gefolterte den ganzen Prozess als souveräner *homo ludens* zu koordinieren begann[587] und den amtlichen Richter auf der Bühne dirigierte. So entstand vor den Augen des Publikums das gültige Rechtsurteil, gesprochen von dem zum Schauspieler gemachten Richter. Zé Celso lieferte damit ein gutes Beispiel der außergewöhnlichen Rechtskraft des Opfers. Für dieses Verfahren[588] verfasste er eine Art Libretto, sein eigenes Manifest, hier sinngemäß erstmals auf Deutsch:

> ENDE VON ALLEN FOLTERN IN BRASILIEN 2009
>
> Wir, die Gefolterten der 70er Jahre
> wollen, dass niemand mehr gefoltert wird.
> Wie viele sind es gewesen oder sind es in diesem Augenblick?
> Wie heißen sie?
> Wie ist der Name des Folternden oder der Folterer?
>
> Wir müssen den Namen aller Personen wissen,
> die in ganz Brasilien gefoltert werden,
> die Namen von allen:

Gefolterten und Folterern

Wir werden der Folter ein Ende setzen,
die Folterer von gestern und heute bestrafen
mit der Strafe des Lebens,
mit Elektroschocks der Liebe,
werden wir ihre Körper bestrafen, die verkrampft sind, weil sie folterten,
weil sie den Wert des eigenen Körpers verkennen.

Wir werden die Auftraggeber bestrafen,
die noch feiger sind,
denn sie nehmen nicht an jenem unmenschlichen Körperkontakt teil,
Mensch-gegen-Mensch,
wo der Todestrieb des Folterers
sich körperlich trifft
mit dem bedrohten und oft ermordeten
Lebenstrieb des gefolterten Körpers.

Die Folterer und deren Auftraggeber sind
zu foltern durch ein Wiederlernen
der Weihe des menschlichen Körpers,
mit Elektroschocks der Libido und Liebe.

Es ist ein großartiger Beweggrund,
alle, die gewalttätig sind,
gleichsam als Bestrafung, erfahren zu lassen,
dass wir menschlich sind, sterblich, und dass wir alle Recht auf das Leben haben,
ohne dass unser Körper verletzt wird
oder vernichtet.

Unser Körper ist geboren, um geliebt und frei zu sein,
erst dann wird jeder von uns Brasilianern
das Recht und den Genuss
unserer körperlichen Freiheit haben,
denn der Körper ist der einzige Schöpfer!

Ich wiederhole! Ich insistiere!
Es geht nicht bloß darum, dass eine Minderheit geopfert wurde, weil sie gegen die Militärdiktatur kämpfte.
Es geht um uns alle, die wir heute leben,
die wir lernen müssen, uns zu befreien
von den verschiedenen Foltern, denen wir unterworfen sind:

BESTRAFUNG DER ANDAUERNDEN FOLTER AUFGRUND DER KRIMINALISIERUNG DESSEN, WAS MAN DROGEN NENNT,
die die Taschen der Todesindustrie füllt,

der RÜSTUNGSINDUSTRIE des Krieges,
Täter eines tagtäglichen Genozids,
die in Favelas,
wo einst die Stimme des Hügels geboren wurde, die Samba,
der Candomblé,
der Karneval,
nun eine Brutstätte der Gewalt züchtet.

Man macht sich die soziale Hilflosigkeit zunutze,
den Un-Wohlfahrtstaat,
die große Überlebensschwierigkeit des Volkes,
das seit dem Krieg von Canudos in Favelas wohnt,
und man erfindet das Verbot von Haschisch und des Kokain.

Die Beschwörer der Aufrüstung und die Großhändler sind daran interessiert,
dass die Kriminalisierung beibehalten wird.
Sie züchten diesen Stall von Ziegenböcken, schwarzen Schafen,
von geopferten Engeln,
vor allem unter der jungen und schwarzen Bevölkerung der Favelas.

BESTRAFUNG DER HOMOPHOBISCHEN FOLTER
Mit der Freiheit, die die sogenannten gays errungen haben, für die demokratische Freiheit, die Freiheit der Liebe,
die, wie Antonio Conselheiro predigte, *zu frei und zu groß ist, um sich von uns armen Sterblichen bewerten zu lassen,*
mit der durch die Befreiung der Liebe entwickelten Möglichkeit
ist die Homophobie gewaltig gewachsen.
Während die Homoerotiker, die Panerotiker, sich versteckten,
ertrug der *homo normalis,* die Herde, den Schwulen, der sich weiblich zu benehmen hatte, um sich in der Öffentlichkeit zu zeigen,
mit Affekt seine Begierde maskieren musste,
um eingeordnet zu sein
und sein Hundegebiet markiert zu haben.

In unserer Epoche ist aber der Homoerotismus wieder aufgetaucht,
heidnisch,
griechisch,
und brachte die Freiheit der Zuneigung,
und sie, die Zuneigung, ist zur politischen Kategorie geworden, die die Amerikaner homosoziale Bindungen nennen.

Wieder einmal sollte das Motto, das wir uns auf die Fahne schreiben, die Liebe sein, die mit dem militärischen Putsch der Republik enthauptet wurde.
Augusto Comte, der Urheber dieses Mottos, schrieb:
»L'Amour par principe,
l'Ordre pour base

et le Progrès par but.«
»Die Liebe als Prinzip,
die Ordnung als Grundlage
und der Fortschritt als Ziel.«

FÜR DIE BESTRAFUNG DERJENIGEN, DIE DIE WIRTSCHAFTLICHE FOLTER PRAKTIZIEREN, MIT DER MAN DIE LEBENDIGE KULTUR BESTRAFT

Des Lebens Züchter, des Lebens Künstler
werden von einer noch unwahren Republik gefoltert,
in der die Oligarchien noch fortbestehen,
die ihrerseits einen Staat innerhalb des Staates bilden,
und für die Herren,
für die Körperschaften,
das Blut der öffentlichen Sache, der *res publica*, saugen.

Die Oligarchien schufen ein subversives Regime inmitten des demokratischen republikanischen Staates.
Die brazylianische Kultur ist eine Macht
und sie ist Mischling,
kommt von unten nach oben,
stellt ihre Antennen nach dem Kosmos ein,
nach den kybernetischen und aktuellen Welten.

Diesen wertvollen Moment von Demokratie in Brasilien müssen wir nutzen für alle diese Errungenschaften,
damit das Menschliche
in Freiheit die individuelle und kollektive Macht erschaffen kann,
zu allem fähig,
wiederzuerschaffen von einem republikanischen Zustand der Cyberzeit,
herrenlos,
oligarchienlos,
innerhalb des durch das Internet geschaffenen Kosmos
und durch den menschlichen Kontakt zwischen den Leuten,
vor allem in Theaterstadien,
wo sich die Massen sammeln, um das Leben zu ehren.

Wir müssen die Gelegenheit nutzen, um den brasilianischen Menschen so weit wie möglich zu befähigen,
ihn von diesen letzten Fesseln zu befreien.
Und Bestrafung darf nicht *vendetta* bedeuten, sondern
Wiedererziehung derjenigen, die sich der Verbrechen körperlicher Verletzung schuldig machen, der Züchtung von Gewaltställen in Favelas, von homophobischen Taten und der Beschränkung des unermesslichen Wachstums der populären brazylianischen Kultur, des Lebensgenusses,
der Lebenszüchtung,
der kybernetischen Zeit des technisierten Barbaren.

Mit der Perestroika des Kapitalismus, die nun die Weltfinanzkrise anzeigt,
ist der kulturelle Merkantilismus pleite.
Hier zeigt sich die Möglichkeit eines andere menschlichen Friedens, von Liebe
und Freiheit. Die der Produktivität der Lebenskunst.

José Celso Martinez Corrêa
Präsident des Vereins Teatro Oficina Uzyna Uzona

SamPã, 17. November 2009

—»Die Folter [hat] den Character indelebilis. Wer gefoltert wurde, bleibt gefoltert. Unauslöschlich ist die Folter in ihn eingebrannt, auch dann, wenn keine klinisch objektiven Spuren nachzuweisen sind. Die Unverlierbarkeit der Tortur legitimiert den Gefolterten zu spekulativen Abflügen, die gar keine Hochflüge sein müssen und dennoch einen gewissen Gültigkeitsanspruch erheben dürfen.«[589] Dieser und weitere spekulativen Abflüge von Jean Améry, der essayistisch die unverändbare Konditio des Opfers in der Schrift prägte, in erster Linie in den für den Band *Jenseits von Schuld & Sühne* (1966) gesammelten Essays, fanden schnell viele sensible Rezepteurinnen und Rezepteure. Auch wenn es unerklärlich ist, dass die explizite Erwähnung von Amérys Namen in der *Negativen Dialektik* fehlt, stand der Gedankengang jenes berühmten Teils »Meditationen zur Metaphysik«,[590] des vielleicht spekulativsten des ganzen Buchs, bekanntlich noch weitgehend unter dem starken Eindruck der Lektüre des im Merkur erstmals erschienenen Aufsatzes über *Die Tortur*,[591] auf den Adorno schon in der Vorlesung über *Metaphysik* am 15. Juli 1965, also direkt nach der Publikation der Zeitschrift, seine zahlreichen Zuhörer sehr emphatisch aufmerksam machte.[592] Dass Améry schon durch diese Essays definitiv zur Weltliteratur gehört, bezeugt keine Geringere als Ingeborg Bachmann in ihrer langen und unvergesslichen Erzählung *Drei Wege zum See* (1972).[593] Auch die zeitgenössische Literatur attestiert ihm anhaltende Aktualität. W. G. Sebald widmete ihm nicht nur eine Essaytrilogie,[594] sondern er ist auch im Helden seines letzten Romans wiederzuerkennen. *Austerlitz* (2001) klingt durch die Assonanz zu sehr nach dem von Hans Mayer für sich anagrammatisch gewählten romanischen Namen.[595] Améry selbst tritt auf diesen Seiten auf, indem der Erzähler, wenn nicht der Autor, ihn mehrmals paraphrasiert oder wörtlich zitiert.[596] Die mögliche, ja intendierte Namensverwirrung ist somit nicht nur Effekt von Sebalds Prosa, sondern ergibt sich vor allem als eine notwendige Folge der Todesmaschinerie des Dritten Reichs.[597] Die Distanz des nachgeborenen Schriftstellers ist eben nur sehr relativ, für Sebald war es ebenso unmöglich wie für Améry, den deutschen

Namen zu tragen. W. G. stand also explizit für das Verschwundene.[598] Umsonst wird man hier nach Exaktheit suchen, es geht vielmehr um die bewusste archäologische Arbeit an einem Gedächtnisschatz.[599] Gegenüber dem so entstandenen Vakuum wird jeder Subsumtionsakt zur Schimäre; die hermeneutische Spirale,[600] so bedeutsam sie für eine rein strafrechtliche Methodenlehre auch sein kann,[601] erweckt oft nicht mehr als ein Schwindelgefühl. Das Nichtidentische macht jede Sicherheit zunichte, nicht einmal die Dialektik, der Améry und Sebald so nahe zu stehen schienen, ist vom Verdacht frei.[602] Diese Literatur schreibt sich in die Landschaft der Verwüstung ein als Symbol der moralischen Résistance. Erstaunlicherweise, wie man zugeben muss, denn erst durch sie zeigt das Werk von Jean Améry trotz aller Erfahrungen, die er durchzumachen hatte, keine Brüche, von seinem ersten Versuch mit *Die Schiffbrüchigen* (1933/4)[603] bis zu seiner letzten Arbeit, dem Roman-Essay *Lefeu oder Der Abbruch* (1974).[604] Im Vergleich zu dem konstanten, ja blinden Fortschreiten der Rechtswissenschaft repräsentieren wahre Lebensgeschichten wie diese – und ebenso viele Erzählfiguren bei W. G. Sebald[605]– neue Standpunkte in jener schwindelerregenden Spirale, die eine andere Art Bewegung aktualisieren: die der divergierenden, sozusagen entgegengesetzten Richtung.[606] Nicht zentripetal, aber zentrifugal, exzentrisch, entrückt. Widerstandspunkte oder nach dem genaueren Ausdruck von Helmut Lachenmann für eine seiner Kompositionen, wo das bekannte Wiener Volkslied »O du lieber Augustin« kaum noch erkennbar in freier Tonalität ist und nur mit einiger Konzentration und Aufnahmebereitschaft noch angehört werden kann: *Mouvement (– vor der Erstarrung)*.[607] Nicht Unverstand will die Verzerrung des ursprünglichen Tonmaterials dort provozieren, sondern sie will ganz im Gegenteil, dass die gesteigerte Aufmerksamkeit der Zuhörer diese in die Lage versetzt, klar ein eigenes Urteil zu formulieren. Auch in diesem Sinn ist das Jenseitige bei Améry zu verstehen, also nicht unbedingt Metaphysisches, sondern wahrhaft Moralisches. Wenn er, wie ein guter Existentialist, vom Leben gedrängt, dann über die eigene Erfahrung schrieb, so verband er seinen Namen mit dem Thema und stellte es in einer völlig originellen Konstellation dar. Er zeigte klare Orientierungspunkte, wahre Referenzen und bot auf diese Weise die sicherste Landkarte für die Irrfahrt eines Heimatlosen.[608] Wenn also von Folter die Rede ist, so denkt man fast notwendigerweise schon an ihn. So zum Beispiel auch gleich in der ersten Szene von Klügers bereits referiertem Buch *weiter leben*. Ihr zwar nicht in Breendonk aber in Buchenwald gefolterten Cousin wird von der Autorin explizit umbenannt, er solle nun gerade Hans heißen. Und Hans erzählt von seinen eigenen Qualen in allen Einzelheiten.[609] Darüber fängt Ruth Klüger – die wie W. G. Sebald auch lange statt mit ihrem Vornamen nur mit den Initialen ihre wissenschaftliche Arbeiten unterzeichnete, um so die möglichen Barrieren einer vorwiegend männlichen und voreingenommenen akademischen Welt zu umgehen[610]– an zu schreiben, das heißt, ihre eigene Geschichte fügt sich der von Hans hinzu, denn Hans sollte nicht mehr allein dastehen als Augenzeuge. Offensichtlich können solcherlei feine, von der Literatur gesponnene Fäden auch leicht irreführend sein. Man weiß nie genau, wer mit Hans gemeint ist. Doch der Sinn dieser offenen Kommunikation ist unbestritten klar und stark, es geht nämlich darum, die beklemmende Einsamkeit der Zeugen zu überbrücken. Wovon der Verlassene, der »Schiffbrüchige« in seiner Notsituation, dann Zeugnis ablegt, kann nicht viel mit dem strafrechtlichen Notstand zu tun haben, und schon gar nicht mit der strafrechtlichen Theorie samt ihren berühmten fiktiven, oft abgenutzten Beispielen. Das von ihr beliebte tabula in naufragio, das man in vielen Lehrbüchern finden kann, rettet bekanntlich niemanden, es liefert oft nur einen weiteren Unglücksfall und verrät die ewige Nostalgie nach dem römischen Recht. Es ist immer das gleiche alte Gedankenspiel. Nicht so allerdings bei Améry. Zwar aus anderen, viel persönlicheren Gründen als denen von Peter Weiss, doch nicht grundverschieden von ihm sieht er sich genötigt, mit seinen Essays auch eine Art *Ästhetik des Widerstands* zu schreiben. Sein Boot wäre also eher in einem Zuge zu nennen mit Galeeren und Sklavenschiffen, dem Floß der Medusa,[611] der Dunera, der Palhaço, der Canopus oder der Raul Soares, es gibt noch unzählige Schiffe, auf denen sich wahre Tragödien abspielten.[612] Améry spricht von Folter, wo kein Platz für Banalität ist,[613] von der wirklich unmenschlichen Verfassung der Opfer, also nicht unbedingt von der conditio humana – und insistiert somit auf der Widerlegung anderer berühmter Thesen von Hannah Arendt.[614] Er spricht auf seine eigene Art und Weise, er spricht vor allem von sich selbst, seiner höchstpersönlichen Erfahrung. So legt er sein beispielhaftes Zeugnis ab und macht es übertragbar:[615]

> Und plötzlich fühlte ich – *den ersten Schlag.*
>
> Es haben Schläge beim Verhör kriminologisch nur geringe Bedeutung. Sie sind eine stillschweigend praktizierte und akzeptierte, eine normale Repressalie gegen widerspenstige, geständnisunwillige Polizeihäftlinge. Wollen wir dem oben erwähnten Anwalt Alec Mellor und seinem Buch »La Torture« glauben, dann werden Prügel in mehr oder weniger starken Dosen von allen Polizeibehörden, auch denen der westlich-demokratischen Länder, mit Ausnahme Englands und Belgiens, angewandt. In Amerika spricht man vom »third degree«, dem dritten Grad eines Polizeiverhörs, bei dem es angeblich oft zu Schlimmerem kommen soll als zu ein paar Faustschlägen. Frankreich hat für die Polizeiprügel sogar ein nett verharmlosendes Argotwort gefunden: Man redet von der »passage à tabac« der Häftlinge. Noch nach dem zweiten Weltkrieg hat ein hoher französischer Kriminalbeamter in einem für seine Untergebenen bestimmten Buch mit großem Luxus an Einzelheiten dargelegt, wie auf physischen Zwang im »Rahmen der Legalität« bei den Einvernahmen nicht verzichtet werden könne.

Die Öffentlichkeit zeigt sich zumeist nicht zimperlich, wenn ihr dann und wann dergleichen Vorgänge in Polizeikomissariaten publizistisch enthüllt werden. Äußerstenfalls gibt es einmal eine Interpellation irgendeines linksgerichteten Abgeordneten im Parlament. Aber dann verlaufen die Geschichten im Sand; ich habe noch niemals gehört, dass ein prügelnder Polizeibeamter von seinen vorgesetzten Stellen nicht energisch gedeckt worden wäre. Bewirken also die simplen Schläge, die ja in der Tat ganz inkommensurabel sind mit der eigentlichen Tortur, fast nie weittragende Echowellen im Publikum, so sind sie doch für den, der sie erleidet, tief markierende Erlebnisse, um nicht die großen Worte jetzt schon zu verausgaben und klar zu sagen: Ungeheuerlichkeiten. Der erste Schlag bringt dem Inhaftierten zu Bewusstsein, dass er *hilflos* ist – und damit enthält er alles Spätere schon im Keime. Folter und Tod in der Zelle, wovon man gewusst haben mag, ohne dass freilich solches Wissen Lebensfarbe besessen hätte, werden beim ersten Schlag als reale Möglichkeiten, ja als Gewissheiten vorgespürt. Man darf mich mit der Faust ins Gesicht schlagen, fühlt in dumpfen Staunen das Opfer und schließt in ebenso dumpfen Gewissheit: Man wird mit mir anstellen, was man will. Draußen weiß niemand davon, und keiner steht für mich ein. Wer zu Hilfe eilen möchte, eine Ehefrau, eine Mutter, ein Bruder oder Freund, hier gelangt er nicht herein.

Es ist nur wenig ausgesagt, wenn irgendein Ungeprügelter die ethisch pathetische Feststellung trifft, dass mit dem ersten Schlag der Inhaftierte seine Menschenwürde verliere. Ich muss zugestehen, dass ich nicht genau weiß, was das ist: die Menschenwürde.[616]

So beschreibt Améry den Anfang einer möglichen Lektüre von dieser grausamen Erfahrung. Wie die Geschichte in der Tat begann, streng chronologisch gesehen, das ist eine eher zweitrangige Frage für die essayistische Logik des Textes. Mangels einer erkennbaren Tonalität wiederholt sich ein einziges Thema mehrmals auch innerhalb jedes Kapitels. Es gibt sozusagen keine Ruhelage. Wer die Essays von *Jenseits von Schuld und Sühne* liest, der wird stets von Neuem von dem Eindruck überfallen, wieder einmal in die gleiche thematische Spirale hineingerissen zu werden. Dann eröffnet sich plötzlich überraschend die Möglichkeit einer Mikrotonalität, »des kleinsten Übergangs«, inmitten des Textes.[617] —»Das muss nicht schon Tortur sein. Da genügt die Festnahme und allenfalls der erste Schlag, den man empfängt.«[618] Amérys Biographin Irene Heidelberger-Leonard nennt diese die »Urszene der Folter«.[619] Die Realität aller ungeheuerlichen Gewissheiten, die sich mit diesem ersten Schlag für den Inhaftierten bilden, ist, wie auf den folgenden Seiten des Buches folgt, nicht bloß Einbildung des Geistes, sondern das direkte Resultat einer von Gegenmenschen befohlenen Handlung. —»Ein schwacher Druck mit der werkzeugbewehrten Hand reicht aus, den anderen samt seinem Kopf, in dem vielleicht Kant und Hegel uns alle neun Symphonien und die Welt als Wille und Vorstellung aufbewahrt sind, zum schrill quäkenden Schlachtferkel zu machen.«[620] Wie es typisch für den SS-Staat war,[621] vollzieht sich diese Peinigungsszene »im metallischen Glanz« der Menschenverachtung. Verglichen mit den zahlreichen malerischen Kreuzigungsdarstellungen, die wohl zu Recht noch heute geschätzt werden, scheinen die Mittel der Sprache nun völlig zu versagen. Auch eine Objektsprache, die an ihre Grenzen stößt, bricht offensichtlich durch:

> Will ich endlich zur Analyse der Tortur kommen, dann kann ich dem Leser leider die sachliche Beschreibungen dessen, was sich nun ereignete, nicht ersparen, kann nur versuchen, es knapp zu machen. Im Bunker hing von der Gewölbedecke eine oben in einer Rolle laufende Kette, die am unteren Ende einen starken, geschwungenen Eisenhaken trug. Man führte mich an das Gerät. Der Haken griff in die Fessel, die hinter meinem Rücken meine Hände zusammenhielt. Dann zog man die Kette mit mir auf, bis ich etwa einen Meter hoch über dem Boden hing. Man kann sich in solcher Stellung oder solcher Hängung an den hinterm Rücken gefesselten Händen eine sehr kurze Weile mit Muskelkraft in der Halbschräge halten. Man wird, während dieser wenigen Minuten, wenn man bereits die äußerste Kraft verausgabt, wenn schon der Schweiß auf Stirn und Lippen steht und der Atem keucht, keine Fragen beantworten. Komplizen? Adressen? Treffpunkte? Das vernimmt man kaum. Das in einem einzigen, engbegrenzten Körperbereich, nämlich in den Schultergelenken, gesammelte Leben reagiert nicht, denn es erschöpft sich ganz und gar im Kraftaufwand. Nur kann dieser auch bei physisch kräftig konstituierten Leuten nicht lange währen. Was mich betrifft, so musste ich ziemlich schnell aufgeben. Und nun gab es ein von meinem Körper bis zu dieser Stunde nicht vergessenes Krachen und Splittern in den Schultern. Die Kugeln sprangen aus den Pfannen. Das eigene Körpergewicht bewirkte Luxation, ich fiel ins Leere und hing nun an den ausgerenkten, von hinten hochgerissenen und über dem Kopf nunmehr verdreht geschlossenen Armen. Tortur, vom lateinischen torquere, verrenken: Welch ein etymologischer Anschauungsunterricht! Dazu prasselten die Hiebe mit dem Ochsenziemer auf meinen Körper, und mancher von ihnen schnitt glatt die dünne Sommerhose durch, die ich an diesem 23. Juli 1943 trug.
>
> Es wäre ohne alle Vernunft, hier die mir zugefügten Schmerzen beschreiben zu wollen. War es »wie ein glühendes Eisen in meinen Schultern«, und war dieses »wie ein mir in den Hinterkopf gestoßener stumpfer Holzpfahl?« – ein Vergleichsbild würde nur für das andere stehen, und am Ende wären wir reihum genasführt im hoffnungslosen Karussell der Gleichnisrede. Der Schmerz war, der er war. Darüber hinaus ist nichts zu sagen. Gefühlsqualitäten sind so unvergleichbar wie unbeschreibbar. Sie markieren die Grenze sprachlichen Mitteilungsvermögens. Wer seinen Körperschmerz mit-teilen wollte, wäre darauf gestellt, ihn zuzufügen und damit selbst zum Folterknecht zu werden.[622]

Zeugnis abzulegen ist ein aktives Tun, grundverschieden etwa von einer Restauration der erlebten Situation oder gar einer Reaktion zu ihr; nach traditionell soziologischer Ansicht also eher eine Handlung als ein Verhalten. Dafür ist ein zumindest einigermaßen solides Bewusstsein vonnöten. Ebenso wenig wie das

Reden von Auschwitz automatisch eine Reproduktion der Barbarei impliziert, so ist es durchaus möglich, Folter detailliert und realistisch zu beschreiben. Das tut Améry, und zwar in Form eines Protokollsatzes: —»Dort geschah es mir: die Tortur.«[623] Dann sucht er die ersten richtigen Worte zur Einordnung: —»Die Tortur ist das fürchterlichste Ereignis, das ein Mensch in sich bewahren kann.«[624] Die Entscheidungen, die der Schreibende nun im Hinblick auf die darzustellende Erfahrung fällen muss, machen den ästhetischen und den moralischen Moment kaum differenzierbar in der Beschreibung[625]– man sieht sie beide nebeneinander, oder besser, nacheinander, in einer ununterbrochenen Dynamik. Zusammengelesen beschreiben sie eine zwar kontinuierliche, doch sehr inkonstante Bewegung. Nicht so sehr eine Erklärung als vielmehr ein deutliches Beispiel für dieses Hin und Her:

> Dabei aber war es durchaus nicht so, dass ich ihnen das heldenhaft verpresste Schweigen entgegengesetzt hätte, das dem Manne in solcher Lage zukommt und von dem man liest (beiläufig: fast immer in Aufzeichnungen von Leuten, die nicht selbst dabei waren). Ich sprach. Ich bezichtigte mich erfundener phantastischer Staatsverbrechen, von denen ich heute noch nicht weiß, wie sie mir baumelndem Bündel überhaupt haben einfallen können. In mir war offenbar die Hoffnung, ein wohlgezielter Schlag über den Schädel würde nach solch belastenden Geständnissen dem Elend ein Ende machen und mich schnell hinüberbefördern in den Tod, zumindest aber in Bewusstlosigkeit. Bewusstlos wurde ich schließlich wirklich – und damit war es für einmal zu Ende, denn die Büttel verzichteten darauf, den Zusammengeschlagenen wieder zu erwecken, da doch der Unsinn, denn ich ihnen aufgebunden hatte, ihre blöden Hirne beschäftigte.
>
> Es war für einmal vorbei. Es ist noch immer nicht vorbei. Ich baumele noch immer, zweiundzwanzig Jahre danach, an ausgerenkten Armen über dem Boden, keuche und bezichtige mich. Da gibt es kein »Verdrängen«.[626]

Die Erfahrung der Folter kehrt wieder und immer wieder, gegen den eigenen Willen. Und dies wird immer schwerer zu ertragen und nach und nach ununterscheidbarer von dem natürlichen Verfall des Körpers beim Altern.[627] Es gibt keinen Normalzustand, in dem die Folter existiert, weder in der Vergangenheit noch in der Gegenwart. Améry beschreibt es erneut und verweigert sich nach wie vor entschieden jedem angeblich heldenhaften Akt, dem unsinnig zu erwartenden Schweigens, sondern spricht von sich als dem bis zu Ende manipulierten Objekt. Nicht nur um der Unmöglichkeit dieser Erwartung willen, sondern auch, weil das Schweigen zu dieser Stunde, in dieser Sekunde, nämlich das typische Verhalten des Kollaborateurs ist.[628] Améry schreibt also ganz nüchtern, sodass man nachlesen kann und verstehen muss, was ihm tatsächlich geschah, was man ihm antat. Die Passage zeigt deutlich, wie die Grenzen des Geistes überschritten werden in der Folter. Der Geist ist aufgezehrt, man macht ihn zum Objekt, denn nur der Körper übersteht die Folter. —»An diesem Punkt gibt es keine Abstraktion mehr und niemals eine der Realität sich auch nur annähernde Einbildungskraft.«[629] Aus der Sicht des Zusammengeschlagenen, wäre – sofern er noch imstande wäre Stand zu begreifen, etwas zu sehen – unweigerlich festzustellen: der Geist ist tot. —»Wer nämlich in der Folter vom Schmerz überwältigt wird, erfährt seinen Körper wie nie zuvor. Sein Fleisch realisiert sich total in der Selbstnegation.« Die »ungehemmte Selbstexpansion« ist dagegen Sache der Folterer.[630] In der Tortur tritt der deutsche Nationalsozialismus ganz in Erscheinung, sie präsentiert und verwirklicht das, was ihn ausmacht. Sie war, so Améry, seine Apotheose.

> Ich muss begründen, warum meiner festen Überzeugung nach die Folter die Essenz des Nationalsozialismus war, genauer gesagt: warum gerade in ihr sich das Dritte Reich in seiner ganzen Bestandsdichte verwirklichte. Dass auch anderswo gefoltert wurde und wird, davon wurde schon gehandelt. Gewiss. Vietnam seit 1964. Algerien 1957. Russland wahrscheinlich zwischen 1919 und 1953. Gefoltert haben 1919 in Ungarn die Weißen und die Roten, gefoltert wurde in spanischen Gefängnissen von Francisten wie von Republikanern. Folterknechte waren am Werk in den halbfaschistischen osteuropäischen Staaten der Zwischenkriegszeit, in Polen, Rumänien, Jugoslawien. Die Folter war keine Erfindung des deutschen Nationalsozialismus. Aber sie war seine Apotheose. Der Hitlergefolgsmann gelangte noch nicht zu seiner vollen Identität, wenn er nur flink war wie ein Wiesel, zäh wie Leder, hart wie Kruppstahl. Kein goldenes Parteiabzeichen machte ihn zum vollgültigen Repräsentanten seines Führers und seiner Ideologie, kein Blutorden und kein Ritterkreuz. Er musste *foltern*, vernichten um »groß zu sein im Ertragen von Leiden anderer«. Folterwerkzeug musste er handhaben können, dass Himmler ihm das geschichtliche Maturitätszeugnis ausstelle, es würden spätere Generationen ihn bewundern um seiner Austilgung der eigenen Barmherzigkeit willen.[631]

Man weißt, wie sehr der blinde Wunsch nach Herrschaft zur Dialektik des Knechts gehört. Doch diese Logik hat keinen Bestand mehr. Nicht für Améry. »Der Tod des Geistes aber ist ein Synonym für den Tod schlechthin«, erklärt Heidelberger-Leonard. »Man halte fest: Amérys Lebensgeschichte, seine ›autobiographische Trilogie‹ setzt ein mit der Geschichte eines Todes, oder zumindest des Todes, für den er vorbestimmt war. Er wird sich des Euphemismus bewusst gewesen sein, wollte selbst die Entgrenzung, zumindest sprachlich, nicht bis zur Auslöschung treiben, steht doch die Totalität seines nachfolgenden Werks im Zeichen der Wiederbelebung des Geistes. Der Geist, ›das Wort‹, wie Kraus es nennt, vielleicht ist es ›an der Grenze‹ wirklich nur ›entschlafen‹, vielleicht handelt es sich ja nur um einen Scheintod.«[632] Es ist tatsächlich erstaunlich, dass der Körper alles überstanden hat und sich nun dessen bewusst wird. Die Tortur ist die letzte Erinnerung des Geistes – die ultima ratio ist zugleich seine erste Erfahrung. Das Denken fußt also auf diesem ständigen Erstaunen, das heißt, auch es wird nicht mehr frei von den gebliebenen Schmerzen. Schwer ist hier die Unterscheidungen zu sehen, doch die nuancierten Beschreibungen Amérys kümmern sich eben darum, diese Grenzen deutlich zu machen. Wieder einmal liest man die erste Szene wie neu:

> Mit dem ersten Schlag aber bricht dieses Weltvertrauen zusammen. Der andere, *gegen* den ich physisch in der Welt bin und *mit* dem ich nur solange sein kann, wie er meine Hautoberfläche als Grenze nicht tangiert, zwingt mir mit dem Schlag seine eigene Körperlichkeit auf. Er ist an mir und vernichtet mich damit. Es ist wie eine Vergewaltigung, ein Sexualakt ohne das Einverständnis des einen der beiden Partner. Freilich, sofern eine auch nur minimale Aussicht auf erfolgreiche Gegenwehr besteht, kommt ein Mechanismus in Bewegung, in dessen Verlauf ich die Grenzverletzung durch den anderen begradigen kann. Ich expandiere mich in der Not-Wehr meinerseits, objektiviere meine eigene Körperlichkeit, stelle das Vertrauen in meinen Weiterbestand wieder her. Der Sozialkontrakt hat dann einen anderen Text und andere Klauseln: Aug um Auge, Zahn um Zahn. Man kann auch danach sein Leben einrichten. Man kann es *nicht*, wo der andere den Zahn ausschlägt, das Auge in der Schwellung versenkt und man selbst den Gegenmenschen, zu dem der Mitmensch wurde, wehrlos an sich erleidet. Es wird schließlich die körperliche Überwältigung durch den anderen dann vollends ein existentieller Vernichtungsvollzug, wenn keine Hilfe zu erwarten ist.[633]

Es gilt also auch zu brechen mit der Gleichung: —»Körper = Schmerz = Tod«.[634] Die vollständige Verfleischung des Menschen in der Tortur wird teilweise in dem Maß bewältigt, indem man über sie spricht und diese Erfahrung auf verständliche Weise artikuliert.[635] Im selbstgehassten Körper des Überwältigten, aus dem in den ersten Momenten nur Schmerz zu entstehen scheint, versteckt sich jenseits jener synthetischen Verurteilung zum Tod immer noch das letzte Reservoir von Widerstandskraft – Moral und Recht. Man könnte hier etwa eine Parallele ziehen zu Adornos kritischem, ja negativem Naturrecht,[636] einem an sich nicht weniger widerspruchsvollen Begriff als dem der Idee einer Naturgeschichte; doch Améry weiß ganz konkret, wovon er spricht:

> Ich verstand, wenn auch undeutlich, dass ich zwar den Urteilsspruch als einen solchen akzeptieren müsse, aber die Welt erzwingen könne, ihn zu revidieren. Ich nahm das Werturteil an, mit dem Entschluss, es in der Revolte zu überwinden.
>
> Revolte, freilich, das ist auch so ein Donnerwort. Es könnte glauben machen, ich sei ein Held gewesen oder wolle mich fälschlich als einen solchen präsentieren. Ich war nichts weniger als ein Held. Wenn die kleinen grauen Volkswagen mit dem Nummernschild POL meinen Weg kreuzten, erst in Wien, dann in Brüssel, verschlug es mir den Atem vor Angst. Wenn der Kapo ausholte zum Schlag, blieb ich nicht stehen, ein Fels, sondern duckte mich. Und doch. Ich habe versucht, den Prozess zur Wiedererlangung meiner Würde einzuleiten, und das hat mir jenseits des physischen Überlebens eine Minimalchance eröffnet, das Ungeheure auch moralisch zu überste-

hen. Viel habe ich nicht vorzubringen zu meinen Gunsten, doch sei es notiert. Ich nahm es auf mich, Jude zu sein, wiewohl es gewisse Möglichkeiten zu einem Arrangement gegeben hätte. Ich ging den Pakt ein mit einer Widerstandsbewegung, deren realpolitische Aussichten sehr gering waren. Auch habe ich am Ende wiedererlernt, was ich und meinesgleichen oft vergessen hatte und worauf es mehr ankam als auf moralische Widerstandskraft: zurückzuschlagen.

Ich sehe vor mir den Häftlingsvorarbeiter Juszek, einen polnischen Berufsverbrecher von schreckenerregender Rüstigkeit. Der schlug mich einmal in Auschwitz einer Bagatelle wegen ins Gesicht, so war er es gewohnt zu verfahren mit allen Juden, die seinem Kommando unterstanden. In diesem Augenblick, ich fühlte es mit durchdringender Schärfe, was es an mir, einen Schritt weiterzugehen in meinem langandauernden Berufungsprozess gegen die Gesellschaft. Ich schlug in offener Revolte den Vorarbeiter Juszek meinerseits ins Gesicht: meine Würde saß als Faustschlag an seinem Kiefer – und dass dann am Ende ich, der körperlich viel Schwächere, es war, der unterlag und heillose Prügel bekam, hatte keine Bedeutung mehr. Ich war, schmerzhaft verprügelt, mit mir zufrieden. Aber nicht etwa wegen des Mutes und der Ehre, nur weil ich gut begriffen hatte, dass es Lebenslagen gibt, in denen der Körper unser ganzes Ich und unser ganzes Schicksal ist. Ich war mein Körper und nichts sonst: im Hunger, im Schlag, den ich erlitt, im Schlag, den ich zufügte. Mein Körper, ausgemergelt und schmutzverkrustet, war meine Misere. Mein Körper, wenn er sich zum Hieb anspannte, war meine physisch-metaphysische Würde. Die körperliche Gewalttätigkeit ist in Situationen wie der meinigen das einzige Mittel zur Wiederherstellung einer dislozierten Persönlichkeit. Ich war ich als ein Schlag – für mich selbst und für den Gegner. Was ich später in dem Buche von Franz Fanon »Les damnés de la terre« in einer Analyse des Verhaltens der Kolonialvölker theoretisch ausgeführt gelesen hatte, nahm ich damals vorweg, als ich meine Würde sozial durch einen Faustschlag in ein Menschenantlitz verwirklichte. Jude sein, das war Annahme des Todesurteils durch die Welt als eben eines Welturteils, vor dem Flucht in die Innerlichkeit nur Schmach gewesen wäre, zugleich aber der physische Aufruhr dagegen. Ich wurde Mensch, nicht indem ich mich innerlich auf mein abstraktes Menschentum berief, sondern indem ich mich in der gegebenen gesellschaftlichen Wirklichkeit als revoltierender Jude auffand und ganz realisierte.

Der Prozess, sagte ich, ging und geht weiter. Er ist zur Stunde für mich weder gewonnen noch verloren. Es gab nach dem Zusammenbruch des nationalsozialistischen Reiches eine knappe Weltstunde, in der ich glauben durfte, alles sei von Grund auf verwandelt.[637]

Die Theorie der Gegengewalt ist hier ebenso wichtig wie bei Klüger, man darf dabei aber nicht die einzigartige geistige Anstrengung übersehen, die hinter diesem so beschriebenen Akt vonnöten war. Die Sprache, die ihm zur Verfügung stand, war also nicht weniger zerbrochen als die Heimatvorstellungen, von denen sich Hans Mayer auf einmal beraubt gesehen hatte. —»Ich war ein Mensch, der nicht mehr ›wir‹ sagen konnte und darum nur noch gewohnheitsmäßig, aber nicht im Gefühl vollen Selbstbesitzes ›ich‹ sagte.«[638] Der essayistische Charakter bei Jean Améry liegt also nicht zuletzt in der wohl bedachten Artikulation dieses überschüssigen Sprachungutes, das es nun zum wahrhaft Menschlichen, zum wahren Subjekt zu rekonstruieren gilt.[639] Er ist als Moralist also auch direkter Nachfolger Montaignes in dem Sinn,[640] dass er einen möglichst sicheren Zufluchtsort für den Verstand in der Sprache zu gewinnen versuchte.[641] Einmal widerlegt, musste nun der cogito-Satz wieder gewonnen werden. —»Man muss Heimat haben, um sie nicht nötig zu haben, so wie man im Denken das Feld formaler Logik besitzen muss, um darüber hinauszuschreiten in fruchtbarere Gebiete des Geistes.« Améry fand außer seinen Schriften im Leben bekanntlich keine Heimat mehr und kam schließlich zurück in seinen Geburtsort Wien, um seinen Weg ins Freie zu beschreiten, in den Freitod. Doch bis zu diesem letzten Schritt bestritt er diesen Prozess mit Verstand und Aufrichtigkeit (in *Hand an sich legen* wird er zugespitzt oder noch »enggeführt«)[642]– daher soll er hier noch weiter verfolgt werden. »Der Essay«, so Adorno über diese Form, die Améry in unerreichter Perfektion beherrschte, »fordert das Ideal der clara et distincta perceptio und der zweifelsfreien Gewissheit sanft heraus.«[643] So gesehen wird man kaum bezweifeln, dass Amérys eigene Revolte sehr gelungen ist. Mit der von ihm sicher nicht weniger ersehnten Revolution muss man aber vorsichtiger sein. Revolte und Revolution haben bestimmt viel gemeinsam, fallen allerdings nicht unmittelbar zusammen. Zwar enthält *Jenseits von Schuld und Sühne* die längere Erzählung eines Menschen aus dem »Lumpenproletariat« im Lager, der gerade deswegen darauf bestehen muss, Zeugnis seiner schlimmsten Erfahrung abzulegen.[644] Es liegt also kein Widerspruch darin, sondern eher der moralische Abdruck dieser persönlichen Wandlung, wenn Améry sich letztendlich nur auf das eigene Denken stützen konnte. Innerhalb der Gesamtkonstruktion des Buches – die distanzierte dritte Person des ersten Kapitels steht deutlich im Kontrast zu dem spontaneren und zugleich problematischen Ich, das in den nächsten Teilen immer öfter im Text auftaucht – zeigen solche vorsichtigen Veränderungen in der Stimmführung aber, wie unstet dieser Prozesses in der Tat war, wie die Revolte sich von Anfang an keinesfalls des Sieges sicher sein konnte. Mit der Zwölftonkomposition *Ein Überlebender aus Warschau* von 1947 hatte Schönberg wohl gezeigt, dass der Gleichschritt nicht zu halten war: der Takt wird plötzlich unregelmäßig, das Tempo beschleunigt sich, das Apotheotische am Finale hat offensichtlich etwas Trügerisches an sich.[645] In diesem Sinne machte auch Améry deutlich, dass es unmöglich geworden war, sich jeglicher Art des Abstrakten einfach unterzuordnen.[646] Nicht zufällig kam er gerade auf das Marschbild zurück, wenn es ihm nämlich darum ging, sich radikal von seinem größten intellektuellen Vorbild Sartre zu unterscheiden.[647] Betont wird dabei stets das Neinsagen, der »Refus« einer trügerischen Harmonie. Trotz aller gewollten sprachlichen Verwandtschaft, die zur Verständlichkeit des Erzählten wohl beiträgt, entziehen sich Amérys Begriffe wie der von Revolte jeder marxistischen Reduktion.[648] Der unqualifizierte Arbeiter des Vernichtungslagers war ganz deutlich weder Knecht noch Herr.[649] Und erst seine Revolte führt dazu, dass er sich als Mensch hervortut. Man könnte ja einräumen, dass Marx auch den einzelnen Menschen vor Augen hatte, zum Beispiel als er über den Zirkulationsprozess schrieb. Im Schatten der kapitalistischen Akkumulation, so sieht man später bei Marx, eröffnet sich eine leise, kaum wahrnehmbare Möglichkeit für das versklavt Menschliche.[650] Die Erlangung der menschlichen Würde wird aber so sehr in die Ferne geschoben wie die Überwindung des kapitalistischen Produktionsprozesses selbst. Der anerkannte wissenschaftliche Charakter der Marx'schen Philosophie fußt eben auf ihrer schrankenlosen Akzeptanz der Sprache und den Gesetzen der Nationalökonomie.[651] Darum können die Wirklichkeitsbegriffe von Marx und Améry nicht einfach gelichgesetzt werden:[652] — »dass Auschwitz nichts mit Kapitalismus oder irgendeiner beliebigen Wirtschaftsform zu tun hatte«.[653] Die Opferperspektive sieht in der Tat keinen Anlass, irgendwelche SS-Logik zu akzeptieren. Von Akzeptanz kann also nicht ohne Vorbehalt die Rede sein, von Resignation spricht Améry viel später in *Über das Altern*. Doch jene anfängliche Revolte nach innen, die der Überwältigte zusammen mit den Schmerzen zu spüren gezwungen ist, wird erst mit seinen unaufhaltsamen Bewältigungsversuchen aufgehoben, mit »Ressentiments« wie Améry es nicht besser sagen könnte. Ressentiments sind nicht nur ein wahres Indiz fürs konkret Menschliche, sie zielen über jeden Konsensanspruch der Sprache hinaus. Sie sind nicht aufzulösen. »Der Essay nun bewahrt«, so wieder einmal Adorno an oben angegebenem Ort, »gerade in der Autonomie der Darstellung, durch die er von wissenschaftlicher Mitteilung sich unterscheidet, Spuren des Kommunikativen, deren jene enträt.«[654] Die schwere Kraft der Ressentiments bleibt also stärker im individuellen Leid verankert.[655] Im Vorwort zu einer Neuauflage von *Jenseits von Schuld und Sühne* bestätigt Améry die Aktualität seines Textes umso radikaler mit der eigenen Fragestellung:[656]

> Zwischen der Niederschrift dieses Buches und heute liegen mehr als dreizehn Jahre; es waren keine guten. Man braucht nur den Berichten von Amnesty International zu folgen, um gewahr zu werden, dass es diese Zeitstrecke an Schrecknissen aufnimmt mit den schlimmsten Epochen einer Geschichte, die ebenso wirklich ist wie widervernünftig. Manchmal hat es den Anschein, es habe Hitler einen postumen Triumph errungen. Invasionen, Aggressionen, Folter, Zerstörung des Menschen in seiner Essenz. Signale genügen. Tschechoslowakei 1968, Chile, Pnom-Penhs Zwangsevakuieung, die Spinnhäuser der UdSSR, die Mordkommandos in Brasilien und Argentinien, die Selbstdemaskierung »sozialistisch« sich nennender Staatsgebilde der Dritten Welt, Äthiopien, Uganda. Was soll da noch mein Versuch nachzudenken über die

> conditio inhumana der Opfer des Dritten Reichs? Ist nicht alles überholt? Oder wäre nicht zumindest Überarbeitung meines Textes geboten?[657]

Das Geschehene wirklich ungeschehen zu machen, so gerechtfertigt der Wunsch auch sei, ist eine Illusion, deren krankhafte Erscheinung nicht ganz zu unterscheiden sein dürfte von jener der simplen Verleugnung. Das Zeitgefühl des im Ressentiment Gefangenen ist also verdreht, ja ver-rückt; es wird aufgehoben: — »So sei es denn angegangen: ohne Takt, mit gerade jenen Schriftstellermanieren, die meine Anstrengung um Aufrichtigkeit und das Thema selbst mir aufzwingen.«[658] Und der Prozess bleibt offen, nicht nur deswegen, weil sich die nicht einmal mit Selbstmitleid zu lockenden Ressentiments auf einer noch gut nachvollziehbaren Differenz gründen: der zwischen Tätern und Opfern. Wachsam ist eben diese Differenz zu halten, sie ist die Möglichkeit einer dissonanten Stimme.[659] Darum ist auch folgende Bezeugung des Erzähler von *Lefeu oder Der Abbruch* seines Glaubens an die Reinheit der Rechtssprache sehr ernst gemeint:

> Die Sprache der Juristen ist denn, soferne es beim Sprechen auf Kommunikation ankommt, die Menschensprache schlechthin, wie ärgerlich eine solche Behauptung aufs erste Anhören hin auch klinge, wie ›unmenschlich‹ gerade das forensische Glossarium sich ausnehme. Es liegt diese Unmenschlichkeit, des wird man bei genauer Analyse sofort gewahr, nicht in der Sprache, sondern in dem *Zwang*, den sie gerade infolge ihrer quasi-Eindeutigkeit ausübt [...]. Seine Floskeln klappern, weil sie durch die Mühle der sozialen Kämpfe gedreht wurden und sich darum als Sprachtrümmer anhören. In Wahrheit aber sind sie, an der Wirklichkeit haftend, diese niemals auflösend in vieldeutiges Geräusch, die ernste, einmal feindselige, ein andermal tröstliche Grenze gegen das Geplapper. Die Rechtssprache ist ihrem Wesen nach neutral – und wo sie es nicht ist, spiegelt sie nur die Parteilichkeit der Rechtsprechenden wider. So ist sie indifferent auch angesichts der Neigung zum Verfall.[660]

Wenn die Rechtssprache also neutral ist, dann sagt sie viel über die jüngste Geschichte der Bundesrepublik Deutschland. Denn 1974, im Jahr der Veröffentlichung von Amérys Roman-Essay, leitete die deutsche Staatsanwaltschaft Ermittlungen gegen den Autor ein, und zwar weil er sich bei seinem Auftritt im Internationalen Frühschoppen des westdeutschen Rundfunks der populistisch herausgepressten Aussage verweigert und vor aller Öffentlichkeit für die Hungerstreikenden im Gefängnis sein —»Nicht aufgeben!« wiederholt hatte.[661] Doch geht der Prozess weiter, an dem Améry bis an sein Lebensende arbeitete. Das von ihm wohl intendierte *Wir*[662] ist längst noch nicht greifbar, zumindest nicht, solange noch Entmenschlichung in der Welt herrscht. Viele Konflikte sind ungelöst, es geht darum, so Amérys Gebot, sie stets im Wirkungsfeld der geschichtlichen Praxis auszutragen.[663] Nicht von Rache ist die Rede, —»Meine Ressentiments aber sind da, damit das Verbrechen moralischer Realität werde für den Verbrecher, damit er hineingerissen sei in die Wahrheit seiner Untat.«[664] Man ist ebenso jenseits der Gerechtigkeit wie jenseits der Justiz:

> Die Sache der Gerechtigkeit wurde von ehrenhaften Deutschen in unserem Namen geführt, besser, nachdrücklicher, auch vernunftvoller, als wir selbst es zu tun vermöchten. Mir aber geht es gar nicht um eine in diesem geschichtlichen Einzelfall ohnehin nur hypothetische Gerechtigkeit. Was mir anliegt, das ist die Beschreibung der subjektiven Verfassung des Opfers. Was ich beitragen kann, ist die aus Introspektion gewonnene Analyse der Ressentiments. Was ich mir aufgebe, ist die Justifizierung eines gleichermaßen von Moralisten wie Psychologen abgeurteilten seelischen Befindens: jenen gilt es als Makel, diesen als eine Art Krankheit. Ich muss mich zu ihm bekennen, den sozialen Makel tragen und die Krankheit als integrierenden Teil meiner Persönlichkeit erst auf mich nehmen, dann legitimieren. Es ist ein denkbar undankbares Bekenntnisgeschäft, und es unterwirft zudem meine Leser einer Geduldsprobe.
>
> Die Ressentiments als existentielle Dominante von meinesgleichen sind das Ergebnis einer langen persönlichen und historischen Entwicklung.[665]

Nach der anfangs vorgeschlagenen Ordnung soll die vorliegende Arbeit nun mit der deutschen Strafrechtswissenschaft schließen. Ein Interview von 2009 für die Tagespresse mit dem Vizepräsidenten des deutschen Bundesverfassungsgerichts, einem der hervorragendsten Vertreter der deutschen Strafrechtswissenschaft, soll dazu näher beleuchtet werden. Dass es zugleich die wichtigsten hier behandelten Themen mehr oder weniger überdeckt, ist eher eine methodische Folge als ein Werk des Zufalls. Nicht infrage steht die laute Verteidigung des Rechtsstaats, man erwartet auch nichts anderes von Winfried Hassemer. Sammelbände wie *Strafen im Rechtsstaat* und *Freiheitliches Strafrecht* gelten unbestritten als solide Dokumente eines lebenslangen Kompromisses im Hinblick auf die Ideale des Liberalismus.[666] Klar ist zugleich, dass die Hauptprobleme der Strafrechtswissenschaft, zumindest diejenigen, die ein eher breites Interesse der Öffentlichkeit provozieren mögen, sehr gut reduzierbar sind auf eine Handvoll Kernstreitigkeiten – am Ende steht man immer noch vor der ultima ratio. Das Interview nennt sie nur eindeutig, spitzt sie zu. »Man kann sich mit Monsterfällen den politischen Blick für eine gute Regelung trüben. Das Ticking-Bomb-Szenario diskutiert man in der Wissenschaft, und mit Recht. Aber als möglicher Fall eines Gesetzes ist es absurd. Dann können wir nämlich gleich alles zumachen und uns ins Bett legen oder am besten gleich ins Grab.«[667] Als Strafrechtswissenschaftler beschäftigte man sich also gern mit dem Thema, macht sich das Szenario zu eigen und ahnt bereits, worum es gehen würde.[668] Das Drehbuch kennt man bereits, es ist mindestens ein Jahrzehnt alt. So kommt das Beispiel des Feindstrafrechts wieder zur Sprache: »In der Tat muss man bei der Sicherungsverwahrung an das Feindstrafrecht denken. Man muss die Sicherungsverwahrung auch unter diesem Topos immer im Auge haben. Aber eine Überzeugung darf nicht sein: Es gebe keine Menschen, die nicht resozialisierbar seien; und diese Menschen dürften wir deshalb aufgeben, einfach ›wegsperren‹. Denn das wäre ein Angriff auf die Menschenwürde. Man muss auch bei der Sicherungsverwahrung offen sein für Zukunft. Man muss die Möglichkeit der Entlassung vorsehen und prüfen, was in der Zwischenzeit mit diesem Menschen passiert ist. Für die Sicherungsverwahrung gilt das, was das Bundesverfassungsgericht zur lebenslangen Freiheitsstrafe gesagt hat. Der Mensch muss eine Perspektive haben. Eine Perspektive von Freiheit.«[669] Dies klingt sehr schön, also ganz im Rahmen des rechtsstaatlichen Diskurses, doch der Wissenschaftler ist hier auch der Richter, der mit seinem Gericht eben der freiheitlichen Perspektive zuwider entschied – so das Urteil der European Court of Human Rights noch am Ende jenes Jahres über die Entscheidung des deutschen Bundesverfassungsgerichts im Fall von nachträglicher Sicherungsverwahrung.[670] Im Interview bleibt dieses Detail außen vor, das Ticking-Bomb-Szenario der Strafrechtswissenschaft gewinnt eindeutig die Oberhand und wird dann näher beschrieben: »Aber es gibt für das Folterproblem eine schneidende und klare Idee von Jan Philipp Reemtsma. Der hat gesagt: Wie lässt sich denn Folter im Rechtsstaat vorstellen? Antwort: Wir brauchen eine Bundesfolterordnung, die alles genau regelt. Sonst wäre es ja nicht rechtsstaatlich. Wir brauchen für jeden körperlichen Eingriff eine gesetzliche Grundlage. Und diese gesetzliche Grundlage muss dann natürlich sagen: Ja, wenn es um das Leben eines Kindes geht, darf der linke Finger abgeschlagen werden …«[671] Über diese Seite des Feindstrafrechts will man also nicht ganz ernst reden, obwohl das Thema Konjunktur hat, eben brisant sein kann: »Ich glaube nun, dass diese Debatte um das Feindstrafrecht keineswegs zufällig ist. Sie nimmt die Tendenz auf, die wir ohnehin schon haben. Übrigens stößt sie international auf große Resonanz. Das merken Sie, wenn Sie nach Lateinamerika kommen.«[672] Denn dort funktioniert die Folter nicht als simple Ironie, sondern sie entspricht einer lebendigen Wirklichkeit,[673] oft auch mithilfe deutscher theoretischen Raffinesse.

Eine gewisse Anschlussfähigkeit ist dem strafrechtswissenschaftlichen Diskurs jedenfalls anzuerkennen, er bedient sich womöglich jedes freien Raumes zur Gestaltung der eigenen Vorstellungen und versucht sich anderen Realitäten anzupassen. Dahinter steht aber die gleiche Frage *Vom unmöglichen Zustand des Strafrechts*, und man kann mit seiner Möglichkeit mehr oder minder willkürlich spielen. Die Übung ist sicher wissenschaftlich, aber oft auch ästhetisch. Die Strafrechtswissenschaft folgt Tendenzen, die schon von ihrem Begriff durchgesetzt werden. So täuschend können also etwa nach Cornelius Prittwitz in der Praxis die Beschränkungspostulate des deutschen fragmentarischen, subsidiären, immer profitorientierten Strafrechts sein.[674] Zu diesem Schluss kam er übrigens kurz nach einer scharfsinnigen Forschung, die ausführlich nachweist, wie die Kategorie des Risikos, eines in der Soziologie selbst so unsicheren Begriffs, letztlich nicht ohne das Strafrecht zu denken ist, weder ohne seine reine Dogmatik noch ohne die praktische Kriminalpolitik.[675] Die Untersuchung lässt sich gut lesen als eine Diagnose der Strafrechtswissenschaft im Zeitalter des Neoliberalismus. Selbstverständlich gilt nicht alles unbestritten in dem Ansatz einer heutzutage beinahe veralteten *Risikogesellschaft*. Die Diskussion in der Soziologie reicht zum Beispiel weit in die Sechzigerjahre zurück. Adornos Vortrag *Spätkapitalismus oder Industriegesellschaft?* (1968) ist[676] so gesehen nur ein Vorläufer der späteren Polemik um die Charakterisierung eines neuen Modells, so wie es Ulrich Beck erst 1986 suggerierte.[677] Es wird ihm nun unter anderem vorgeworfen, einen nicht haltbaren Begriffsfetischismus zu betreiben,[678] die wirklichen Schwierigkeiten, denen nur eine wahre Praxis angemessen zu antworten vermöge, mit einem neologistischen Trick nur aus dem Vordergrund zu schieben. Sie seien noch kaum zu vernehmen, würden dadurch keineswegs abgeschafft. Man verstehe die These eher aus ihrem reformistischen Impuls. »Ihre *Praxisbezüge* sucht die Theorie der Risikogesellschaft in bestimmten sozialen Prozessen, Bewegungen und Aktionen: ›Gegengifte‹ könnten [...] in einer Art positiven Dialektik der Aufklärung durch den Sicherheiten ab- und Risiken aufbauenden Prozess der industriegesellschaftlichen Modernisierung selbst wirksam werden.«[679] Aus der strafrechtswissenschaftlichen Sicht scheint das Urteil von Prittwitz nicht grundverschieden zu sein: das Begriffsinstrumentarium ließe sich undifferenziert sowohl nach rechts wie auch nach links populistisch steuern.[680] So äußert sich neuerdings Beck in *Schöne neue Arbeitswelt* dazu, worum es ihm in erster Linie geht: »Konkret stellt sich damit die Frage: Wie wird eine postnationale und zugleich politische Bürgergesellschaft in Europa möglich?«[681] Am Ende erklärt er noch, weshalb die Perspektive dieser seinen soziologischen Lektüre von Huxley so verengt vorkommt: »Warum also entweder nur pessimistisch oder nur optimistisch sein und nicht beides zugleich? Denn die Frage, ob eine europäische Weltbürgerbewegung wirklichkeitsmächtig wird, kann nur dort eine Antwort finden, wo sie hingehört, also im politischen Raum, mithin praktisch. Und zwar als Experiment: Weltbürger aller Länder – vereinigt euch! ›Nein, wir lieben die Menschheit nicht; anderseits sind wir aber auch lange nicht deutsch genug, wie heute das Wort deutsch gang und gäbe ist, um dem Nationalismus und Rassenhass das Wort zu reden, um an der nationalen Herzenskrätze und Blutvergiftung Freude haben zu können ... Dazu sind wir unbefangen, zu boshaft, zu gereist ... Wir Heimatlosen ... sind, mit einem Worte – und es soll unser Ehrenwort sein! –, gute Europäer, die Erben Europas, die reichen, überhäuften, aber auch überreichlich verpflichteten Erben von Jahrtausenden des europäischen Geistes‹.«[682] Es handelt sich, schon in den pathetischen Obertönen der Rede, um die Beschwörung einer alten Tradition, wie man also etwa mit Derridas *Marx' Gespenster* sagen könnte, immer noch um einen Versuch von Un-fug aus den beschränkten juristisch-moralische Vorstellungen,[683] ein letztes Versprechen erneuter Gerechtigkeit. Dies allein wäre jedoch nur eine sinnlose Zuspitzung eines bekannten Sprachspiels: kein neues Wort versteckt ganz das uralte, unlösbare Problem.[684] Eine kurze Rekonstruktion der Begriffsgeschichte des Beck'schen Sprachgebrauchs mag hier weiterhelfen. Im großen Referenzkatalog zum Beispiel von *Gegengifte* – einem Buch über, so sein Untertitel, die organisierte Unverantwortlichkeit, das Etty Hillesum gewidmet wurde, also der im Vernichtungslager Auschwitz ermordeten holländischen Jüdin, deren Tagebücher man erst Jahrzehnte später entdeckte und auszugsweise unter dem Titel *Das denkende Herz* veröffentlichte[685]–, dort also werden Schriften wie Amérys *Jenseits von Schuld und Sühne* zwar als eine weitere Angabe zu dem sehr eklektischen Literaturverzeichnis hinzugefügt,[686] im Text wird er aber nicht ein einziges Mal genannt,[687] und sein Thema wird ganz und gar vermieden, als ob bloß seine Erwähnung reiche, jene forcierte Umkehrung der Dialektik ins Positive direkt in Abrede zu stellen. Wörter, Zitate, Referenzen und andere textuelle Elemente als solche sind nichts weiter als Abstrakta, anhand derer keine methodische Abwägung, nicht einmal im Rahmen äußerst erfolgreicher Wissenschaft, die menschliche Pflicht ersetzt, dieses Material im richtigen Maß mit Sachgehalt zu füllen.

Und doch schreibt Beck Näheres über das wirkliche Risiko, das er vor Augen hat, die Gefährdungslage des Westens, das heißt vor allem Europas: »Die ungewollte Folge der neoliberalen Utopie des freien Marktes ist die Brasilianisierung des Westens. Der bemerkenswerteste Tatbestand der gegenwärtig absehbaren Entwicklung der Arbeit in der Weltgesellschaft ist nämlich nicht nur die hohe Arbeitslosigkeit in den Staaten Europas oder das sogenannte Job-Wunder in den USA oder der Übergang von der Arbeits- zur Wissensgesellschaft, also das inhaltliche Gesicht zukünftiger Informationsarbeit. Das Herausragende ist die neue Ähnlichkeit von Entwicklungsprofilen der Erwerbstätigkeit in der sogenannten Ersten und der sogenannten Dritten Welt. Es ist der Einbruch des Prekären, Diskontinuierlichen, Flockigen, Informellen in die westlichen Bastionen der Vollbeschäftigungsgesellschaft. Damit breitet sich im Zentrum des Westens der sozialstrukturelle Flickenteppich aus, will sagen: die Vielfalt, Unübersichtlichkeit und Unsicherheit von Arbeits-, Biographie- und Lebensformen des Süden.«[688] Der Autor scheint sich hier ganz des Risikos seines eigenen

Unternehmens bewusst zu sein, das heißt seines konstruktivistischen Ansatzes, und das bedeutet letztlich, ein bestimmtes Bild zu entwerfen, einen neuen Gesellschaftsbegriff. Anweisungen für solche Kunstgriffe fehlen bekanntlich nicht, in der Musik findet man beispielsweise bei Bernd Alois Zimmermann einige fast didaktische, die doch weit über das volkstümlich Positive hinausreichen.[689] Zudem bekennt Beck sich selbst zu der Kategorie des »Visionär-Nichtfiktiven«.[690] Umso leichter fällt es dann dem Münchner Soziologen, den Lesern die Verantwortung für die Auslegung bzw. die Brauchbarkeit seines eigenen Modells anzuvertrauen.[691] Doch selbstverständlich lenkt er dabei den Blick der Leserschaft. Was das Risiko, also die Brasilianisierung betrifft, so beschränkt sich das Arbeitsfeld des Begriffs fast ausschließlich auf geschichtslose, sogar banale Beschreibungen des Wirtschaftssystems in jener sogenannten – wie immer in der Beschränkung des eurozentrischen Standpunkts – Dritten Welt: »In einem semiindustrialisier-ten Land wie Brasilien repräsentieren die lohn- und gehaltsabhängig Beschäftigten in einem formalisierten Vollzeitarbeitsverhältnis nur eine Minderheit an wirtschaftlich Aktiven; die Mehrheit dagegen arbeitet unter prekären Erwerbsbedingungen. Die Menschen sind ambulante Verkäufer, Kleinhändler und -handwerker, verdingen sich als Dienstboten aller Art oder sind ›Arbeits-Nomaden‹, die zwischen verschiedenen Tätigkeitsfeldern, Beschäftigungsformen und Ausbildungen hin und her pendeln.«[692] Nicht dass die Schilderung des brasilianischen Arbeitsmarkts an sich falsch wäre, doch sie ist offensichtlich unvollständig und ignoriert wichtige Elemente jener Wirklichkeit, ohne die man sich kaum eine wahre Vorstellung davon machen kann, was eine Brasilianisierung tatsächlich bedeutet. Wenn diese ein wirklicher Prozess ist, wie das Wort es ja andeutet, hat sie natürlich auch eine eigene Geschichte. Frühere Formulierungen des Begriffs machen gerade auf diesen Moment von Perspektivwechsel innerhalb der Konstruktion aufmerksam. So liest man in dem Buch *The Next American Nation* (1995) des konservativ-nationalistischen Michael Lind: »If Multicultural America endures for another generation or two, the future for the United States is a bleak one of sinking incomes for the transracial American majority and growing resentment against the affluent and politically dominant white oligarchy. The Balkanization of America, in the form of civil war along racial lines, is unlikely. American vernacular culture is so powerful in its appeal that it will break down even the strongest immigrant cultures, and interracial marriage is already undermining racial categories. The real threat is not the Balkanization but the Brazilianization of America, not fragmentation along racial lines but fissioning along class lines. Brasilianization is symbolized by the increasing withdrawal of the white American overclass into its own barricaded nation-within-a-nation, a world of private neighborhoods, private schools, private police, private health care, and even private roads, walled off from the spreading squalor beyond. Like a Latin American oligarchy, the rich and well-connected members of the over class can flourish in a decadent America with Third World levels of inequality and crime.«[693] Ähnlich wie die Idee vom Risiko als dem bestimmenden Element eines bestimmten Gesellschaftsmodells etwa eine Spätfolge der mathematischen Manipulation des alltäglichen Dramas in Strafanstalten ist – also die berühmte Spieltheorie mit ihren kalten, angeblich rein rationellen und darum für die Verhörtechniken wirkungsvollen Gedankenexperimenten des Gefangenendilemmas[694]–, so stellt die Brasilianisierung hier das verführende Argument bereit, den Blick weg von der nackten, immer noch skandalösen und seit jeher kaum begrenzbaren Strafgewalt zu lenken. Über die Verbrechen der Balkanjustiz mag übrigens eine aus der Sicht der Strafrechtswissenschaft offenbar uninteressante Handlung von Franz von Liszt sehr von Bedeutung sein. Karl Kraus, der strenge Sprachrichter, wusste aber die Größe seines Gestus zu schätzen, als sich der Professor dem gefolterten Kollegen, eingesperrt in einer Zelle von Belgrad, mit einem Trostwort zuwandte.[695] Der Totalitätswahn, der systematische, alles einschließende Anspruch des berühmten Gelehrten, was Kraus nicht minder anzog,[696] überschattete solche mit Nachsicht hinterlassenen Spuren, kaum beachtete Bruchstücke wahrhaftiger Biographien. Damit bestätigt das gebliebene Bild, kultiviert von dem musealen Gedächtnis unserer Wissenschaft, nur die monumentale Amnesiekultur unserer Gesellschaft. Bemerkenswert an der Episode von Franz von Liszt bleibt also vor allem die Erinnerung an den fragmentarischen Charakter unserer aller Bilder. Was das der Brasilianisierung im Hinblick auf das Strafrecht und die Kriminalpolitik angeht, besonders zu einer Zeit, wo das Risikomanagement selbst die stärkste Ursache der größten Weltkrisen ist, fehlt Becks Ansatz die erwartete kommunikative Kraft, ohne die der Gebrauchswert der neuen Theorie zu gering ausfällt. Man braucht nicht direkt an die absurde These einer Brasilianisierung Amerikas zu denken, die nur rassistische und grobe, ja veraltete Köpfe zu formulieren wagen. Beck selbst hat darüber nicht viel mehr zu sagen als das, was diffuse und gespenstische Ängste eines alternden Europas noch zu provozieren vermögen, unerhörte Gefühle die oft kaum unterscheidbar sind von manischen Hoffnungen. Die begriffliche Konstruktion der Brasilianisierung bleibt indes leer, so dass sie einer freien und gefährlichen Spekulation im Feld der Kriminalpolitik dienen kann: einer wohl kriminellen, wenn man an die Zahl der, vorwiegend ärmeren, Menschen denkt, deren Leben sie kostet. Der US-amerikanische Soziologe Mike Davis, der trotz allgemeiner Anerkennung nicht unbedingt zur streng akademischen Welt von Beck zählt, bietet hier neuestens im Nachwort zu der deutschen Neuauflage von seinem *Planet der Slums* einen guten Ansatz. Einige wenige Zeilen von *Der Kampf um Rio und die Zukunft der Slums* in der Übersetzung von Jan Surmann geben wichtige Auskünfte zur Zurechtrückung jenes unscharfen Bildes und füllen es mit Sachgehalt: »Der amerikanische Journalist William Langewiesche interviewte mehrere Anführer des PCC. Diese behaupteten, die Regierung habe eine informelle, langjährige Übereinkunft gebrochen, die dem Kommando eine faktische Souveränität in den Gefängnissen und Slums zugestanden habe. Im Gegenzug sollte in den Geschäftszentren und reichen Stadtvierteln Frieden herrschen. Sie drohten mit einem apokalyptischen ›Day of the Roses‹, wenn die Behörden gegenüber ihren Kameraden im Gefängnis nicht nachgeben würden. Sie bezogen sich dabei auf den Titel eines Films über ein Zugunglück, welches zahlreiche Todesopfer gefordert hatte. Aber die Rosen blühten als nächstes in Rio während der Weihnachtsferien, als Bandenchefs in der Strafanstalt Bangu I Angriffe auf Polizeiwachen und den öffentlichen Nahverkehr befahlen. Sie übten Vergeltung gegen eine Polizei-Eliteeinheit, die ein SS-ähnliches Emblem in Form eines Totenkopfs, der auf einem Dolch aufgespießt ist, trägt: die BOPE. Die gefürchtete Polizei für Sondereinsätze hatte die Durchsetzung des Gesetzes in den Favelas auf ihre Art vereinfacht. Sie setzte einen gepanzerten, acht Tonnen schweren Wagen, den sogenannten *caveirão* (›Dickschädel‹), in Durchsuchungs- und Eliminierungsoperationen gegen die Banden ein. Sie waren berüchtigt für ihre über Lautsprecher verbreitete Ankündigung: ›Wir sind gekommen, um eure Seelen zu holen!‹ Danach stürmten sie durch die Straßen der Favela und schossen wahllos herum, ohne sich groß darum zu kümmern, ob es sich bei dem Opfer um ein Bandenmitglied oder bloß um eine Großmutter handelte. Da die Polizei hinter ihrer Panzerung getarnt war, hatten die *favelados* keine Möglichkeit, die Schützen zu identifizieren. In den ersten neun Monaten des Jahres 2006 haben die BOPE und andere Polizeieinheiten mehr als 800 Menschen getötet. (Das Verhältnis zwischen als tatverdächtig Festgenommenen und Getöteten liegt in Rio bei 33:1. In den USA liegt der Durchschnitte bei 38.000:1.) Amnesty International beschuldigte die BOPE, nicht viel mehr als eine Todesschwadron zu sein – eine Anklage, die in entsetzlichen Details in einem Enthüllungsbericht über die BOPE bestätigt wurde. 2007 wurde der Bericht unter dem Titel *Tropa de Elite* verfilmt.«[697]

Coda/Schluss

Alles könnte leichter getragen werden, wenn meine Verbundenheit mit den anderen Juden sich nicht erschöpfte in revoltierender Solidarität, wenn der Zwang sich nicht ständig stieße an der Unmöglichkeit. Ich weiß es nur allzu gut. Ich saß neben einem jüdischen Freund bei der Aufführung von Arnold Schönbergs »Ein Überlebender aus Warschau«: Als, von Posaunenklängen begleitet, der Chor anstimmte »Sch'ma Israel«, wurde mein Begleiter kalkbleich, und Schweißperlen traten auf seine Stirn. Mein Herz pochte nicht schneller, aber ich fühlte mich bedürftiger als der Kamerad, den das unter Posaunenstößen gesungene Judengebet erschüttert hatte. Jude sein, dachte ich mir nachher, ich kann es nicht in Ergriffenheit, nur in Angst und Zorn, wenn Angst sich, um Würde zu erlangen, in Zorn verwandelt. »Höre Israel« geht mich nichts an. Nur ein »Höre Welt« möchte zornig aus mir dringen. So fordert es das Katastrophengefühl, Dominante meiner Existenz.

Jean Améry, *Jenseits von Schuld & Sühne*

Am Ende dieser Arbeit liegt der Eindruck des Scheiterns sehr nah, zumindest was die Formulierung eines wenn schon nicht gänzlich vernünftigen so doch zumindest möglichen Strafrechts betrifft. Die Einbeziehung der sogenannten Opferliteratur in Kernfragen des Strafrechts wurde mehr oder weniger explizit durchgeführt, um einige grundlegende Standpunkte der herrschenden Meinung in der deutschen und brasilianischen Strafrechtswissenschaften mit der klaren Absicht einer Überprüfung jenseits ihrer bloß internen Konsistenz darzustellen. Das kaum vermeidbar Provokative dieser Art des Vergleichs will nicht zuletzt auf einen möglichen Kommunikationsprozess hinweisen, der nicht unbedingt prinzipiell am Konsens orientiert ist. Das Ergebnis ist bewusst ganz bescheiden, vor allem wenn das Ganze auf die Frage danach hinausläuft, was man unter der Möglichkeit des Strafrechts verstehen soll. Wichtiger war es aber, eine neue Art Mittäterschaft innerhalb des Strafrechts zu schreiben. Der zum Beispiel von Hassemer und Reemtsma verwendete Begriff *Verbrechensopfer* suggeriert für das Strafrecht etwas Doppeldeutiges, ja fast Schizoides.[698] Das Wort der Opfer in die Rechtsprache zu übersetzen ist ein Problem, noch immer tut man sich schwer damit, es zu zitieren.[699] »Es ist die Hundedemut, die der Richter verlangt, die Untertanenhaftigkeit, die Hände an der Hosennaht, die Unterwerfung«, so schrieb schon für *Das ABC des Angeklagten* der große Publizist Tucholsky, der nicht wenig über die Rechtswissenschaft zu sagen wusste. »Das fängt schon bei den Zeugen an.«[700] Und er fährt fort mit der Kritik an dem schon zu seiner Zeit herrschenden Modell: »Ich besinne mich noch auf den Tadel, den ich einmal im Seminar von Franz von Liszt bekommen habe, als ich in einer strafrechtlichen Arbeit eine Analogie konstruieren wollte. Die langen Federstreiche am Rande riefen mich laut zur Ordnung: im Strafrecht gäbe es keine Analogien, sondern nur ausdrücklich angeordnete und vom Gesetzgeber bestimmte Strafen, und wenn der Tatbestand nicht unter einen solchen Paragraphen zu subsummieren sei, so sei eben freizusprechen. Mangelhaft. Mit Recht: mangelhaft. Und die Richter –?«[701] Die bittere Ironie und die einzigartige Gewandtheit im Gebrauch dieser Sprache halfen ihm, weit[702] über die bekannten Schranken der von seinem Lehrer so genannten gesamten Strafrechtswissenschaft hinauszublicken: »Wer die Antwort auf diese Frage aus der Metaphysik sich holen will, dem bleibt es unverwehrt. Meine Auffassung der Strafe hindert ihn nicht daran. Denn die *Deutung* der Tatsache, wie jene auch immer lauten mag, berührt die empirische *Existenz* der Tatsache nicht und auf diese allein kommt es mir an. Nur eins darf nicht vergessen werden: die Wissenschaft hört auf, wo die Metaphysik beginnt. Mag das Streben, die Schranken des Naturerkennens zu überfliegen, das Welträtsel zu lösen, den Schleier der Maja zu lüften, mag dieses ernsteste und heiligste aller Streben noch so tief in unsrer Anlage wurzeln, noch so unabweislich durch sie gefordert werden: zu wissenschaftlicher Untersuchung führt es nicht. Nicht etwa feindselig, nicht einmal *an sich* ablehnend steht die Wissenschaft des Strafrechts der metaphysischen Erklärung der Strafe gegenüber; aber als etwas heterogenes muss sie all' diese Versuche betrachten und *von sich* ablehnen.«[703] Der gute Schüler erwidert: »›Meine Herren‹, pflegte der selige Liszt in seinen Seminarübungen zu sagen, ›schreiben Sie nie: zweifellos. Zweifellos sagt der Jurist immer dann, wenn er nicht mehr weiter weiß.‹«[704] Es gibt also wichtigere Schranken als die der Juristen, egal wie bekannt sie sind und wie oft sie sich noch wiederholen werden. Sie verlieren sich in der eigenen Ambivalenz: »Nach meiner Meinung ist, so paradox es klingen mag, *das Strafgesetzbuch die magna charta des Verbrechers*. Es schützt nicht die Rechtsordnung, nicht die Gesamtheit, sondern den gegen diese sich auflehnenden Einzelnen. Es verbrieft ihm das Recht, nur unter den gesetzlichen Voraussetzungen und nur innerhalb der gesetzlichen Grenzen bestraft zu werden. Der Doppelsatz: nullum crimen sine lege, nulla poena sine lege – ist das Bollwerk des Staatsbürgers gegenüber der staatlichen Allgewalt, gegenüber dem ›Leviathan‹. Ich habe seit Jahren das Strafrecht gekennzeichnet als ›die *rechtlich begrenzte* Strafgewalt des Staates‹. Ich kann jetzt auch sagen: *das Strafrecht ist die unübersteigbare Schranke der Kriminalpolitik*. Und es wird und soll das bleiben, was es heute ist.«[705] Man hört schon den Marschbeginn, wenn diese Wörter klingen. Wo aber kann das wichtigste Buch der Opfer, wo ihr Zeugnis gelesen werden? Viel zu oft werden auch die wohlmeinenden Einladungen an die Opfer zur Teilnahme am Strafprozess begleitet vom inakzeptablen Beigeschmack des Hochmuts seitens der Herren der Strafrechtswissenschaft. Sie wollen im Namen der Justiz stets Komplizen und Kollaborateure. Sogar mit den Tätern werden offen Geschäfte gemacht. Einer Wissenschaft aber, die das damalige so zentrale Ich des cogito-Satzes nun aus ihrer Sprache wie ein Polizist verjagt, muss es schwerfallen, sich eine wahre Vorstellung vom Du zu bilden. Allzu leicht übersieht man die Grenzen der eigenen Autorität, was zu einer tatsächlichen Auseinandersetzung selbstverständlich kaum beiträgt.[706] Das hartnäckige Insistieren auf der Wissenschaftlichkeit verstärkt den schizoiden Charakter der wissenschaftlichen Sprache. »Sollen Strafgesetzgebung, Strafrechtspflege und Strafvollzug dem Straf*recht* oder der Kriminal*politik* unterworfen sein? Sollen die unbeugsamen allgemeinen Regeln des Gesetzes oder die klugen, dem Einzelfalle sich anpassenden Erwägungen der Politik maßgebend sein? Das ist die große Frage, auf die auch mein Lehrbuch keine Antwort gibt.«[707] Darum bleibt der Horizont der Strafrechtswissenschaft für künftige Projektionen besetzt von Strukturen der Vergangenheit. Ein Lernprozess ist offensichtlich nicht möglich. Mit Recht wird also, auch in der Kritik in Form von Pamphleten, von einer Hierarchiereproduktion in der juristischen Bildung gesprochen.[708] Doch irgendwo zwischen Metaphysik und Triebhandlung muss die Moral des Rechts erscheinen. Die Literatur hilft dabei nicht weiter; das Beispiel der Germanistik belegt dies ebenfalls.[709] Nur sehr wenige Stimmen erheben sich dagegen, der Wissenschaftsbetrieb erfüllt auch dort eine außermoralische, normalisierende Funktion. Mit der literarischen Hermeneutik scheint die Diskussion inzwischen zumindest so schlecht zu stehen wie mit der juristischen – ausdrücklich kann hier der Fall Hans Robert Jauß angeführt werden –, nach den letzten wichtigen Entdeckungen über die NS-Vergangenheit ist sie vermutlich nur brisanter.[710] Aus dieser Debatte könnte man jedoch für die aktuelle Strafrechtswissenschaft den verallgemeinernden Schluss ziehen, dass auch sie nicht die Schuld trägt an dieser grausamen Geschichte, dass sie sich aber heute durch verantwortliches Handeln zeigen sollte.

Mit der Emanzipation des Strafrechts ist aber so wenig verlässlich zu rechnen wie mit der Eröffnung des Strafprozesses gegen alle wirklich Verantwortlichen. Ebenso wenig greifbar ist wohl die Vorstellung von Gerechtigkeit für das Strafrecht. Gemessen an diesen Prämissen kann eine Arbeit wie die vorliegende nur sehr fragmentarischen Charakter haben. Ihre Aufgabe kann es daher nicht sein, eine Veränderung in der Praxis des Strafrechts vorzuschlagen, nicht einmal für die Strafrechtswissenschaft. Lediglich das Aufzeigen unüblicher Referenzen, Bezugspunkte inmitten eines von der Wissenschaft reproduzierten Clusters kann der Anspruch sein. Aufgrund des bewusst engen Raumes, der diesem neuen Material hier eingeräumt wird, kaum hundert Seiten, ist die erneute Wiederholung der bekannten Kantilene im Detail entbehrlich, auf der die Dogmengeschichte fußt. So wird das Vorverständnis der Strafrechtswissenschaft direkt als Produktivkraft benutzt, und nicht so sehr als Ware zur ständigen Schaustellung. In diesem Sinne war von Anfang an eine an der Erweiterung der Kommunikationsfähigkeiten bzw. der Ausdrucksmöglichkeiten orientierte Arbeit intendiert; ihr Anspruch ist nicht in erster Linie hermeneutisch. Sie kümmert sich weder um eine Rezeptionsästhetik noch um deren positivistischen Zweig, die Rezeptionsforschung, zumal bekannt ist, dass Verantwortung und Schuld eine Kategorie bilden, die jenseits solcher methodischen Konstrukte liegt. Im vorliegenden Fall ging es um eine bewusste, moralische Entscheidung gegen jedes im Voraus bestimmte Modell. Das an sich ist nicht originell, man denke zum Beispiel die Beobachtung, mit der Susan Sontag ihren Essay *Against Interpretation* (1964) schließt: »In place of a hermeneutics we need an erotics of art.«[711] Mit ihrem scharfen Blick (wie die bereits im Zusammenhang mit Ruth Klüger erwähnte Gisela kannte sich auch Sontag sehr gut aus mit einer höheren Form von Pornographie)[712] registrierte sie auch in den folgenden Jahren den fortbestehenden NS-Fetischismus,[713] tat viel für die Einführung bedeutender Schriftsteller deutscher Sprache wie Peter Weiss und W. G. Sebald in den USA tun[714] und war aber vor allem ein Sprachrohr, durch das immer ihre aufrichtige, deutliche Stimme zu hören war.[715] Eine ihrer letzten Schriften aus dem Jahr 2004 war *Regarding the Torture of Others* über jene digitalen Bildern, die aus der US-amerikanischen Gefangenenanstalten Abu Ghraib in kürzester Zeit um die Welt geschickt wurden die meisten wohl schockierten, doch dass sich aber an der dort herrschenden grausamen Praxis auch nur das Kleinste änderte. Verglichen mit Susan Sontags offener Antwort auf die auf die auf den Bildern gezeigte Perversion[716] war der protokollarische Brief der akademischen Rechtswelt direkt aus dem Zentrum des sogenannten Critical Legal Studies mit seinem abgenutzten topos des Ausnahmegedankens mehr als verdächtig.[717] »Interrogation about what?«, stellte Sonntag das leicht vorhersehbare Argument der üblichen Moralisten der Folter unmittelbar infrage. »About anything. Whatever the detainee might know. If interrogation is the point of detaining prisoners indefinitely, then physical coercion, humiliation, and torture become inevitable. Remember: we are not talking about that rarest of cases, the ›ticking time-bomb‹ situation, which is sometimes used as a limiting case that justifies torture of prisoners who have knowledge of an imminent attack.«[718] Das gilt, wie gezeigt, nicht nur für Abu Ghraib oder Guantánamo,[719] sondern es gehört zu einer weit verbreiteten allgemeinen Praxis des Strafsystems. Vom Moment des polizeilichen Eingriffs bis zur endgültigen Befreiung aus ihrer Bewachung – und allem Anschein nach bleibt man doch auf ewig stigmatisiert – greift das Unterscheidungsvermögen, das dem Wissenschaftsbetrieb so natürlich erscheinen muss,[720] nämlich zwischen einer Beobachter- bzw. Teilnehmerperspektive zu differenzieren, offensichtlich viel zu kurz. Am Beispiel Brasiliens illustriert der Zustand des Strafrechts das Versagen einer angeblich unparteilichen Sicht auch für die Wissenschaft. Denn in den meisten Fällen erhebt die Staatsanwaltschaft die Klagen fast automatisch, die in der Ermittlung auftretenden Polizisten sind zugleich die einzigen Zeugen im Strafverfahren und auf dieser Basis entscheiden die Strafrichter. Dies ist nicht nur eine deutliche Entlarvung der gesamten Theorie der Gewaltenteilung, sondern auch der Freibrief für die Polizei zu foltern. Man ereifert sich auf wissenschaftlicher Ebene, den Polizeistaat abzubauen und lässt dafür gleichzeitig der Polizei freie Hand.[721] Die Polizeiseele ist die hermetische Ideologie der Strafrechtswissenschaft, und es überrascht wenig, dass auch in Brasilien kaum jemand wagt, sich innerhalb der akademischen Grenzen direkt gegen die Repräsentation eines freiheitlichen Rechtsstaats zu äußern. In den Jahren 2000 bis 2010 ist die Bevölkerungszahl in den Gefängnisanstalten von 232.755 auf schwindelerregende 496.251 gestiegen. Die Belegung der Gefängnisse liegt bei 165% der Systemkapazität, oft weit über dem menschlich Ertragbaren. Währenddessen geht die strafrechtswissenschaftliche Behandlung der Folter in der Regel, nicht weiter als eine Auslegung des Art. 1 des Lei Nr. 9.455, des Foltergesetzes vom 7. April 1997, woran man sofort die legalistische Tradition erkennt. Abgesehen von technischen Gesetzgebungsfehlern, die der Sache nach völlig verschiedene Verhalten wie Folter und Misshandlung gleichsetzen, bleibt oft die Tatsache ungeachtet, dass die normative Lage nach einigen unsystematischen Gesetzesveränderungen so beschaffen ist, dass die in § 2 anerkannte Privilegierung für die Unterlassungsmodalität des Tatbestands, also der üblicheren und vor allem erst recht beweisbaren Erscheinungsform des Verbrechens, praktisch die meisten Fälle aus dem Bereich der Strafjustiz verlagert hat und in den Bereich eines besonderen Verfahrens, etwa nach dem Modell des deutschen StPO § 153. Darin kommt ein fingiertes Verhältnis von Täter und Opfer zum Tragen: der Täter kommt ungestraft davon, die Sache ist erledigt.[722] Man subsumiert sie folgerichtig unter der freiheitsrechtlichen Lehre von Bagatelldelikten. Wenn die Folterer systematisch freigesprochen werden, weiß man wohl zumindest, wo sie nicht zu suchen sind. Susan Sontag schreibt: »Considered in this light, the photographs *are* us«[723] und dieser Satz ist ebenso richtig wie die Feststellung, dass auch *wir* mehr oder weniger in den Betrieb der Strafrechtswissenschaft verwickelten unseren Anteil an der ganzen Barbarei des Strafsystems haben.

Man weiß durchaus, wo die Giftschränke in den juristischen Seminaren zu finden sind, lässt sie aber lieber beiseite.[724] Am Ende dieser Arbeit soll auf die anderen wichtigen Quellen hingewiesen werden, die – obwohl sie nicht im engeren Sinne zur sogenannten Opferliteratur gehören – alle auf ihre eigene Weise als Opfer des Nationalsozialismus gelitten haben. Nicht immer konnten sie so klar zur Sprache kommen, wie sie es wohl verdient hätten, sie erscheinen manchmal als Zitat innerhalb eines anderen, oft auch nur als eine kleine Anspielung. —»Steinig hätte sich nicht gewundert, wenn sich herausgestellt hätte, dass er eine Partitur schrieb oder Miniaturen zeichnete«. Der Eindruck ist eben, man muss stets von Neuem beginnen. Die Figur, die Steinig dann sah, könnte wohl Adorno sein oder auch Benjamin, obwohl er weder dieser noch jener war. Sie glaubten zwar nicht wirklich ans Recht, obwohl ihre Gedanken auch stark geprägt waren von anderen nicht weniger theologischen Motiven. Vor solchen Abgründen der Sprachlichkeit bzw. der Theorie, gegen die der Marxismus trotz aller Hinweise keineswegs immun ist,[725] verweigerten sich beide fast gemeinsam dem üblich hermeneutischen Schluss:[726] der eine wandte sich mit seinem melancholischen Blick wie ein anachronistischer Sammler zu kunstvollen »Modellhäusern« zu sprachlichen Miniaturen;[727] der andere setzte immer mehr auf die Musik als den letzten Zufluchtsort einer scheinbar unmöglich gewordenen Wahrheit.[728] Wie hoch er die Zwölftonkomposition *Moses und Aron* schätzte, wurde bereits erwähnt, und auch der Titel will daran erinnern. Doch die Technik der Zwölftonmusik als solche war Adorno bekanntlich eher verdächtig,[729] er versteckte zum Beispiel seinen Verdruss über ein allgemein so anerkanntes Werk wie das hier erwähnte *Ein Überlebender aus* Warschau nicht.[730] Das Bilderverbot trennt und vereinigt beide Kompositionen, doch die Diskussion darüber kommt der Erstarrung nah. Doch nirgends kommt wohl Adornos eigene Vorstellung von möglicher Freiheit so ungetrübt zum Ausdruck wie in Bezug auf Schönbergs 2. Streichquartett in fis-Moll (1907/08).[731] Die geschichtlichen Umstände seiner Entstehung im stark konservativen und antisemitischen Wien des beginnenden 20. Jahrhunderts sind sicher interessant und der Analyse wert.[732] Was Adorno aber am meisten anzog, war die Musik als solche, die rein musikalische Sprache dieses einzigartigen Stücks: der Durchbruch von der Tonalität zur freien Atonalität, vom 3. zum 4. Satz, von *Litanei* zu *Entrückung*, so die nach den berühmten Gedichten von Stefan George benannten Sätze, eben in der umgekehrten Reihenfolge, wie sie in *Der Siebente Ring* erschienen.[733] »Ich fühle luft von anderen planeten«, hört man ganz jenseits aller gedachten Ordnung, sogar das bekannte, im 2. Satz des Streichquartetts zitierte Volkslied ist in diesem Moment seines Zusammenhangs beraubt und völlig frei. Für Adorno gilt es als das »Manifest der gesamten neuen Musik«.[734] Und Zugleich besteht für ihn kein Zweifel an der Unmöglichkeit diese Unterfangens.[735] – Auch die Strafrechtswissenschaft lebt zusammen mit den eigenen Bilderverboten; auch ihr fällt es nicht leicht, vor sich das eigene Unrecht einzugestehen, sich aufrichtig vor den Opfer als Täter zu bekennen. Schon aus diesem Grund soll den Opfern Gehör geschenkt werden. Die Musik lehrte uns, wie das Zitat zu erweitern sei. Und dabei mag man wieder an den bereits erwähnten Lachenmann denken oder an Bernd Alois Zimmermann, der ein Jahr vor seinem Freitod die umfangreiche Musikcollage *Requiem für einen jungen Dichter* (1969) lieferte: Dass Hitlers Stimme dort über den Grundgesetzestext kopiert wird, stellt nur das Urteilsvermögen zur radikalen Kritik, das heißt zu einem besseren Verständnis der Moderne. Es gibt kein Requiem für das Strafrecht. Und darum ging es auch nicht. Das Abschaffen der Strafe ist eine ebenso schöne Vorstellung wie die vom Absterben des Staates, die aber deren praktische Umsetzung außer Acht lässt. Rein wissenschaftlich gesehen ist sie die Selbstaufgabe – nicht des Strafrechts an sich, sondern des Strafrechtswissenschaftlers. Gerechtfertigt ist diese Selbstaufgabe immer und nur, wenn sie bewusst dagegen ausgerichtet ist, neue Opfer zu kreieren. Der Prozess ist also kein Rätsel.

Anmerkungen

Prélude/Einleitung

1 *Descartes*, Meditationes de prima philosophia, 1992³, S. 111
2 *Hegel*, Wissenschaft der Logik II, WW 6, S. 245
3 *Adorno*, Drei Studien zu Hegel, GS 5, S. 344
4 *Bloch*, Naturrecht und menschliche Würde, GA 6, S. 75
5 *Fögen*, Das Lied vom Gesetz, 2007, S. 31. Cf. *Habermas*, Theorie und Praxis, 1978, S. 102ff.
6 *Kertész*, Galeerentagebuch, 2002², S. 83, ähnlich wie *Holmes, Jr.*, The Path of the Law, Harvard Law Review 10 (1897), 457
7 *Hegel*, Wissenschaft der Logik II, WW 6, S. 100
8 *Cover*, Violence and the Word, in: Narrative, Violence and the Law, 1992, S. 210
9 *Hegel*, Wissenschaft der Logik II, WW 6, S. 107
10 *Hegel*, Grundlinien der Philosophie des Rechts, WW 7, S. 46: »Der Boden des Rechts ist überhaupt das *Geistige.*«
11 *Hegel*, Grundlinien der Philosophie des Rechts, WW 7, S. 98 u. *Kant*, Die Metaphysik der Sitten, AA 6, S. 245
12 *Hegel*, Grundlinien der Philosophie des Rechts, WW 7, S. 102
13 *Marx*, Einleitung [zur Kritik der Politischen Ökonomie], MEW 13, S. 616f. u. *Sebald*, Carl Sternheim, 1969, S. 19. Dass dieses Problem das Juristische nicht unberührt lässt, *Löwenthal*, Zur gesellschaftlichen Lage der Literatur, in: ZfS 1 (1932), S. 101 u. *White*, The invisible discourse of the law, in: Heracles' Bow, 1985, S. 63. Im extremsten Fall des Nationalsozialismus, *Neumann*, Behemoth, 2004⁵, S. 56
14 *Adorno*, Negative Dialektik, GS 6, S. 38
15 *Sebald*, Carl Sternheim, 1969, S. 24f.
16 *Bloch*, Naturrecht und menschliche Würde, GA 6, S. 62
17 *Marx*, Zur Kritik der Hegelschen Rechtsphilosophie, MEW 1, 242
18 *Marx/Engels*, Manifest der Kommunistischen Partei, MEW 4, 493
19 *Szondi*, Die Theorie des bürgerlichen Trauerspiels im 18. Jahrhundert, 1973, S. 59
20 *Kertész*, Dossier K, S. 26 u. Wem gehört Auschwitz?, in: Die exilierte Sprache, 2004, S. 151f.: »Für Kitsch halte ich auch jede Darstellung, die unfähig – oder nicht willens – ist zu verstehen, welcher organische Zusammenhang zwischen unserer in der Zivilisation wie im Privaten deformierten Lebensweise und der Möglichkeit des Holocaust besteht; die also den Holocaust ein für allemal als etwas der menschlichen Natur Fremdes festmacht, ihn aus dem Erfahrungsbereich des Menschen hinauszudrängen versucht.«
21 *Kertész*, Die englische Flagge, in: Die englische Flagge, 2002², S. 10 u. Galeerentagebuch..., S. 71: »Tiefpunkt? Es gibt immer noch tiefere.« u. Liquidation, 2005, S. 119: »Ich bat dich, diesen Versuch nicht zu machen. Warum nicht? Weil es demütigend sei. Was daran demütigend sei? Wie tief der Mensch sinken kann, sagte ich. Was ich damit

meine? Wie tief? Ganz hinunter, auf Auschwitz-Ebene, so weit, dass man seine Haltung, seinen Willen verliert, seine Ziele aufgibt, sich selbst verliert.«

22 *Neumann*, Der Funktionswandel des Gesetzes im Recht der bürgerlichen Gesellschaft, in: ZfS 6 (1937), S. 543 u. *Nietzsche*, Götzen-Dämmerung, WW 2, S. 960

23 *Freud*, Das Unheimliche, StA 4, S. 259

24 *Institut für Kriminalwissenschaften Frankfurt a.M.* (Hrsg.), Vom unmöglichen Zustand des Strafrechts, 1995, S. 6

25 *Hegel*, Grundlinien der Philosophie des Rechts, WW 7, S. 24

26 *Welzel*, Naturrecht und materiale Gerechtigkeit, 1990^4, S. 9

27 *Nietzsche*, Götzen-Dämmerung, WW 2, S. 959. Ähnlichen Gedanken drückt der Titel des 100. Bandes derselben Studienreihe aus: *Institut für Kriminalwissenschaften Frankfurt a.M.* (Hrsg.), Jenseits des rechtsstaatlichen Strafrechts, 2007

28 *Hegel*, Wissenschaft der Logik I, WW 5, S. 166ff. u. Phänomenologie des Geistes, WW 3, S. 24

29 *Benjamin*, Theorien des deutschen Faschismus, GS III, S. 238

30 *Neumann*, Der Funktionswandel des Gesetzes im Recht der bürgerlichen Gesellschaft, in: ZfS 6 (1937), S. 566, abgedruckt in: Demokratischer und autoritärer Staat, 1967, S. 27

31 *Wiethölter*, Rechtswissenschaft, 1968, S. 18

32 *Welzel*, Naturrecht und materiale Gerechtigkeit, S. 240

33 *Kertész*, Die englische Flagge, in: Die englische Flagge, S. 14f.: »Mit alldem aber, wie gesagt, überbewerte und überinterpretiere ich bei weitem, was diese Prozesse damals für mich bedeuteten – für jenes Ich, das ich heute nur noch aus weiter Ferne sehe, so wie in einem abgenutzten, flimmernden, zu reißen drohenden Film –, denn in Wirklichkeit haben sie meine Aufmerksamkeit nur eben gestreift; sagen wir, sie bedeuteten eine Verdichtung der ständigen Gefahr und damit natürlich meines ständigen Ekels, eine Zuspitzung der mir deshalb zwar vielleicht noch nicht unmittelbar drohenden Gefahr oder, um mich poetisch auszudrücken, eine weitere Verfinsterung des Horizontes, bei der man jedoch immer noch lesen konnte, wenn es gerade etwas zum Lesen gab (zum Beispiel ›Arc de Triomphe‹).«

34 *Kafka*, Tagebücher, 1990, S. 621 auch zitiert in *Kertész*, Galeerentagebuch, S. 113f.

35 *Hilberg*, Die Vernichtung der europäischen Juden, 2007^{10}. *Kertész*, Dossier K, S. 78: »Man wagt das, was geschehen war, nicht beim Namen zu nennen – etwa *Die Vernichtung der europäischen Juden*, wie der Titel des großen Werks von Raul Hilberg heißt.«

36 *A. u. M. Mitscherlich*, Die Unfähigkeit zu trauern, 2009^{21}, S. 35

37 *Kertész*, Kaddisch für ein nicht geborenes Kind, 2002^2, S. 52ff.

38 *Kertész*, Kaddisch ..., S. 51: »Die Weltgeschichte ist das Bild und die Tat der Vernunft (Zitat von H.), denn wollte ich die Welt als eine Aneinanderreihung willkürlicher Zufälle betrachten, so wäre das doch eine, nun, recht unwürdige Betrachtungsweise der Welt (Zitat von mir), wir dürfen nicht vergessen: wer die Welt vernünftig ansieht, den sieht auch die *Welt* vernünftig an, beides ist in Wechselbestimmung – sagt wiederum H., nicht H. der Führer und Reichskanzler, sondern H., der gewaltige Seher, Philosoph, Hofnarr und auserwählte Leckerbissen aufwartende Mundschenk aller Führer, Reichskanzler und sonstigen Titularusurpatoren [...].«

39 *Kertész*, Galeerentagebuch, S. 45

40 *Kertész*, Galeerentagebuch, S. 199: »Ideologische Literatur ist immer Paraliteratur. Auch die Literatur, die eine Gegentheorie vertritt, ist theoretische Literatur, das heißt zuweilen Rechtfertigungsliteratur.«

41 *Kertész*, Galeerentagebuch, S. 9: »Die Wirklichkeit des funktionalen Menschen ist eine Pseudowirklichkeit, ein das Leben ersetzendes Leben, eine ihn selbst ersetzende Funktion.«; Ich – ein anderer, 2002[2], S. 35: »Vielleicht halten wir das Leben nur aus, weil es so unwahrscheinlich ist; anderseits rührt das Denken ständig an die sogenannte Wirklichkeit, sehnt sich nach Wirklichkeit.« u. Liquidation, 2005, S. 9: »Das also die Wirklichkeit, von welcher – der Wirklichkeit nämlich – Keserü neuerdings nicht mehr allzu viel hielt. Neuerdings [...] war die Wirklichkeit für Keserü zu einem problematischen Begriff, doch was noch schlimmer ist: zu einem problematischen *Zustand* geworden. Ein Zustand, dem es – nach Keserüs innigstem Empfinden – am allermeisten an Wirklichkeit mangelte. Wenn er irgendwie zum Gebrauch dieses Wortes gezwungen war, setzte Keserü sofort immer ›die sogenannte Wirklichkeit‹ hinzu. Es war allerdings eine ziemlich armselige Genugtuung, die Keserü auch nicht befriedigte.«

42 *Benjamin*, Goethes Wahlverwandtschaften, GS I-1, S. 125f. mit der Unterscheidung zwischen Wahrheitsgehalt und Sachgehalt des Kunstwerks.

43 *Kertész*, Galeerentagebuch, S. 191: »Nietzsche *musste* ich übersetzen.« Es wäre nicht schwierig, das Folgende durch einen anderen auch von Kertész übersetzten Autor zu rekonstruieren, etwa durch *Hofmannsthal*, Ein Brief, in: Gesammelte Werke, Bd. 7, 1979 – den Brief des Lords Chando an Francis Bacon. cf. *Adorno*, Metaphysik, NS IV-14, S. 193

44 *Bacon*, Novum organum scientiarum, Opera omnia, 1694, I, Aph. 38, S. 283 u. I-44, S. 287

45 *Nietzsche*, Götzen-Dämmerung, WW 2, S. 963

46 *Bacon*, Novum organum, I-3, S. 279

47 *Bacon*, Novum organum, I-84, S. 302f. u. II-52, S. 418. Cf. *Bloch*, Naturrecht und menschliche Würde, GA 6, S 283

48 *Kertész*, Roman eines Schicksallosen, 2007[21] u. Galeerentagebuch..., S. 114: »Der Mensch braucht immer zwei Bilder gleichzeitig: ein ›wirkliches‹ und ein ›imaginäres‹. Doch warum diese Anführungsstriche? Weil weder das eine ganz wirklich noch das andere ganz imaginär ist.«

49 *Lukács*, Theorie des Romans (1916), 1994, S. 21f. u. *Benjamin*, Ursprung des deutschen Trauerspiels, GS I-1, S. 217f.

50 *Adorno*, Minima Moralia, GS 4, S. 42f. u. *Kertész*, Kaddisch ..., S. 66: »[...] so dass ich als verbannter Fremder um mein eigenes Herz schleiche, das ich nur mehr aus der Ferne mit verschlossenen Toren schimmern sehe, wie der Obdachlose das warme Heim anderer Leute [...]«

51 *Adorno*, Minima Moralia, GS 4, S. 98

52 *Kertész*, Fiasko, S. 7-146

53 *Kertész*, Die englische Flagge, in: Die englische Flagge, S. 42ff. bzw. Liquidation, S. 10f.

54 *Kertész*, Von der Freiheit der Selbstbestimmung, in: Die exilierte Sprache, S. 231f.: »Ich gehöre im Grunde zu jener in Osteuropa entstanden jüdischen Literatur, die nie in der Sprache der jeweiligen nationalen Umgebung geschrieben wurde und auch nie Teil dieser nationalen Literatur war. Von Kafka bis Celan lässt sich die Linie dieser Literatur ziehen, und auch ihre Fortsetzung ist evident, man muss sich nur gründlich in der interna-

tionalen Literatur der Emigration umschauen. Diese Literatur erzählt meist von der Ausrottung der europäischen Juden, die Sprache ist zufällig; welche Sprache es auch ist, sie kann nie Muttersprache sein. Die Sprache, in der wir sprechen, lebt nur, solang wir reden; wenn wir verstummen, geht die Sprache verloren, sofern nicht irgendeine große Sprache sich ihrer erbarmt und sie, ähnlich wie auf den Gemälden der Pieta, in ihren Schoß aufnimmt. Eine solche Sprache ist heute am ehesten die deutsche. Aber auch die deutsche Sprache ist nur eine zeitweilige Herberge, vorübergehender Unterschlupf der Obdachlosen.« u. nicht zuletzt die Rede: Wer jetzt kein Haus hat, in: Die exilierte Sprache, S. 133ff.

55 *Kertész*, Kaddisch ..., S. 110

56 *Kertész*, Galeerentagebuch, S. 64

57 *Heine*, Die Harzreise, DHA 6, S. 85

58 *Freud*, Der Witz und seine Beziehung zum Unbewussten, StA 4, S. 40f. Etwa in diesem Zusammenhang, *Kertész*, Galeerentagebuch, S. 86: »Ein schriftstellerisches Werk hervorzubringen, ein organisches menschliches Gebilde, ist heute, hier, in dieser Situation, auf jeden Fall eine humoristische, um nicht zu sagen komische Handlung. Ob es möglich ist, heute, hier, in dieser Situation ein solches organisches menschliches Gebilde hervorzubringen, in dem der Humor, um nicht zu sagen, die Komik dieser Handlung nicht gegenwärtig ist? Wenn ein solches Werk wirklich entstehen kann, dann kann allein dieser Humor, um nicht zu sagen, diese Komik, für seine Qualität bürgen.« u. Liquidation: »Der total reduzierte Mensch, anders gesagt: der *Überlebende*, sagte er, sei nicht tragisch, sondern komisch, weil er kein Schicksal habe.«

59 *Adorno*, Negative Dialektik, GS 6, 203, *Benjamin*, Das Passagen-Werk, GS V-1, S. 505 [K 6,4] u. *Kertész*, Dossier K, S. 65: »Jedes Kind spielt mit dem Gedanken, was wäre, wenn ich ... Wenn ich, sagen wir, nicht der wäre, von dem man sagt, dass ich es sei, sondern, sagen wir ... [Abs.] *Ein Prinz* ... [Abs.] Oder ein Bettler. Oder beide zugleich, der *Prinz und der Bettler*.«

60 *Kertész*, Galeerentagebuch, S. 32: »Ich dagegen musste wieder einmal erkennen, dass mich nichts wirklich interessiert als einzig und allein der Auschwitz-Mythos. Denke ich an einen neuen Roman, denke ich wieder nur an Auschwitz. Ganz gleich, woran ich denke, immer denke ich an Auschwitz. Auch wenn ich scheinbar von etwas ganz anderem spreche, spreche ich von Auschwitz. Ich bin ein Medium des Geistes von Auschwitz, Auschwitz spricht aus mir.«

61 *Kertész*, Galeerentagebuch, S. 165

62 *Adorno*, Philosophische Terminologie, Bd. 2, 1974, S. 173

63 *Kertész*, Galeerentagebuch, S. 55: »Die Galeere ist für uns alle bestimmt. Ihr habt sie gebaut, und wir fahren gemeinsam darauf, die Wasser aber, auf denen wir treiben, könnt ihr nicht beherrschen.«

64 *Kertész*, Galeerentagebuch, S. 44

65 *Kertész*, Galeerentagebuch, S. 149

66 *Benjamin*, Der Autor als Produzent, GS II-2, S. 688 wie in: Kleine Geschichte der Photographie, GS II-1, S. 385

67 *Kertész*, Galeerentagebuch, S. 183: »Ich lese die Philosophen nicht so gern wegen ihrer Systeme als vielmehr wegen ihrer Nebensätze. Ein Philosoph, der verheimlicht, was er

über das Ganze denkt, und nur über Details zu sprechen gewillt ist; ein solcher Philosoph wäre aber eigentlich kein richtiger Philosoph.«

68 *Kertész*, Fiasko, S. 363-378 u. Ich, der Henker, in: Opfer und Henker, 2007, S. 23-44

69 *Kertész*, Dossier K…, S. 149

70 *Adorno*, Berg, GS 13, S. 321ff.

71 *Benjamin*, Ursprung des deutschen Trauerspiels, GS I-1, S. 207ff. Die Aufmerksamkeit auf solche relative Unmöglichkeit einer unzeitgemäßen Form findet man wieder etwa umgekehrt in: *Kertész*, Galeerentagebuch, S. 274: »Schönberg: Hätte Mahler seine X. Symphonie geschrieben, wären wir vielleicht in den Besitz des großen Geheimnisses gelangt: Darum war es ihm nicht vergönnt, dieses Werk zu vollenden.« cf. *Schönberg*, Mahler, in: Stil und Gedanke, 1992, S. 39

72 *Adorno*, Zur Lehre von der Geschichte und von der Freiheit, NS IV-13, S. 285

73 *Adorno*, Philosophische Terminologie, Bd. 2, 1974, S. 235 u. *Benjamin*, Über den Begriff der Geschichte, GS I-2, S. 702

74 *Marx*, Thesen über Feuerbach, MEW 3, S. 5ff. u. 533ff. u. *Adorno*, Negative Dialektik, GS 6, S. 203

75 *Kertész*, Ich, der Henker, in: Opfer und Henker, 2007, S. 23

76 *Adorno*, Zur Lehre von der Geschichte und von der Freiheit, NS IV-13, S. 280. *Kertész*, Galeerentagebuch, S. 32f.: »Im Vergleich dazu erscheint mir alles andere als Schwachsinn. Und gewiss, ganz nicht nur aus persönlichen Gründen. Auschwitz und alles, was damit zu tun hat (aber was hat schon nichts damit zu tun?), ist das größte Trauma der Menschen in Europa seit dem Kreuz, auch wenn es vielleicht Jahrzehnte oder Jahrhunderte dauern wird, bis sie sich deren bewusst werden. Wenn nicht, ist sowieso alles egal. Aber warum dann schreiben? und für wen?«

77 *Kertész*, Die exilierte Sprache, in: Die exilierte Sprache, S. 212

78 *Kertész*, Der überflüssige Intellektuelle, in: Die exilierte Sprache, S. 97: »Und doch begriff ich damals vor etwa fünfunddreißig Jahren, als sich in mir mit schmerzlicher Klarheit und zugleich unabweisbar die Absicht, Schriftsteller zu werden, als Lebensplan formulierte, dass ich damit austrat aus den recht und schlecht, sei es nun legal und illegal, jedenfalls doch irgendwie funktionierenden intellektuellen Kreisen und das freiwillig geistige Exil wählte. In der Welt des oben zitierten materialistischen Axioms einer ›unabhängig von uns existierenden objektiven Realität‹, in der vielen selbst der bare Realitätssinn abhanden kam, kam ich zu der Einsicht, dass nur eine Wirklichkeit existiere: ich selbst, und dass ich aus dieser einmaligen Wirklichkeit meine einmalige Welt erschaffen musste.«

79 *Kertész*, Der Holocaust als Kultur, in: Die exilierte Sprache, S. 88

80 *Kertész*, Die exilierte Sprache, in: Die exilierte Sprache, S. 217: »Das ist übrigens ein Wort Kafkas, der, als er in einem Brief an Max Brod die Situation des jüdischen Schriftstellers analysiert, von drei Unmöglichkeiten spricht: ›der Unmöglichkeit, nicht zu schreiben, der Unmöglichkeit, deutsch zu schreiben, der Unmöglichkeit, anders zu schreiben‹. Und dann sagt er: ›Fast könnte man eine vierte Unmöglichkeit hinzufügen, die Unmöglichkeit zu schreiben.‹ Heute würde er vielleicht noch hinzusetzen: die Unmöglichkeit, über den Holocaust zu schreiben.«

81 *Marx*, Das Kapital, 1. Bd., MEW 23, S. 248

82 *Kertész*, Galeerentagebuch, S. 36: »Die Philosophie der Zeit ist die Soziologie: Darin zeigt sich das Elend der Zeit.« u. S. 119: »Die verhängnisvolle Absurdität, die jeweils zwischen intellektueller Revolte und revolutionärer Praxis klafft. Die geschichtlicher Melancholie in der Gegenwart.« Cf. *Marx*, Das Elend der Philosophie, MEW 4, S. 85, was auch im Zusammenhang mit der Idee steht, die Arbeit flüssig [vgl. Text] zu machen.

83 *Kertész*, Kaddisch…, S. 50. *Kertész*, Galeerentagebuch, S. 32: »Ganz gleich, woran ich denke, immer denke ich an Auschwitz. Auch wenn ich scheinbar von etwas ganz anderem spreche, spreche ich von Auschwitz. Ich bin ein Medium des Geistes von Auschwitz, Auschwitz spricht aus mir.«

84 *Adorno*, Negative Dialektik, GS 6, 194

85 *Kertész*, Dossier K, S. 76 u. Galeerentagebuch, S. 71: »Schizophrenie, das von mir so geliebte Thema.«; S. 130: »Vielleicht ist die depressive Schizophrenie der Zustand, der vom nackten Dasein ein annährend genaues Bild gibt beziehungsweise schafft; dieser Zustand ist jedoch für das ›normale‹ Bewusstsein nicht nur ablehnenswert, sondern auch unvorstellbar. Der Mensch ist durch seinen Willen ans Dasein gebunden, während das Dasein unerträglich für ihn ist. So eilen ihm seine Phantasie, genauer gesagt, seine Vorstellungen zu Hilfe, die er über dem nackten Dasein auffliegen lässt, meist in Form von Zielvorstellungen, Wunschvorstellungen, vermeintlichen Vorstellungen der Erkenntnis. Die Aggression (deren eine Form die Arbeit ist) ist die Grundtriebfeder der europäischen Kultur und Zivilisation.« u. S. 278: »Schwere Depression. Wohltuend. Die Freude an der Zerstörung, diese eigenartige Befriedigung, auf seine Art sogar Glück. Denn Unglück ist letzten Endes natürlich Glück. Insofern es sich nämlich genießen lässt. Auch am Unglück haftet Libido.«

86 *Lukács*, Geschichte und Klassenbewusstsein, 1923, S. 11 u. *Hegel*, Wissenschaft der Logik II, WW 6, S. 250

87 *Engels*, Ludwig Feuerbach und der Ausgang der klassischen deutschen Philosophie, MEW 21, S. 292f.

88 *Kertész*, Galeerentagebuch, S. 137

89 *Kertész*, Galeerentagebuch, S. 224 u. *Benjamin*, Der Autor als Produzent, GS II-2, S. 696

90 *Benjamin*, Ursprung des deutschen Trauerspiels, GS I-1, S. 353

91 *Adorno*, Die Idee der Naturgeschichte, GS 1, S. 345ff.; Zur Lehre von der Geschichte und von der Freiheit, NS IV-13, S. 167ff.; Negative Dialektik, GS 6, S. 347ff.

92 *Kertész*, Galeerentagebuch, S. 252

93 *Lukács*, Theorie des Romans (1916), 1994, S. 53 (52)

94 *Marx*, Das Kapital, 1. Bd., MEW 23, S. 648

95 *Hegel*, Enzyklopädie der philosophischen Wissenschaften, Bd. III, WW 10, S. 184

96 *Hegel*, Grundlinien der Philosophie des Rechts, WW 7, S. 439

97 *Hegel*, Grundlinien der Philosophie des Rechts, WW 7, S. 186

98 *Marx*, Das Kapital, 1. Bd., MEW 23, S. 791

99 *Laplanche*, Le primat de l'autre en psychanalyse, 1997, S. 168 (dt.Ü. S. 73: »Plötzlich wurde mir die Universalität der utilitaristischen Denkweise bewusst, eine Denkweise, die wegen ihrer manipulatorischen Ziele hassenswert und aufgrund ihrer Mittel kindisch ist. Hüten wir uns davor, dass das Kindische nicht allmählich dem Hassenswerten weicht.«) cf. *Freud*, Das Unbehagen in der Kultur, StA 9, S. 253: »Es ist merkwürdig, wie anders sich der Primitive bestimmt! Wenn er Unglück gehabt hat, gibt er nicht sich die Schuld,

sondern dem Fetisch, der offenbar seine Schuldigkeit nicht getan hat, und verprügelt ihn, anstatt sich selbst zu bestrafen.«.

100 *Kertész*, Galeerentagebuch, S. 155ff. u. *Laplanche*, La révolution copernicienne inachevée, in: Le primat de l'autre en psychanalyse, 1997, S. IIIff.

101 *Kertész*, Galeerentagebuch, S. 45

102 *Kertész*, Ich – ein anderer, S. 26: »Ich bin das unverbesserliche Kind von Diktaturen, meine Besonderheit ist das Gebrandmarktsein. Es ist meine unerklärlichste, zugleich aber wahrhaftigste Erfahrung auf Erden, unter den Menschen. Dabei glaube ich keinen Moment, ich sei daran unschuldig. Offen gestanden kenne ich es seit meiner frühen Kindheit.« u. Dossier K., S. 133: »In einem gewissen Sinn habe ich auch in jenen Jahren in einer Art Kindheit gelebt. Diktaturen machen den Menschen zum Kind, insofern, als die keine existentielle Entscheidung erlauben und dich damit der wundervollen Bürde der Verantwortung für dich selbst berauben.«

103 *Kertész*, Ich – ein anderer, S. IIIf. u. Kaddisch, S. 146: »[...] ja die Worte Vater und Auschwitz erzeugen in mir das gleiche Echo [...]«

104 *Kertész*, Galeerentagebuch, S. 49

105 *Kertész*, Galeerentagebuch, S. 184

106 *Kertész*, Galeerentagebuch, S. 50: »Der Totalitarismus aber ist immer ideologisch: Während er mit staatlich organisiertem, institutionalisiertem Sadismus und legalisiertem Raubmord gegen das Individuum vorgeht, vertritt er andererseits auf väterliche Weise die sozialen Interessen des auserwählten Volkes.« u. *Theweleit*, Männerphantasien 1 + 2, 2009[4], insbesondere Bd. 2, S. 143ff.

107 *Kertész*, Kaddisch ..., S. 107

108 *Kant*, Grundlegung zur Metaphysik der Sitten, AA 4, S. 419 u. *Kertész*, Galeerentagebuch, S. 248: »Das Leben, jedes Leben ist ohne Zweifel ein Erzählen. Und dieses Erzählen hat ohne Zweifel stets ein und denselben Gegenstand: das Leben, Die Künstler verdichten diese Erzählung dann für den, an den sie sich richtet und der sie ohne Zweifel hören will. So ist jedes Leben ein Beispiel, und jedes Leben muss als Beispiel gelebt werden. Jedes Leben richtet sich an jemanden, und insofern – und nur insofern – ist es ein sinnvolles Leben, wenn auch den Sinn des Lebens selbst völlige Finsternis umgibt.«

109 *Benjamin*, Über das Programm der kommenden Philosophie, GS II-1, S. 159

110 *Benjamin*, Erfahrung und Armut, GS II-1, S. 214

111 *Kertész*, Fiasko, S. 16f.: »Der Alte fühlte sich nämlich selbst – und dass er dazu im wesentlichen allen Anlass hatte, können wir kaum bestreiten – wie jemand, der alt ist, jemand, dem nichts mehr widerfahren kann, nichts Neues, ob gut oder schlecht (vorbehaltlich der keineswegs gleichbedeutenden Chancen von ein wenig besser oder ein wenig schlechter) (obwohl das am Wesentlichen im wesentlichen nichts ändert): wie jemand, dem alles schon widerfahren ist (auch das, was noch geschehen könnte oder hätte geschehen können), der seinen Tod – vorläufig – überlistet, sein Leben – endgültig – gelebt, für seine Sünden seine bescheidene Belohnung, für seine Tugenden seine strenge Strafe erhalten hat und schon lange auf jener grauen Liste steht, die – wer könnte sagen, wo und nach was für Eingebungen – über die Überzähligen geführt wird; wie einer, der allem zum Trotz Tag für Tag morgens daran erwacht, dass er dennoch existiert (und dieses Empfinden als gar nicht so unangenehm erlebt) (wie er es vielleicht hätte erleben

können) (wenn er immer alles in Betracht gezogen hätte) (was er indes überhaupt nicht tat).«

112 *Benjamin*, Erfahrung und Armut, GS II-1, S. 218

113 *Benjamin*, Erfahrung und Armut, GS II-1, S. 217f.

114 *Kertész*, Galeerentagebuch, S. 13

115 *Benjamin*, Erfahrung und Armut, GS II-1, S. 216 u. *Kertész*, Galeerentagebuch, S. 21: »Schließlich die Frage der Undarstellbarkeit des funktionalen Menschen. Übernehmen wir seine Darstellung jedoch, so bleibt immer noch die Frage, aus welchen Blickwinkel haben wir ihn darzustellen? Sehen wir seine Situation als tragisch an, so beklagen wir ohne Zweifel etwas nicht Nichtexistentes, das falsche Bewusstsein der Kulturwelt, das vor Auschwitz bestand (und zu Auschwitz führte); einen Humanismus, der niemals existierte. Ist das nicht absurd anachronistisch? Ist das nicht absurd harmlos? Das heißt: Ist das nicht Lüge?« u. 65f.: »Aufrichtigkeit ist eine Kategorie des Unmöglichen, Sie ist nur in der Unmittelbarkeit möglich […]. Verbale Aufrichtigkeit aber – nicht auf der Ebene gegenständlicher Annährung, sondern seelischer Berührung – ist quasi völlig ausgeschlossen; teils, weil das gesprochene Wort bloß ein Zeichen ist, das zum Abenteuer auf dem Feld des unmittelbaren Lebens einlädt, teils, weil tiefgekühlte Verbalität – die Literatur – bloß Form ist, das heißt etwas bloß Mittelbares, in dem sich Aufrichtigkeit wieder nur durch Transponierung, sozusagen durch Techniken äußern kann.«

116 *Benjamin*, Eduard Fuchs, der Sammler und der Historiker, GS II-2, S. 466

117 *Kertész*, Dossier K, S. 80: »Der Überlebende ist eine Ausnahme, seine Existenz ergibt sich im Grunde aus einer Betriebspanne in der Todesmaschinerie, wie Jean Améry treffend bemerkt hat. Vielleicht kann man sich deshalb so schwer damit abfinden, ich so schwer befreunden mit der exzeptionellen und regelwidrigen Existenz, die das Überleben darstellt.«

118 *Kertész*, Der Spurensucher, S. 105: »›Ich sehe eine Inschrift in der Mitte‹, ließ die Frau ihn wissen; sie waren noch zu weit entfernt, um die in drei Einheiten – vermutlich drei Worte – gegliederte Inschrift lesen zu können, die, in die Mitte der Türornamente eingebettet, von ihnen aus lediglich so etwas wie eine Verästelung derselben zu sein schien. ›Je… je‹, versuchte sie zu buchstabieren. ›Jedem das Seine‹, kam ihr der Abgesandte zu Hilfe. Die Frau schwieg, senkte den Kopf und wandte ihn ab: ein verlegen gemachtes Kind, dem man inmitten seines selbstvergessenen Spieles plötzlich die Leviten gelesen hat. ›Komisch‹, sagte sie leise. ›Gewiss‹, sagte der Abgesandte. ›Manchen erscheint sie offenbar komisch. Aber es steckt eine Wahrheit darin, die man beherzigen sollte, nur muss man darauf kommen‹, fügte er hinzu. Seine Frau warf ihm einen forschenden Blick zu: ›Auch für uns?‹ fragte sie. Der Mann schwieg. ›Du hältst mich auf‹, sagte er dann. ›Ich muss gehen.‹«

119 *Kant*, Die Metaphysik der Sitten, AA 6, S. 237

120 *Benjamin*, Thesen über den Begriff der Geschichte, GS I-2, S. 696 u. Eduard Fuchs, der Sammler und der Historiker, GS II-2, S. 477

121 *Benjamin*, Eduard Fuchs, der Sammler und der Historiker, GS II-2, S. 493 u. 496. cf. *Horkheimer*, Egoismus und Freiheitsbewegung, GS 4, S. 16 u. Materialismus und Moral, GS 3, S. 114; *Kertész*, Dossier K, S. 88: »Moralist keinesfalls. Das Zeitalter der großen Moralisten – der Montaignes, der La Rochefoucaulds und so weiter – ist seit langem zu Ende. Nach Auschwitz erübrigt es sich, weiter über die menschliche Natur zu richten.

Der Weg des Moralisten führt heute leicht zur Ideologie der Massenbewegung, und das ist mehr als problematisch, nebenbei langweilig.«

122 *Kertész*, Dossier K, S. 189f.: »Mich hat dieser große Text [Kritik der Urteilskraft] in vollem Umfang bestätigt und errettet. Was kümmern mich Tatsachen? Kant ist nicht zu widerlegen, sowenig wie man, sagen wie, eine Eiche widerlegen kann. Sie ist herangewachsen, hat sich entfaltet und steht da. Und wir haben von Zeit zu Zeit das Bedürfnis, in ihrem Schatten stehen zu bleiben und sie zu bewundern, al ein großes, ermutigendes Beispiel.«

123 *Kant*, Die Metaphysik der Sitten, AA 6, S. 331f. u. *Bloch*, Naturrecht und menschliche Würde, GA 6, S. 276

124 *Kant*, Kritik der reinen Vernunft, AA 3, S. 308ff.

125 *Kertész*, Galeerentagebuch, S. 55 u. 299: »Der Fall Immanuel Kants, der sich als Privatgelehrter zweimal um eine ordentliche Professur an der Königsberger Universität bewarb und beide Male abgelehnt wurde. Man soll hier nicht die banale Parabel, sondern das Maßgebende daran erblicken. Wenn Immanuel Kant einen philosophischen Lehrstuhl innehätte, was sollte dann der Lehrstuhl-Nachbar anfangen? Richtig also, dass man ihm keine Professur gab, doch man hat zugelassen, dass er zu Hause seine ›Kritik der reinen Vernunft‹ schrieb. Die Praxis dieses Jahrhunderts ist demgegenüber bereits ganz entschieden eine Übertreibung: Er würde keine Professur bekommen und zudem in ein Lager gesteckt oder einfach umgebracht werden.«

126 *Kertész*, Galeerentagebuch, S. 46

127 *Adorno*, Probleme der Moralphilosophie, NS IV-10, S. 174 u. *Lukács*, Geschichte und Klassenbewusstsein, 1923, S. 137f.

128 *Adorno*, Zur Logik der Sozialwissenschaften, GS 8, S. 557 u. Philosophische Terminologie, Bd. 2, 1974, S. 239

129 *Adorno*, Negative Dialektik, GS 6, S. 375

130 *Adorno*, Probleme der Moralphilosophie, NS IV-10, S. 114

131 *Adorno*, Negative Dialektik, GS 6, S. 358

132 *Adorno*, Negative Dialektik, GS 6, S. 282

133 *Benjamin*, Einbahnstraße, GS IV-1, S. 138

134 *Benjamin*, Zur Kritik der Gewalt, GS II-1, S. 203

135 *Adorno*, Negative Dialektik, GS 6, S. 304

136 *Benjamin*, Das Passagen-Werk, GS V-1, S. 577 [N 2 a, 4] u. Ursprung des deutschen Trauerspiels, GS I-1, S. 226

137 *Adorno*, Kierkegaard, GS 2, S. 80 u. *Benjamin*, Das Passagen-Werk, GS V-1, S. 46f., 575 u. GS V-2, S. 1037f. Außerdem *Benjamin*, v. 9.12.1938, A/B, S. 377ff.

138 *Benjamin*, Das Passagen-Werk, GS V-1, S. 577

139 *Adorno*, Minima Moralia, GS 4, S. 55

140 *Adorno*, Zur Lehre von der Geschichte und von der Freiheit, NS IV-13, S. 276 u. Einleitung in die Soziologie, NS IV-15, S. 65 in Anlehnung an *Durkheim*, Die Regeln der soziologischen Methode, 1984, S. 106ff.

141 *Adorno*, Negative Dialektik, GS 6, S. 214f.

142 *Adorno*, Ästhetische Theorie, GS 7, S. 473 u. *Benjamin*, Der Surrealismus, GS II-1, S. 305

143 *Celan*, Weißgrau, aus: Atemwende, in: Gedichte, 2005, S. 177

144 *Kertész*, Galeerentagebuch, S. 240: »Wie ›Kaddisch‹ völlig unbeabsichtigt und ohne ›vorhergehende Überlegung‹ auf der ›Todesfuge‹ aufbaut …«
145 *Kertész*, Dossier K, S. 140
146 *Kertész*, Dossier K, S. 142
147 *Kertész*, Galeerentagebuch, S. 26: »Durch die Lektüre Adornos sehe ich wieder völlig klar, dass die Technik meines Romans der Zwölfton- bzw. Reihentechnik, also einer integralen Kompositionsmethode, folgt. Sie verbietet freie Charaktere und die Möglichkeit einer freien Wendung der Erzählung.«
148 *Kertész*, Galeerentagebuch, S. 74: »Ein atonaler Roman. Was heißt Tonalität? Der Grundbass einer eindeutigen Moral, der Grundton, der überall darin brummt. Gibt es einen solchen Grundton? Falls es ihn gibt, ist er erschöpft. Ein Roman also, in dem sich keinerlei statische Moral findet, nur die ursprünglichen Formen des Erfahrens, die Erfahrung im reinen und geheimnisvollen Sinne des Wortes.«
149 *Kertész*, Dossier K, S. 143
150 *Zimmermann*, Zu den »Soldaten«, in: Intervall und Zeit, 1974, S. 96. cf. *Ebbeke*, »Sprachfindung«, 1986
151 *Kertész*, Galeerentagebuch, S. 266 u. Dossier K, S. 175: »Das Wort ›zufällig‹ hat keinen Sinn. Es erklärt nichts. Ich kann es ohne weiteres durch das Wort ›notwendig‹ ersetzen, und es kommt auf das gleiche heraus, obgleich die beiden Wörter anscheinend gegensätzliche Inhalte abdecken.« cf. *Kraus*, Die Fackel 1 (1899), S. II: »Die Antisemiten aber beginnen als Orakel zu preisen, was sonst nur der ›Zufall‹, blind eben wie die Gerechtigkeit, erschaffen hat.«
152 *Schönberg*, Harmonielehre, 2005, S. VI u. S. 374ff.
153 *Kertész*, Galeerentagebuch, S. 266. cf. über Rechtschreibung in der Musik, ihre Orthographie: *Harnoncourt*, Musik als Klangrede, S. 34
154 *Horkheimer/Adorno*, Dialektik der Aufklärung, Horkheimer-GS 5, S. 185
155 *Kertész*, Der Spurensucher, S. 121
156 *Kertész*, Galeerentagebuch, S. 127f.
157 *Benjamin*, Charles Baudelaire, GS I-2, S. 544
158 *Kertész*, Galeerentagebuch, S. 235: »Schönberg: Für die Kunst genügt, dass sie wahr ist. (›Harmonielehre‹)« cf. *Schönberg*, Harmonielehre, S. 393f. u. *Kertész*, Galeerentagebuch, S. 270: »Schönberg: Kunst heißt: *neue* Kunst (›Style and Idea‹).« cf. Schönberg, Neue Musik, veraltete Musik, Stil und Gedanke, in: Stil und Gedanke, 1992, S. 42 u. *Webern*, Der Weg zur Neuen Musik, in: Der Weg zur Neuen Musik, 1960, S. 21
159 *Kertész*, Detektivgeschichte, S. 6f. u. 13
160 *Kertész*, Liquidation, S. 32 bzw. Detektivgeschichte, S. 108
161 *Kertész,* Detektivgeschichte, S. 62: »Und dabei fühle ich, wie unmöglich das alles ist, denn es gibt keine Zukunft, es gibt nur die Gegenwart, den Zustand, den Ausnahmezustand.«
162 *Kertész*, Dossier K, S. 79
163 *Kertész*, Galeerentagebuch, S. 84f.: »Einst kämpfte der Mensch mit den Göttern, sein Horizont war der Kosmos, seine Perspektive die Ewigkeit. Heute sind es die Gefängnismauern.«
164 *Adorno*, Beethoven, NS I-1, S. 231. Mit anderem Bezugspunkt doch ähnlicher Konstellation, *Kertész*, Galeerentagebuch, S. 281: »Aus dem 2. Satz der c-Moll-Sonate (op. 111):

jene Stelle, wo das Thema (›Wiesen-grund‹) entschwindet, wo es entflohen ist, wo es fehlt und das Klavier ohne es auszukommen versucht: vegetierend, sich mühsam fortschleppend, melancholisch träumend im nächtlichen Mondschein usw. Dann, als die Entbehrung nahezu unerträglich ist, kehrt es mit mächtiger Kraft zurück, um kurz darauf zu sterben.«

165 *Kertész*, Galeerentagebuch, S. 10: »›Ein Bild muss mit demselben Gefühl gemacht werden, mit dem ein Verbrecher seine Tat ausführt‹: Degas. – Das ist die eine Seite des Problems; die andere ist, dass die Behörden mit den besseren Künstlern heute geradeso wie mit Verbrechern umgehen.« u. S. 35: »Künstlerisch ist für ihn [Kafka] allein die Illegalität vorstellbar. Und für alles gibt es nur einen einzigen Grund: Prag. (Budapest.)« wie in Dossier K, S. 199: »Ein Künstler muss sein Werk in der gleichen Gemütsverfassung beginnen, in der ein Verbrecher seine Tat ausführt, sagt Degas. Wenn ich zu arbeiten beginne, wird die Welt zu meinem Feind.«.

166 *Benjamin*, Kleine Geschichte der Photographie, GS II-1, S. 385; Das Kunstwerk im Zeitalter seiner technischen Reproduzierbarkeit, GS I-2, S. 445, 464 u. 485

167 *Benjamin*, Charles Baudelaire, GS I-2, S. 578

168 *Kertész*, Liquidation, S. 118

169 *Kertész*, Galeerentagebuch, S. 300: »Ein Satz Ciorans, für dessen Wahrheit ich mit meinem Leben bürge: ›Jedes Buch ist ein aufgeschobener Selbstmord.‹«

170 *Kertész*, Galeerentagebuch, S. 35

171 *Adorno*, Strawinsky: Ein dialektisches Bild, in: Quasi una fantasia, GS 16, S. 407, dessen letzte Teil auch zitiert wird in: *Kertész*, Galeerentagebuch, S. 34

172 *Adorno*, Kulturkritik und Gesellschaft, in: Prismen, GS 10.1, S. 30

173 *Kertész*, Dossier K, S. 120

174 *Adorno*, Negative Dialektik, GS 6, S. 355

175 *Kertész*, Galeerentagebuch, S. 236: »›Wir haben unsere Rechte verspielt‹ – wie es in ›Godot‹ heißt. Das ethische Gebot ist auch weiterhin das Verbot (das Verbot des Lebens) und das Gebot des Lebens das Verbot der Ethik.«

176 *Webern*, Der Weg zur Neuen Musik, in: Der Weg zur Neuen Musik, 1960, S. 39

177 *Kertész*, Galeerentagebuch, S. 143: »In den großen Sprachen findet sich immer ein freier Ton, den ein Schriftsteller anschlagen kann, ohne dass das ganze Instrumente zusammenbräche.«

178 *Kertész*, Dossier K, S. 230

179 *Kertész*, Lange, dunkle Schatten, in: Die exilierte Sprache…, S. 54: »Wir alle kennen wahrscheinlich den bekannten Ausspruch Adornos, man könne nach Auschwitz keine Gedichte mehr schreiben. Ich würde ihn, in einem ebenso weiten Sinn, so modifizieren, dass man nach Auschwitz nur noch über Auschwitz Gedichte schreiben kann.« u. Galeerentagebuch…, S. 253: »Das Konzentrationslager ist ausschließlich als Literatur vorstellbar, als Realität nicht. (Auch nicht – und vielleicht sogar dann am wenigsten –, wenn wir es erleben.)«

180 *Kertész*, Die englische Flagge, in: Die englische Flagge, S. 28f.

181 *Kertész*, Die englische Flagge, in: Die englische Flagge, S. 23: »[…] also, dass vielleicht auch ein vollkommenes Leben *hätte möglich sein können* –, das begann ich erst zu ahnen, als ich mich, verblüfft und überwältigt, nach dem Erzählen des Abenteuers auf einmal mit dem *Abenteuer des Erzählens* konfrontiert sah.« u. Galeerentagebuch, S. 248:

»Das Leben, jedes Leben ist ohne Zweifel ein Erzählen. Und dieses Erzählen hat ohne Zweifel stets ein und denselben Gegenstand: das Leben.«

182 *Kertész*, Galeerentagebuch, S. 258.

183 *Benjamin*, Der Erzähler, GS II-2, S. 450

184 *Benjamin*, Ursprung des deutschen Trauerspiels, GS I-1, S. 343

185 *Lukács*, Die Theorie des Romans, 1994, S. 54f.

186 *Kertész*, Galeerentagebuch, S. 132: »Alles ist bereits passiert und nichts daraus gefolgt. Auschwitz und Sibirien sind vergangen (wenn sie vergangen sind) und haben das menschliche Bewusstsein kaum berührt, ethisch gesehen hat sich nichts geändert. Alle Erfahrungen sind vergeblich.« u. Die exilierte Sprache, in: Die exilierte Sprache, S. 216f.: »Damals, in der kurzen und hoffnungsvollen Zeitspanne, als die Berliner Mauer gefallen war und sich West- und Osteuropa einander euphorisch zuneigten, wagte ich niederzuschreiben, dass der Holocaust in geistig-moralischem, also kulturellem Sinn ein Wert ist, weil er durch unermessliches Leid zu unermesslichem Wissen geführt hat und damit eine unermessliche moralische Reserve in sich birgt. Ich möchte nicht falsch verstanden werden: Ich nehme nichts davon zurück, ich würde es heute höchstens leiser sagen, eher flüsternd, im kleinen Kreis, zu ganz wenigen oder vielleicht nur zu mir selbst.«

187 *Kertész*, Budapest, Wien, Budapest, in: Die exilierte Sprache, S. 30: »Und wie hat Nietzsche in der von mir selbst übersetzten ›Tragödie …‹ gesagt? ›Ich bin von der Kunst als der höchsten Aufgabe und der eigentlich metaphysischen Tätigkeit dieses Lebens überzeugt.‹ Ja, auch die Literatur ist, wie jede Kunst, vitale Aktion des Menschen. Vorausgesetzt, dass man sie als vitale Aktion pflegt. Wo nicht, ist sie natürlich auch nicht wichtig.« cf. *Nietzsche*, Die Geburt der Tragödie, WW 1, S. 20

188 *Kertész*, Galeerentagebuch, S. 53

189 *Kertész*, Ich – ein anderer, S. 100, ähnlich wie Wer jetzt kein Haus hat, in: Die exilierte Sprache, S. 139. cf. *Adorno*, Kierkegaard, GS 2, S. 12: »Dichterisch heißen ihm durchweg die Thesen seiner Theologie, wofern sie nicht apodiktisch aus dem Lehrgehalt des Christentums entwickelt sind.«; u. S. 157: »Aber in Verblendung ist ihm entgangen, dass das Bild des Opfers selbst mythisch ist, welches die innerste Zelle seines Denkens einnimmt, erreichbar durch die Zugänge seiner Philosophie wie seiner Theologie.« Etwa im Sinne Adornos Kritik an Kierkegaard wendet Kertész die Theologie definitiv ins Negative um. So wird die Funktion des Kontrapunkts bei ihm besser verständlich: cf. *Adorno*, Die Funktion des Kontrapunkts in der neuen Musik, in: Klangfiguren, GS 16, S. 145, 149 u. 169

190 *Benjamin*, Ödipus oder Der vernünftige Mythos, GS II-1, S. 391. Über diese Aporie, *Horkheimer/Adorno*, Dialektik der Aufklärung, Horkheimer-GS 5, S. 19

191 *Schönberg*, Harmonielehre, S. 78

192 *Kertész*, Protokoll, in: Die englische Flagge, S. 157: »Das folgende Protokoll ist dazu bestimmt, jenes andere, zwar in jedem Fall amtlichere, wenn jedoch auch keineswegs glaubwürdigere Protokoll gegezunzeichnen, das an einem bestimmten Ort, einem bestimmten Tag, zu einer bestimmten Stunde aufgenommen und (wahrscheinlich) zu den Akten gelegt worden ist, von dem Einzelheiten anzuführen wir hier jedoch nicht für erforderlich halten.« u. Dossier K., S. 163: »In der Diktatur ist der Staatsbürger, der gerade nicht im Gefängnis ist, lediglich Häftling auf Urlaub. Im Verhältnis dazu ist die Sache

selbst, der ›Prozess‹, der als Vorwand für seine Gefangenschaft dient, in jedem Fall nur eine nebensächliche Anekdote.«

193 *Adorno*, Charakteristik Walter Benjamins, in: Prismen, GS 10.1, S. 252 u. *Benjamin*, Goethes Wahlverwandtschaften, GS I-1, S. 201

194 *Adorno*, Sakrales Fragment, in: Quasi una fantasia, GS 16, S. 470

195 *Kertész*, Galeerentagebuch, S. 263

196 *Kertész*, Galeerentagebuch, S. 64: »Das Denken ist das Wehklagen der Menschen.« cf. *Schönberg*, Harmonielehre, S. 55: »Es ist somit klar, dass die Anwendung dieses stärksten Schrittes bei einem so besonderen Anlass, wie es in unserem vorläufigen harmonischen Leben das Vorkommen einer Dissonanz ist, ebenso geboten ist, wie etwa das Anlegen eines Festkleides bei feierlichen Anlässen im bürgerlichen Leben. Selbstverständlich gibt es auch andere Mittel, die Dissonanz aufzulösen; und wenn sie für uns durch häufigeren Gebrauch an Besonderheit verloren haben wird, werden wir weniger Umstände mit ihr machen und nicht immer gleich zu den stärksten Mitteln greifen.«

197 *Kertész*, Fiasko, S. 49: »Berufshumanisten möchten jedoch gern glauben, dass Auschwitz nur denjenigen widerfahren sei, denen es zufälligerweise damals und dort widerfahren ist, dass den anderen hingegen, denen es zufälligerweise damals und dort nicht widerfahren ist, der Mehrheit, dem Menschen – dem MENSCHEN! – im allgemeinen nichts widerfahren sei.« u. S. 50: »Mich reizen die Berufshumanisten auch, denn mit ihrem Wunsch trachten sie nach meiner Vernichtung: sie wollen meinen Erfahrungen die Geltung absprechen.« *Adorno*, Negative Dialektik, GS 6, S. 96, spricht von dem abscheulichen Gerede vom Humanismus. Seine Kritik ist noch klarer in: Probleme der Moralphilosophie, NS IV-10, S. 250f.

198 *Kertész*, Ich – ein anderer, S. 64 »[...] und so weiter — Argumente des Wahnsinns, die im Gewande juristischer Logik daherkommen, um sich meiner zu entlegen.«

199 *Kertész*, Galeerentagebuch, S. 33. cf. *Adorno*, Negative Dialektik, GS 6, S. 358: »Erheischt negative Dialektik die Selbstreflexion des Denkens, so impliziert das handgreiflich, Denken müsse, um wahr zu sein, heute jedenfalls, auch gegen sich selbst denken. Misst es sich nicht an dem Äußersten, das dem Begriff entflieht, so ist es vorweg vom Schlag der Begleitmusik, mit welcher die SS die Schreie ihrer Opfer zu übertönen liebte.«

200 *Kertész*, Galeerentagebuch, S. 314

201 *Adorno*, Ästhetische Theorie, GS 7, S. 163f. u. *Benjamin*, Wider ein Meisterwerk, GS III, 259.

202 *Benjamin*, Karl Kraus, GS II-1, S. 349

203 *Kertész*, Galeerentagebuch, S. 199: »Ideologische Literatur ist immer Paraliteratur. Auch Literatur, die eine Gegentheorie vertritt, ist theoretische Literatur, das heißt zuweilen Rechtfertigungsliteratur.«

204 *Benjamin*, Karl Kraus, GS II-1, S. 348

205 *Kertész*, Galeerentagebuch, S. 12: »Der dogmatische Pessimismus. Zumeist der *verwirrte Kleinbürger*. Dogmatischer Pessimismus mündet gewöhnlich in dogmatischem Weltverbesserertum. Der dogmatische Pessimismus als Kunst: immer Moralismus. [...] Der moralisierende Künstler bleibt letztlich immer beim persönlichen Fall und bei der fruchtlosen Empörung.« cf. *Hegel*, Vorlesungen über die Ästhetik II, WW 14, S. 219

206 *Benjamin*, Karl Kraus, GS II-1, S. 355. cf. *Marx*, Zur Judenfrage, MEW 1, S. 347ff.

207 *Adorno*, Negative Dialektik, GS 6, S. 204ff. u. *Schönberg*, Moses und Aron, Oper in drei Akten, II.-5., T. 1133-1136: »O Wort, du Wort, das mir fehlt.«
208 *Benjamin*, Karl Kraus, GS II-1, S. 356ff.
209 *Schönberg*, Harmonielehre, S. 34
210 *Schönberg*, Harmonielehre, S. 41 u. *Kertész*, Detektivgeschichte, S. 30: »›Was für eine Reihenfolge?‹ frage ich. ›Erst die Macht und dann das Gesetz.‹«
211 *Schönberg*, Harmonielehre, S. 5f.
212 *Schönberg*, Harmonielehre, S. 394
213 *Kertész*, Fiasko, S. 69: »Ich habe das Gefühl, dass ich begann, mein Leben – wenigstens insgeheim – schon mehr und mehr als das eines Schriftstellers zu betrachten; wenn ich es auch nicht offen in Betracht zog, so begann ich doch meinen Gedanken mehr und mehr irgendwelche Eigenschaften zuzuschreiben, die an mich selbst den Anspruch auf ihre Mitteilung und an die anderen den unbedingten Anspruch auf ihre Anhörung stellen.«; Der überflüssige Intellektuelle, in: Die exilierte Sprache, S. 98: »Ferner ist, das wollen wir nicht leugnen, die geschlossene Gesellschaft, die Welt des ideologischen Totalitarismus eine explizit intellektuelle Welt. Wer sich nicht auf sie einlassen will, muss klar sehen, was ihn grundsätzlich von dieser – wie von jeder – Welt der Ideologie scheidet, und zwar deshalb, weil er die Sprache zu erhalten hat, in der das Opfer seinem Leiden noch Ausdruck zu geben, seine Anklage noch zu formulieren vermag.« u. Das sichtbare und das unsichtbare Weimar, in: Die exilierte Sprache, S. 105: »Wenn er, der Künstler von heute, seine Kunst ernst nimmt, wird er gezwungen sein, die Quellen der Kreativität im Negativen, im Leiden und der Identifikation mit den Leidenden zu finden. Ich sage mit Absicht Leidende und nicht Opfer. Man muss nicht unbedingt ein ausgeweidetes Opfer des Balkankrieges oder ein hungernder Somalier sein, um allerorts von den Wehklagen der Welt eingeholt zu werden und in ihnen die eigene Stimme zu erkennen. Heute, in einer Zeit, in der sich die gesellschaftliche und metaphysische Einsamkeit des Menschen zu vollenden scheint, gibt es den Einzelnen tatsächlich nicht mehr. Die Totalität, dieser Kunstbegriff der hohen Philosophie, auf die Propagandasprache von Goebbels heruntergekommen, ist heute zur Realität des Weltzustands geworden. Das Leiden kommt in Form des Befehls über uns, und das feierliche Protestieren dagegen: Das ist heute Kunst, etwas anderes kann sie nicht sein.«
214 *Schönberg*, Harmonielehre, S. 75
215 *Adorno*, Philosophie der neuen Musik, GS 12, S. 68f.
216 *Kertész*, Galeerentagebuch, S. 201: »›Struktureller Roman‹. Anton Webern bringt das gleich zum Ausdruck, wenn er sagt, dass eine Reihe nicht zufällig, nicht willkürlich sei, sondern aufgrund bestimmter Überlegung angeordnet. Grundlage jeder Überlegung war bei mir die Ähnlichkeit zwischen der Struktur des dargestellten Gegenstandes und der strukturellen Anordnung des Romanstoffes.«
217 *Webern*, Der Weg zur Neuen Musik, in: Der Weg zur Neuen Musik, 1960, S. 9
218 *Webern*, Der Weg zur Komposition in zwölf Tönen, in: Der Weg zur Neuen Musik, 1960, S. 61 u. *Fögen*, Das Lied vom Gesetz, 2007, S. 58
219 *Webern*, Der Weg zur Neuen Musik, in: Der Weg zur Neuen Musik, 1960, S. 36f.
220 *Kertész*, Galeerentagebuch, S. 13: »Dieser Appell an die triumphierende Welt findet immer Gehör. Ergebnis: ein sentimentales Sichumarmen, der Henker verzeiht dem Opfer. – Aufpassen also, nach einer geschlossenen Form streben, den Inhalt gleichsam hinter eine

Glasscheibe stecken, gut sichtbar, aber unantastbar.« cf. *Kluge*, Rache durch den Stellvertreter, in: Neue Geschichten. Hefte 1–18, 1977, S. 21 u. *Jankélévitch*, Verzeihen? in: Das Verzeihen, 2004, S. 275

221 *Kertész*, Wem gehört Auschwitz?, in: Die exilierte Sprache, S. 149: »An beiden Händen könnte ich die Schriftsteller abzählen, die aus der Erfahrung des Holocaust wirklich große Literatur von Weltgeltung hervorgebracht haben. Ein Paul Celan, ein Tadeusz Borowski, ein Primo Levi, ein Jean Améry, eine Ruth Klüger, ein Claude Lanzmann oder ein Miklós Radnóti begegnet uns überaus selten.«

222 *Benjamin*, Karl Kraus, GS II-1, S. 347

223 *Kertész*, Ich – ein anderer, S. 86 u. Dossier K, S. 202: »Das Leben ist nämlich entweder Demonstration oder Kollaboration.«

224 *Kertész*, Liquidation, S. 65: »Wie es scheint, hat er eine Zeitlang erwogen, das hinterlassene Theaterstück in freien Versen zu schreiben, in der Art von Peter Weiss oder eher noch Thomas Bernhard, dessen berufener Übersetzer er war.«

225 *Weiss*, Notizen zum dokumentarische Theater, in: Rapporte 2, 1980[2], S. 91f.

226 *Kertész*, Die exilierte Sprache, S. 42f.: »Müssen wir also auf der Grundlage des Rechts ein Urteil über das Universum der Lager fällen? Haben wir darüber zu befinden, wo wer mehr zu Unrecht gelitten hat? Obwohl wir doch genau wissen, dass all das jenseits von Recht und Gerechtigkeit liegt; von Scheinprozessen wie etwa denen Gábor Péters einmal ganz abgesehen, zeigen selbst die Urteile von Nürnberg und der Frankfurter Auschwitz-Prozess, dass die Welt der Opfer und der Henker und damit auch das schreckliche Urteil weit außerhalb der Gerichtssäle liegt.« cf. *Weiss*, Die Ermittlung, WW 5, S. 9 u. *Nono*, Ricorda cosa ti hanno fatto in Auschwitz, Chöre aus Die Ermittlung von Peter Weiss (1996), in: Texte, Studien zu seiner Musik, 1975, S. 129

I. Litanei *oder ein Modell*

227 *Eser/Hassemer/Burkhardt* (Hrsg.), Die deutsche Strafrechtswissenschaft vor der Jahrtausendwende, 2000, S. 458ff.

228 *Eser*, Eröffnungsansprache, op. cit., S. 4

229 *Eser*, Eröffnungsansprache, S. 6

230 *Eser*, Eröffnungsansprache, S. 6

231 *Eser*, Eröffnungsansprache, S. 5

232 *Eser*, Eröffnungsansprache, S. 3

233 *Eser*, Eröffnungsansprache, S. 5

234 *Eser*, Eröffnungsansprache, S. 9

235 *Fromm*, Grußwort, op. cit., S. 11

236 *Fromm*, Grußwort, S. 11

237 *Huyssen*, The Voids of Berlin, in: Present Pasts, 2004, S. 51f.

238 *Benjamin*, Das Passagen-Werk, GS V-1, S. 46

239 *Eser*, Eröffnungsansprache, S. 7

240 *Körting*, Grußwort, S. 18

241 *Schlink*, Rechtsstaat und revolutionäre Gerechtigkeit (1994), in: Vergangenheitsschuld und gegenwärtiges Recht, 2002, S. 39f.: »Warum zeigt gerade Deutschland einen derartigen strafrechtlichen Eifer? Was unterscheidet Deutschland von den anderen Ländern mit kommunistischer Vergangenheit? Ist es der Umstand, dass Deutschland über die erforderliche strafrechtliche und –gerichtliche Infrastruktur verfügt, die in den anderen Ländern mit kommunistischer Vergangenheit erst geschaffen wird? Aber dieser Umstand könnte allenfalls Schwierigkeiten bei der Durchführung der strafrechtlichen Bewältigung der kommunistischen Vergangenheit erklären, nicht jedoch die Unwilligkeit oder Zurückhaltung, die strafrechtliche Bewältigung auch nur in Angriff zu nehmen. Hat der Unterschied seine Ursache in einem Bedürfnis der deutschen Justiz, bei der strafrechtlichen Bewältigung kommunistischen Unrechts zu leisten, was bei der strafrechtlichen Bewältigung nationalsozialistischen Unrechts versäumt wurde? Aber was für ein seltsames Bedürfnis wäre dies und was für eine seltsame Vorstellung, man könne verschiedene historische Kontexte gewissermaßen miteinander verrechnen.«
242 *Huyssen*, The Politics of Identification, in: After the Great Divide, 1986, S. 94ff.
243 *Huyssen*, After the War, in: Present Pasts, 2004, S. 73
244 *Chomsky*, Kosovo in Retrospect, in: A New Generation Draws the Line, 2001, S. 94ff.
245 *Chomsky*, Intentional Ignorance and Its Uses, in: A New Generation Draws the Line, S. 35
246 *Ambos*, Bericht über die Diskussion zum Thema »Das Selbstverständnis der Strafrechtswissenschaft gegenüber den Herausforderungen ihrer Zeit«, op. cit., S. 104
247 *Hassemer*, Das Selbstverständnis der Strafrechtswissenschaft gegenüber den Herausforderungen ihrer Zeit, op. cit., S. 27
248 *Adorno*, Wörter aus der Fremde, GS 11, S. 224f.
249 *Hassemer*, Das Selbstverständnis der Strafrechtswissenschaft ..., S. 26
250 *Hassemer*, Das Selbstverständnis der Strafrechtswissenschaft ..., S. 21
251 *Hassemer*, Das Selbstverständnis der Strafrechtswissenschaft ..., S. 43
252 *Hassemer*, Das Selbstverständnis der Strafrechtswissenschaft ..., S. 31
253 *Horkheimer*, Traditionelle und kritische Theorie, GS 4, S. 176
254 *Schönberg*, Vorwort zu den Drei Satiren für gemischten Chor, op. 28 (1925/6), WW 18, S. 66 u. *Adorno*, Philosophie der neuen Musik, GS 12, S. 13
255 *Adorno*, Der getreue Korrepetitor, GS 15, S. 179
256 *Hassemer*, Das Selbstverständnis der Strafrechtswissenschaft ..., S. 38, Fn. 52. Ähnlich wie schon *Arthur Kaufmann*, Problemgeschichte der Rechtsphilosophie, in: *Kaufmann/Hassemer /Neumann* (Hrsg.), Einführung in Rechtsphilosophie und Rechtstheorie der Gegenwart, 20047, S. 79
257 *Hassemer*, Das Selbstverständnis der Strafrechtswissenschaft ..., S. 39f.
258 *Muñoz Conde*, Edmund Mezger y el Derecho penal de su tiempo, 2003[4]. Cf. schon *Eser*, Schlussbetrachtungen, op. cit, S. 439
259 *Frommel*, Welzels finale Handlungslehre, in: *Reifner/Sonnen* (Hrsg.), Strafjustiz und Polizei im Dritten Reich, 1984, S. 86ff. bzw. *Müller*, Furchtbare Juristen, 1987
260 *Hassemer*, Das Selbstverständnis der Strafrechtswissenschaft ..., S. 30f.
261 *Hassemer*, Das Selbstverständnis der Strafrechtswissenschaft ..., S. 27
262 *Benjamin*, Die Aufgabe des Übersetzers, GS IV-1, S. 12

263 *Ambos*, Bericht über die Diskussion zum Thema »Das Selbstverständnis der Strafrechtswissenschaft gegenüber den Herausforderungen ihrer Zeit«, op. cit., S. 107
264 *Hassemer*, Das Selbstverständnis der Strafrechtswissenschaft ..., S. 27. cf. *Fabricius*, Selbst-Gerechtigkeit, 1986
265 *Eser*, Schlussbetrachtungen, S. 438
266 *Jakobs*, Das Selbstverständnis der Strafrechtswissenschaft gegenüber den Herausforderungen ihrer Zeit [Kommentar], op. cit., S. 49
267 *Jakobs*, Das Selbstverständnis der Strafrechtswissenschaft ..., S. 55
268 *Jakobs*, Das Selbstverständnis der Strafrechtswissenschaft ..., S. 50f.
269 *Koselleck*, Historik und Hermeneutik, in: *Koselleck/Gadamer*, Hermeneutik und Historik, 1987, S. 14f.
270 *Adorno*, v. 12.5.1934, A/B, S. 85; v. 17. 12. 1934, A/B, S. 94 u. *Fabricius*, Was ein Lehrbuch lehrt..., 1998
271 *Cornils*, Bericht über die Diskussion zum Thema »Die Strafrechtswissenschaft vor den Aufgaben der Zukunft«, op. cit., S. 430 u. *Eser*, Schlussbetrachtungen, S. 445
272 *Roxin*, Die Strafrechtswissenschaft vor den Aufgaben der Zukunft, op. cit., S. 370. cf. *Marx* Das Kapital, 1. Bd., MEW 23, S. 49
273 *Roxin*, Die Strafrechtswissenschaft vor den Aufgaben der Zukunft, S. 370
274 *Roxin*, Gedanken zur Problematik der Zurechnung im Strafrecht, in: Honig-FS, S. 133f. u. Strafrecht, Allgemeiner Teil, Bd. 1, 2006^4, § 7 Rn. 28, S. 206
275 *Kirchmann*, Die Werthlosigkeit der Jurisprudenz als Wissenschaft, 1848, S. 11 u. *Larenz*, Über die Unentbehrlichkeit der Jurisprudenz als Wissenschaft, 1966, S. 16f.
276 *Roxin*, Kriminalpolitik und Strafrechtssystem, 1973^2, S. 34 u. Strafrecht, § 19, S. 847ff.
277 *Roxin*, Die Strafrechtswissenschaft vor den Aufgaben der Zukunft, S. 375
278 *Roxin*, Die Strafrechtswissenschaft vor den Aufgaben der Zukunft, S. 376
279 *Roxin*, Die Strafrechtswissenschaft vor den Aufgaben der Zukunft, S. 379
280 *Roxin*, Die Strafrechtswissenschaft vor den Aufgaben der Zukunft, S. 381
281 *Roxin*, Die Strafrechtswissenschaft vor den Aufgaben der Zukunft, S. 383
282 *Roxin*, Die Strafrechtswissenschaft vor den Aufgaben der Zukunft, S. 390
283 *Roxin*, Die Strafrechtswissenschaft vor den Aufgaben der Zukunft, S. 377
284 *Roxin*, Strafrecht, § 7 Rn. 1, S. 194 u. Berner, Lehrbuch des deutschen Strafrechtes, 1877^9, S. 40
285 *Fabricius*, Parteipolitische Position und kriminalrechtswissenschaftliche Einsichtsfähigkeit, in: Institut für Kriminalwissenschaften Frankfurt a.M. (Hrsg.), Vom unmöglichen Zustand des Strafrechts, 1995, S. 338
286 *Navratil*, Schizophrenie und Sprache, 1968^2, S. 45f. u. *Habermas*, Moderne und postmoderne Architektur, in: Die Neue Unübersichtlichkeit, 1985, S. 24
287 *Roxin*, Die Strafrechtswissenschaft vor den Aufgaben der Zukunft, S. 382f.
288 *Habermas*, Moderne und postmoderne Architektur, S. 12f.
289 *Schünemann/Figueiredo Dias* (Hrsg.), Bausteine des europäischen Strafrechts, 1995
290 *Post*, Bausteine für eine allgemeine Rechtswissenschaft, 1880, S. III
291 *Roxin*, Strafrecht, §3 Rn. 36, S. 85
292 *Hegel*, Vorlesungen über die Ästhetik I, WW 13, S. 330
293 *Schünemann*, Strafrechtsdogmatik als Wissenschaft, Roxin-FS, S. 1
294 *Hegel*, Vorlesungen über die Ästhetik II, WW 14, S. 258

295 *Huyssen*, Monumental Seduction, in: Present Pasts, 2004, S. 42
296 *Schünemann*, Strafrechtsdogmatik als Wissenschaft, FS-Roxin, S. 32
297 *Klüger*, Gibt es ein »Judenproblem« in der deutschen Nachkriegsliteratur?, in: Katastrophen, 1994, S. 13
298 *Klüger*, unterwegs verloren, 2008, S. 64: »Ich versuchte zum Beispiel, ein Gespräch über den Kitschbegriff, der mich damals umtrieb und über den ich später auch einen Essay geschrieben habe, der häufig zitiert wird, in Gang zu bringen und stieß auf taube Ohren.«
299 *Giesz*, Phänomenologie des Kitsches, 1994
300 *Adorno*, Kitsch, GS 18, S. 791ff.
301 *Klüger*, Von hoher und niedriger Literatur, in: Gelesene Wirklichkeit, 2006, S. 42
302 *Broch*, Das Böse im Wertsystem der Kunst, in: Dichten und Erkennen, 1955, S. 347
303 *Arendt*, Eichmann in Jerusalem, 2007², S. 371 bzw. *Browning*, Ganz normale Männer, 2007⁴, S. 16 u. 291
304 *Broszat* (Hrsg.), Kommandant in Auschwitz, 2008²¹
305 *Klüger*, Gibt es ein »Judenproblem« in der deutschen Nachkriegsliteratur?, S. 35 u. »Die Ödnis des entlarvten Landes«, in: Katastrophen, S. 65
306 *Klüger*, Von hoher und niedriger Literatur, S. 37
307 *Broch*, Einige Bemerkungen zum Problem des Kitsches, in: Dichten und Erkennen, 1955, S. 295 u. *Giesz*, Phänomenologie des Kitsches, S. 8f.
308 *Klüger*, unterwegs verloren, S. 174. cf. *Adorno*, Antwort des Fachidioten, GS 19, S. 570 u. Musik im Rundfunk, FABL VII, S. 118
309 *Klüger*, unterwegs verloren, S. 54ff.
310 *Klüger*, unterwegs verloren, S. 53f.
311 *Klüger*, unterwegs verloren, S. 87
312 *Klüger*, unterwegs verloren, S. 16 bzw. 131ff.
313 *Klüger*, unterwegs verloren, S. 179
314 *Klüger*, unterwegs verloren, S. 184
315 *Klüger*, unterwegs verloren, S. 148
316 *Klüger*, unterwegs verloren, S. 189
317 *Klüger*, unterwegs verloren, S. 191f.: »›Deutschland‹. Und wieder ›Deutschland‹. Immer wieder. Sicher ist es ein Rechtsstaat und man kann sich Recht verschaffen, wenn man es richtig anstellt. Oder schwelt noch was? Dass es auch anders geht? Mit Ausländern, mit alten Frauen, mit Juden? Was weiß ich.«
318 *Klüger*, unterwegs verloren, S. 15 u. 235
319 *Klüger*, weiter leben, 1992, S. 100: »Er [Leo Baeck] gab uns unser Erbe zurück, die Bibel im Geiste der Aufklärung, man konnte beides haben, den alten Mythos, die neue Wissenschaft.«
320 *Klüger*, unterwegs verloren, S. 187
321 *Klüger*, weiter leben, S. 12: »Die Älteren, einschließlich dieser Tante, die ich hier Rosa nennen will, wiederholten die Litaneien, mit denen sie aufgewachsen waren, und nahmen sich nicht die Mühe, sie angesichts der neuen Verhältnisse zu revidieren.«
322 *Klüger*, unterwegs verloren, S. 209: »Frauen lesen Bücher, sage ich, wenn ich provozieren will, Männer sehen fern (vor allem Fußball) […] Die Herren redeten, sowie ich mit meinen einleitenden Bemerkungen fertig war, und verteidigten natürlich den Status quo,

den ich in meinen Lehrveranstaltungen zu durchbrechen suchte.« u. Frauen lesen anders, 2007[5]

323 *Klüger*, Was Frauen scheiben, 2010, S. 7f.: »Frauen sind die größte Minderheit in der Leserlandschaft, eine Randgruppe, die eigentlich die Mehrheit ist, eine Interessen- und Lesergemeinschaft, deren Eigenständigkeit man kaum mehr bestreiten kann. Als Leserinnen und Konsumenten von sowohl gehobener wie populärer Literatur war schon lange mit ihnen zu rechnen, bevor sie als ernst zu nehmende Autorinnen massiv in Erscheinung traten und auch den männlich bestimmten literarischen Kanon in Frage stellten.«

324 *Klüger*, weiter leben, S. 284

325 *Klüger*, weiter leben, S. 269

326 *Klüger*, weiter leben, S. 113f.: »[...] erklärte mir meine Mutter, dass der elektrische Stacheldraht draußen tödlich sei, und machte mir den Vorschlag, zusammen in diesen Draht zu gehen. Ich traute meinen Ohren nicht. Wenn das Leben lieben und sich ans Leben klammern dasselbe ist, dann habe ich das Leben nie so geliebt wie im Sommer 1944, in Birkenau, im Lager B2B. [...] Erst als ich selbst Kinder hatte, erkannte ich, dass es sich vertreten lässt, seine Kinder in Auschwitz selber zu töten, anstatt zu warten. Ich hätte dort ganz bestimmt denselben Gedanken gefasst wie sie und ihn möglicherweise mit größerer Konsequenz geführt als sie. Denn Selbstmord ist ein relativ anheimelnder Gedanke, besonders für Menschen aus einem Land wie Österreich, wo die Selbstmordrate hoch ist und jeder zweite die Rede vom ›Sich-Umbringen‹ im Munde führt. Anheimelnd im Vergleich zu dem anderen Tod, der in Birkenau verabreicht wurde.«

327 *Klüger*, Gibt es ein »Judenproblem« in der deutschen Nachkriegsliteratur?, S. 15

328 *Klüger*, Gibt es ein »Judenproblem« in der deutschen Nachkriegsliteratur?, S. 22

329 *Klüger*, Fakten und Fiktionen, in: Gelesene Wirklichkeit, S. 90

330 *Klüger*, weiter leben, S. 77

331 *Klüger*, weiter leben, S. 130: »Es herrschte die besondere Art von geregeltem Chaos oder chaotischer Ordnung, die für Auschwitz bezeichnend war.«

332 *Klüger*, weiter leben, S. 78f.: »Es ist unsinnig, die Lager räumlich so darstellen zu wollen, wie sie damals waren. Aber fast so unsinnig ist es, sie mit Worten beschreiben zu wollen, als liege nichts zwischen uns und der Zeit, als es sie noch gab. Die ersten Bücher nach dem Krieg konnten das vielleicht noch, jene Bücher, die damals niemand lesen wollte, aber gerade sie sind es, die unser Denken seither verändert haben, so dass ich heute nicht von den Lagern erzählen kann, als wäre ich die erste, als hätte niemand davon erzählt, als wüsste nicht jeder, der das hier liest, schon so viel darüber, dass er meint, es sei mehr als genug, und als wäre dies alles nicht schon ausgebeutet worden – politisch, ästhetisch und auch als Kitsch.«

333 *Broch*, Einige Bemerkungen zum Problem des Kitsches, S. 304

334 *Klüger*, weiter leben, S. 158: »Gisela, meine Bekannte aus Princeton, spricht mit deutlicher Billigung von einem Exulanten, der in Deutschland Auszeichnungen bekommen hat und keinem Deutschen etwas übelnimmt. Ich kenne ihn und frage mich überrascht: Ist der wirklich so charakterlos, dass er Versöhnung und Verzeihung anbietet, die er gar nicht zu vergeben hat, ich hatte eine bessere Meinung von ihm. Ein Unrecht wird ja nicht ausgeglichen durch die Gemütsverfassung derer, die davon betroffen waren. Ich bin mit dem Leben davongekommen, das ist viel, aber nicht mit einem Sack voller Schuldscheine, die mir die Gespenster etwa mitgegeben hätten zur beliebigen Verteilung. Dann

könnten ja gleich die Täter den Opfern dafür verzeihen, dass die Opfer sie in eine schwierige Gewissenslage gebracht haben. (Es geschieht ja auch manchmal, dass die Täter sich großzügig vorkommen, wenn sie Erinnerung auf sich nehmen. Dazu Wolf Biermann: ›Sie haben uns alles verziehn / Was sie uns angetan haben.‹)«

335 *Klüger*, weiter leben, S. 85 u. 199: »Da sag ich etwa: Ihr redet über mein Leben, aber ihr redet über mich hinweg, ihr macht so, als meintet ihr mich, doch meint ihr eben nichts als das eigene Gefühl.«

336 *Klüger*, weiter leben, S. 218: »Das alles ist an deinen Himmel projiziert. Ich zitiere ihn, um ihm das letzte Wort zu lassen – aber indem ich es mir nicht nehmen lasse, ihm das letzte Wort zu lassen, lasse ich es ihm doch nicht, sondern lenke den Leserblick auf mich, die es ihm lässt.«

337 *Klüger*, weiter leben, S. 279

338 *Klüger*, weiter leben, S. 113

339 *Klüger*, weiter leben, S. 17

340 *Klüger*, weiter leben, S. 39

341 *Klüger*, weiter leben, S. 143

342 *Klüger*, weiter leben, S. 104

343 *Klüger*, weiter leben, S. 105ff., so wie man unwillkürlich von einem Dialog sprechen kann etwa mit *Bloch*, Das Prinzip Hoffnung, GA 5, insbesondere S. 512ff., also das 32. Kapitel: »Happy-End, durchschaut und trotzdem verteidigt«, *Benjamin*, Ursprung des deutschen Trauerspiels, GS I-1, S. 203ff. u. *Adorno*, Negative Dialektik, GS 6, S. 355f.

344 *Klüger*, weiter leben, S. 119 u. 122f.

345 *Klüger*, weiter leben, S. 144

346 *Klüger*, weiter leben, S. 209f.: »Da saß ich, mit meinem dumpfen, aber nichtsdestoweniger hartnäckigen Verlangen. Dass endlich jemand anfangen solle, mir das zu erklären, was mir ab den Jahren meines Lebens als erklärungsbedürftig vorkam, und einer vagen Vorstellung, dass Philosophie eventuell die Werkzeuge dazu liefern könne, wenn man nur irgendwie an dieses Besteck rankommen könnte. Dagegen vermittelte der Unterricht Abstrakta, die man auf keinen konkreten Nenner bringen konnte, ohne gegen die ewigen Gesetze einer erhabenen Disziplin zu verstoßen.«

347 *Klüger*, weiter leben, S. 126: »So gut reden hab ich wie die anderen, Adorno vorweg, ich meine die Experten in Sachen Ethik, Literatur und Wirklichkeit, die fordern, man möge über, von und nach Auschwitz keine Gedichte schreiben. Die Forderung muss von solchen stammen, die die gebundene Sprache entbehren können, weil sie diese nie gebraucht, verwendet haben, um sich seelisch über Wasser zu halten. Statt zu dichten möge man sich nur informieren, heißt es, also Dokumente lesen und ansehen – und das gefassten, wenn auch betroffenen Mutes. Und was sollen sich Leser oder Betrachter solcher Dokumente dabei denken? Gedichte sind eine bestimmte Art von Kritik am Leben und könnten ihnen beim Verstehen helfen. Warum sollen sie das nicht dürfen? Und was ist das überhaupt für ein Dürfen und Sollen? Ein moralisches, ein religiöses?«

348 *Klüger*, Von hoher und niedriger Literatur, S. 33

349 *Klüger*, weiter leben, S. 47

350 *Klüger*, Kein Mensch ist illegal – oder doch?, in: Gemalte Fensterscheiben, 2007, S. 74

351 *Klüger*, weiter leben, S. 24

352 *Klüger*, weiter leben, S. 27

353 *Klüger*, weiter leben, S. 42

354 *Klüger*, weiter leben, S. 119 u. Lanzmanns »Shoah« in New York, in: Gelesene Wirklichkeit, S. 19: »Sogar Raul Hilberg, der die objektive historische Perspektive vertritt, sieht aus wie ein Engel des Jüngsten Gerichts, der über den Verdammten waltet. Lanzmann fragt ihn, warum ein getippter Fahrplan ihn so fasziniert, und er antwortet: ›Also, wenn ich ein Dokument in der Hand halte, besonders wenn es ein Originaldokument ist, so halte ich ja etwas, was der ursprüngliche Beamte in der Hand gehabt hat. Es ist ein Gedenkstück. Ein Überbleibsel. Es ist das einzige Überbleibsel, das es gibt.‹ Diese recht prosaischen Worte, spontan und nicht eingeübt, klingen hier wie hohe tragische Dichtung. Ich kannte natürlich Hilbergs maßgebliches Werk über die Judenvernichtung und hatte auch Vorträge von ihm gehört, aber neu waren die leidenschaftliche Anteilnahme und der Zorn. Ob Hilberg über die eiserne Präzision spricht, mit der die Transporte abfuhren und ankamen, was ja bedeutet, dass die Bahnbeamten eifrig mitmachten, oder ob er sich elegisch mit Adam Czerniakow, dem Präsidenten des Warschauer Judenrats, fast identifiziert, die Kamera filmt den Historiker, als ei er ein Racheengel, der die Welt, oder vielleicht Gott, zur Rechenschaft zieht, in der Hand das Belegmaterial für das Böse schlechthin, in Form von getippten Bürodokumenten.«

355 *Kluger*, Abstrakte Zeitgeschichte, in: Gemalte Fensterscheiben, S. 134

356 *Klüger*, weiter leben, S. 116

357 *Klüger*, weiter leben, S. 73

358 *Klüger*, weiter leben, S. 131

359 *Klüger*, weiter leben, S. 228: »›Was in Deutschland passiert ist, musst du aus deinem Gedächtnis streichen und einen neuen Anfang machen. Du musst alles vergessen, was dir in Europa geschehen ist. Wegwischen, wie mit einem Schwamm, wie die Kreide, von einer Tafel.‹ Und damit ich sie mit meinem schwachen Englisch auch verstünde, vollführte sie die Geste des Abwischens. Ich dachte, sie will mir das einzige nehmen, was ich hab, nämlich mein Leben, das schon gelebte. Das kann man doch nicht wegwerfen, als hätte man noch andere im Schrank. Sie wird doch auch ihre Kindheit nicht wegwischen wollen, und ich hab eben die, die ich hab und kann mir keine neue konstruieren. Warum mir Vorschriften machen, wie ich damit umzugehen habe? Nach den fernliegenden Worten suchend, wehrte ich mich gegen diese Einladung zum Verrat an meinen Leuten, an meinen Toten. Die Sprache war widerspenstig.«

360 *Klüger*, weiter leben, S. 137ff.

361 *Klüger*, Von hoher und niedriger Literatur, S. 54

362 *Klüger*, Wie wirklich ist das Mögliche, in: Gelesene Wirklichkeit, S. 146

363 *Klüger*, Lanzmanns »Shoah« in New York, S. 11: »Es ist dieses radikal Andersartige, diese Alterität, wie man wissenschaftlich verfremdend gerne sagt, die wir so schwer ausdrücken können.« u. Wie wirklich ist das Mögliche, S. 148

364 *Klüger*, Von hoher und niedriger Literatur, S. 65f.

365 *Klüger*, Von hoher und niedriger Literatur, S. 59: »Gerade das ist es, was mir diese Sammelwut von *oral histories* verdächtigt macht. Man wird nicht zum Zeugen, sondern zum Rohmaterial. Der denkende Mensch, der dahinter steckt und sein Leben bewältigt, ist nebensächlich.«

366 *Klüger*, Der Dichter al Dieb?, S. 141f.: »Die Rechtsfrage des Plagiats oder auch die moralische Problematik einer solchen Bearbeitung, die das Original schlicht unterschlägt,

bleibt bestehen. Hier tat einer aus der Tätergesellschaft, mochte er auch noch so einfühlsam sein und noch so gut schreiben können, dem Opfer das letzte genommen, was ihm geblieben war, nämlich das gelebte Leben und das Recht, seine Erinnerungen in seinen eigenen Worten zu gestalten, so dass eine letzte Enteignung und Erniedrigung über das Grab hinaus stattfand.«

367 *Klüger*, weiter leben, S. 75f.: »Dabei war Peter Weiss der beste Besucher, den man sich wünschen kann, denn er sah kein fertiges, starres Mahnmal. Er endet mit der Bemerkung, dass ›es‹ noch nicht vorbei sei, und so hat er mit der ihm eigenen Konsequenz die Judenverfolgung mit anderen Massenverbrechen verglichen, was ihm viele übelgenommen haben. Aber ich weiß gar nicht, wie man anders an die Sache herankommen soll als durch Vergleich.« Wobei sie sich unmittelbar auf *Weiss* bezieht, Meine Ortschaft, in: Rapporte, 1968, S. 113ff. Doch über seine Arbeit an dem Material der Frankfurter Auschwitz-Prozesse schreibt sie in *Klüger*, Lanzmanns »Shoah«, S. 23: »Man denkt an die Frankfurter Auschwitz-Verhöre, wo die Angeklagten lachten und die Überlebenden weinten, ein Phänomen, das Peter Weiss wirkungsvoll in seinen Stück *Die Ermittlung* verarbeitete. Die Täter ordnen die Vergangenheit anders an als die Opfer.« u. Fakten und Fiktionen…, S. 78ff. Die auch nur partielle Identifizierung mit Weiss kommt wieder in *Klüger*, Wien als Fluchtpunkt, in: Gelesene Wirklichkeit, S. 99: »Peter Weiss hat einen Band seiner Autobiographie *Fluchtpunkt* genannt, und es ist das richtige Wort für Flüchtlinge, die über ihre Herkunft etwas sagen wollen. Ich vermute stark, dass meine zwiespältige Haltung der deutschen Literatur gegenüber verwandt ist mit meinen noch zwiespältigeren Gefühlen gegenüber meiner Geburtsstadt.«

368 *Klüger*, weiter leben, S. 200f.

369 *Klüger*, Thellheims Neffe, in: Katastrophe, S. 180 u. Kreuzzug und Kinderträume in Lessings »Nathan der Weise«, in: Katastrophe, S. 200f.

370 *Klüger*, weiter leben, S. 97: »Unübersteigbarer Stacheldraht zwischen uns und den Toten. Ich hatte schon früher versucht, sie in Bilder und Worte zu bannen.« cf. *Adorno*, Negative Dialektik, GS 6, S. 355

371 *Klüger*, Merseburger Entzauberung, in: Gemalte Fensterscheiben, S. 144

372 *Klüger*, »Die Ödnis des entlarvten Landes«, in: Katastrophen, S. 59

373 *Klüger*, weiter leben, S. 122 u. Wie wirklich ist das Mögliche, S. 192: »Es eröffnen sich also ganz neue Möglichkeiten, ein Publikum zu beeinflussen. Und plötzlich ist der Abstand zwischen Geschichte und Fiktion geschrumpft. Wenn wir uns gegen eine solche Vereinnahmung wehren wollen, so helfen uns ästhetische Werturteile nicht weiter, sondern nur der außerästhetische Begriff der Lüge. Und so sind wir vom Blankvers der Klassiker im Kreis zum Ausgangspunkt zurückgekehrt. Der aber war die Wirklichkeit – die Kunst war der zweite Schritt.«

374 *Klüger*, weiter leben, S. 23: »Und warum willst du Kaddisch sagen? Fragen mich dann die Leute erstaunt. Bist doch sonst nicht aufs Beten versessen und raufst dir auch die Haare nicht in der Öffentlichkeit. Ja, aber die Toten stellen uns Aufgaben, oder? Wollen gefeiert und bewältigt sein.«

375 *Klüger*, unterwegs verloren, S. 156

376 *Klüger*, weiter leben, S. 214

377 *Klüger*, weiter leben, S. 110

378 *Klüger*, Lanzmanns »Shoah« in New York, S. 23

379 *Klüger*, Von hoher und niedriger Literatur, S. 46f.

380 *Klüger*, weiter leben, S. 33–36: »Es ist schon wichtig, wie und wo einem etwas passiert, nicht nur, was einem passiert. Sogar der Tod. Besonders der, besonders die Tode; weil es ihrer so viele gibt, liegt viel daran, welches Todes man stirbt. [...] Ein halbes Leben hab ich gebraucht, bis mir klar wurde, dass diese Fabel nur auf dem Mist meiner Wunschvorstellungen gewachsen war. Ich schrieb ihm Gedichte, deutsche und englische, eine Art Exorzismus, oder vielmehr, ich schrieb sie nicht nur, ich verfasste sie im Kopf, gedächtnisfreundliche Verse, mit denen ich wie mit leichtem Gepäck herumlaufen konnte, die einzelnen Strophen sozusagen auf der Zunge zergehen ließ und immer wieder ein Wort daran verbesserte. [...] In der fünften Strophe hab ich mich in eine Antigone verwandelt, aber bitte, in eine Antigone in Kolonos, deren Vater gar nicht stirbt, sondern in eine Apotheose steigt. Ich hatte mir einen Tochter-Vater-Mythos gefunden, wo der Vater den Tod nie erleidet. [...] Ich meine nicht, dass man ›keine Gedichte nach Auschwitz‹ schreiben dürfte. Ich meine nur, dass Gedichte neben ihren Schaukelrhythmen und unreinen Reimen auch aus sinnträchtigen Sätzen bestehen, und hinter diesen lauert oft wieder ein anderer Sinn, der in meinem, in diesem Fall aus einer zähneklappernden Angst besteht, sich der Wahrheit zu stellen. Was hier nicht zur Sprache kommt, ist die knirschende Wut, die unsereiner irgendwann haben muss, um den Ghettos, den KZs und den Vernichtungslagern gerecht zu werden, die Einsicht, dass sie eine einzige große Sauerei waren, der mit keiner traditionellen Versöhnlichkeit und Märtyrerverehrung beizukommen ist. Man muss diese Wut gehabt haben, um sich wieder zu beruhigen, und wenn man sie gehabt hat, dann wird man keine solchen Gedichte mehr schreiben wie das obige, keinen Exorzismus der Gaskammern, Beschwörung mit Kerzen und anderem Spielzeug. Und doch kann ich ihn nicht ganz verwerfen, diesen hausgebackenen Kaddisch der Tochter, hausbacken im wörtlichen Sinne, das heißt in keinem Tempel gelernt und gesprochen. Besser als nichts, solche gebastelten Mythologien, Phantasien.«

381 *Klüger*, weiter leben, S. 218: »Neulich sagte Christoph [Martin Walser], eine Frau kann auch den Toten gegenüber gefallsüchtig sein. Der Satz gefällt mir, ich frage mich, ob er mich damit meint. Es war aber die Rede von Antigone gewesen. Antigones Wort, das den Kommentatoren zu schaffen macht, nämlich dass ein toter Bruder nicht zu ersetzen ist, während sich ein zweiter Liebhaber unter den vielen Lebenden mühelos finden lässt, ist mir so einleuchtend, dass es nicht ausgelegt werden muss. Es ist biologisch richtig und eine logische Erklärung ihres Tuns. Ich erinnere Christoph daran, wie wir in Regensburg zusammen in Anouilhs *Antigone* gegangen sind. Ich denke an die beiden Frauen, Antigone und Ismene, wie sie auf der Bühne Zigaretten rauchten, die erste Modernisierung eines klassischen Stoffs, die ich sah. ›Ja‹, sagt er lebhaft, ›und ein einarmiger Kriegsveteran hat den Kreon gespielt.‹ An den hatte ich nun wieder noch mehr gedacht, aber er war mir sofort präsent, und zwar im Profil. Im Gespräch mit Christoph fang ich, wie ein Streichholz Feuer fängt, den Geruch, das unsagbare Gespür, das prickelnde Fingerspitzengefühl jener Nachkriegsjugendjahre. Erinnerung verbindet uns, Erinnerung trennt uns.«

382 *Klüger*, weiter leben, S. 102: »Die Entdeckung, dass alte Texte in den Dienst von aktuellen Bezügen gestellt werden können. Indem ich mitklatschte, leistete ich Widerstand.«

383 *Klüger*, weiter leben, S. 125

384 *Klüger*, weiter leben, S. 122: »Meistens werden Gedichte von religiösem oder weltanschaulichem Inhalt erwähnt oder solche, die einen besonderen emotionalen Stellenwert in der Kindheit des Gefangenen hatten. Mir scheint es indessen, dass der Inhalt der Verse erst in zweiter Linie von Bedeutung war und dass uns in erster Linie die Form selbst, die gebundene Sprache, eine Stütze gab.« Dann scheint sie diese Position zu revidieren mit Von hoher und niedriger Literatur, S. 44f.: »Die Inhalte literarischer Werke werden in der Theorie oft abgewertet und schleichen sich doch durch die Hintertür wieder ein. Adorno unterscheidet zwar zwischen Gehalt und Inhalt, wobei das erstere wesentlich zum Urteil beitragen kann, das zweite eher nebensächlich ist, doch ich traue der Unterscheidung nicht.«

385 *Klüger*, weiter leben, S. 50: »Ich wollte mich als oppositionell statt als Opfer sehen, daher nicht getröstet werden. Kleine geheime Kundgebungen wie diese halfen ja nicht, standen in keinem Verhältnis zu dem, was geschah, halfen nicht einmal mir in der fortschreitenden Verarmung und Beschränkung meines Lebens. Es war eine sentimentale Geste, in der der Spender sich in seinen guten Absichten bespiegelte [...].«

386 *Klüger*, unterwegs verloren, S. 213f.

387 *Klüger*, Gibt es ein »Judenproblem« in der deutschen Nachkriegsliteratur?, S. 23

388 *Klüger*, weiter leben, S. 278

389 *Klüger*, weiter leben, 249 u. 254

390 *Klüger*, weiter leben, S. 275

391 *Klüger*, weiter leben, S. 238ff.: »Die Wienerwald- und -wissen-Psychoanalyse, die damals in New York grassierte, vermied die Gesellschaftskritik und die Zusammenhänge zwischen psychischem und historischem Übel, denn man war in voller Flucht vor dem Übermaß an Geschichte, das man eben erfolgreich hinter sich gebracht hatte. Alle seelischen Leiden hatten ihren Ursprung in sich selbst. Draußen wehte kein kalter Wind. [...] Damit hatte er seinen Anhaltspunkt gefunden. Meine Abneigung, mich anzupassen, mein Hochmut. [...] Was rate er mir, wie kann ich dieses Zusammenleben ins Gleichgewicht bringen?« cf. *Adorno*, Die revidierte Psychoanalyse, GS 8, S. 20ff. u. Zum Verhältnis von Soziologie und Psychologie, GS 8, S. 42ff.

392 *Benjamin*, Ursprung des deutschen Trauerspiels, GS I-1, S. 217f.; Über den Begriff der Geschichte, GS I-2, S. 702f.; Das Passagen-Werk, GS V-1, S. 576f. [N 2 a, 3] u. *Adorno*, Die Aktualität der Philosophie, GS 1, S. 335 u. Negative Dialektik, GS 6, S. 166

393 *Klüger*, weiter leben, S. 102 u. 201

394 *Fanon*, Les damnés de la terre, 1961 (dtÜ: Die Verdammten dieser Erde, 1981)

395 *Klüger*, Freiheit, die ich meine, in: Katastrophen, S. 155: »An dieser Stelle möchte ich einen modernen Zeugen zum Thema Anti-Imperialismus anführen. Frantz Fanons *Die Verdammten dieser Erde* gilt als klassische Analyse der modernen Revolutionen in der dritten Welt. Sie kann uns auch als Kommentar zur *Hermannsschlacht* dienen.«

396 *Heine*, Das Sklavenschiff, aus: Gedichte. 1853 und 1854, DHA 3/1, S. 190ff.

397 *Klüger*, unterwegs verloren, S. 232–235. cf. *Bartrop/Eisen* (Hrsg.), The Dunera Affair, 1990

398 *Alves*, O navio negreiro, in: Obra completa, 2004[2], S. 277–284

399 *Adorno*, Die Wunde Heine, GS 11, S. 98

400 *Adorno*, Die Wunde Heine, GS 11, S. 100

401 *Cardoso*, Capitalismo e escravidão no Brasil meridional, 2003[5]

402 *Frank*, The Development of Underdevelopment, Monthly Review 18/4 (1966), 17–31
403 *Cardoso/Faletto*, Dependencia y desarrollo en America Latina, 2002[30]
404 *Ribeiro*, O processo civilizatório, 1997[11], S. 238 (dtÜ: S. 184) wirft die Frage zwar auf, entscheidet sie aber zu einseitig, wie zu lesen ist auf S. 246f. (dtÜ: S. 192)
405 *Alencastro*, Vida privada e ordem privada no Império, in: Alencastro/Novais (Hrsg.), A história da vida privada no Brasil, Bd. 2, 1997, S. 13. cf. *Karasch*, Slave Life in Rio de Janeiro, 1808–1850, 1987
406 *Alencastro*, A desmemória e o recalque do crime na política brasileira, in: Novaes (Hrsg.), O esquecimento da política, 2007, S. 324
407 *Alencastro*, Vida privada e ordem privada no Império, S. 20
408 *Alencastro*, Vida privada e ordem privada no Império, S. 24
409 *Alencastro*, Vida privada e ordem privada no Império, S. 24
410 *Benjamin*, Ursprung des deutschen Trauerspiels, GS I-1, S. 228f. u. 235
411 *Klüger*, unterwegs verloren, S. 112: »Warum machte ich dann einen Bogen um die neueste Literatur und überlegte, ob ich nicht in der Mediävistik promovieren soll? Gerade darum. Ich beschäftigte mich eingehender als nötig mit der Literatur, die außerhalb der eigenen Reichweite lag, und blieb schließlich im Barock hängen, weil alles andere, alles Spätere zu direkt gewesen wäre.«
412 *Schönberg*, Neue Musik, veraltete Musik, Stil und Gedanke, in: Stil und Gedanke, 1992, S. 44
413 *Marx*, Debatten über das Holzdiebstahlgesetz, MEW 1, S. 147
414 *A. u. H. de Campos*, Sousândrade, in: Re Visão de Sousândrade, 2002[3], S. 32–36 u. *H. Campos*, O sequestro do barroco na formação da literatura brasileira, 1989[2]
415 *Cardoso*, Capitalismo e escravidão no Brasil meridional, 2003[5], S. 40
416 *Alencastro*, O trato dos viventes, 2000, S. 153. cf. *Hegel*, Phänomenologie des Geistes, WW 3, S. 137ff. u. *Marx*, Das Kapital, 1. Bd, MEW 23, S. 210
417 *Benjamin*, v. 10.11.1930, A/B, S. 15 u. *Korsch*, Marxismus und Philosophie, GA 3
418 *Weiss*, Gesang vom Lusitanischen Popanz, WW 5, S. 203
419 *Alencastro*, O trato dos viventes, S. 68
420 *Alencastro*, O trato dos viventes, S. 70ff.
421 *Alencastro*, O trato dos viventes, S. 253ff.
422 *Alencastro*, O trato dos viventes, S. 147
423 *Adorno*, v. 5.4.1934, A/B, S. 54
424 *Benjamin*, Ursprung des deutschen Trauerspiels, GS I-1, S. 226
425 *Alencastro*, O trato dos viventes, S. 146
426 *Alencastro*, O trato dos viventes, S. 174
427 *Alencastro*, O trato dos viventes, S. 357ff.
428 *Alencastro*, O trato dos viventes, S. 86
429 *Alencastro*, O trato dos viventes, S. 162ff.
430 *Alencastro*, Vida privada e ordem privada no Império, S. 12
431 *Alencastro*, Vida privada e ordem privada no Império, S. 16f.
432 *Alencastro*, A desmemória e o recalque do crime na política brasileira, S. 325
433 *Alencastro*, Vida privada e ordem privada no Império, S. 82
434 *Alencastro*, A desmemória e o recalque do crime na política brasileira, S. 327
435 *Alencastro*, A desmemória e o recalque do crime na política brasileira, S. 327

436 *Alencastro*, Vida privada e ordem privada no Império, S. 44
437 *Alencastro*, Vida privada e ordem privada no Império, S. 83, beschreibt das Sklavin-Isaura-Syndrom wie folgt: »Der Konflikt verstärkte sich, als Gerüchte in Umlauf standen, dass zivile Beamte der imperialen Regierung Geburtsurkunden hätten revidieren dürfen, bestimmen, dass diese und jene Mulatten oder freien Schwarzen das Kind einer Sklavin hätten sein können, und sogleich ›freie Leute versklaven‹ [...]. Nach den Ursprüngen des sozialen und bürgerlichen Statuts nachzuforschen, schien gefährlich zu sein. Sogleich schickte es sich, keine Zweifeln über Alltägliches entstehen zu lassen: Freie und Befreite bemühten sich, wie Weiße zu erscheinen. Weiß und gutbürgerlich.«
438 *Alencastro*, O trato dos viventes, S. 345: »Schwarze, die Freibriefe trugen und die in der Einsamkeit des wilden Landesinneren lebten, hätten – sofort oder in den nachfolgenden Generationen — für Quilombolas gehalten und von nach Belohnung eifernden Capitães-do-mato gefangen werden können. Eine abgesonderte schwarze Familie, aus Vater, Mutter und drei Kindern, stand, einmal für Quilombola gehalten, in der Gefahr, festgenommen, versklavt und möglicherweise vernichtet zu werden: die Kriminalisierung der Sklavenflucht wird zur tödlichen Bedrohung für jeden selbstständigen Kern der freien Schwarzen im brasilianischen Territorium. Für diese Leute, für diese Familien war die beste Garantie für die Bewahrung der Freiheit, sie wie eine relative Freiheit anzunehmen, und weiterhin dem Herrn der Plantage oder dem Zuckerbaron Dienste zu leisten, der ihren Status [Rechtsstatus] als Nicht-Sklaven anerkannte und dafür bürgte.«
439 *Alencastro*, A desmemória e o recalque do crime na política brasileira, S. 325
440 *Alencastro*, O trato dos viventes, S. 67, zitiert ihn: »Die ersten Feinde sind die aufständischen Schwarzen aus Guinea, die in Gebirgen leben, aus denen sie kommen, um Überfälle zu machen: über sie macht man sich große Sorge. Die Zeit kann noch kommen, in der sie wagen, Plantagen anzugreifen und zu beschädigen, wie ihre Verwandten auf der Insel São Tomé es tun.«
441 *Alencastro*, O trato dos viventes, S. 148
442 *Cover*, Justice Accused, 1975, S. 1
443 *Cavalcanti*, O capoeira, Jornal do Brasil, Rio de Janeiro, v. 15.11.1999, Caderno B., S. 22: »Im Verlauf des Prozesses bestätigte man, dass sich Adão des Mords nicht schuldig machte, doch man behauptete seinen Zustand von *capoeira* und verurteilte ihn zu 500 Peitschenhieben und zwei Jahren Zwangsarbeit auf staatlichen Baustellen. Nachdem Adão ein paar Monate Zwangsarbeit verrichtet hatte und am Pranger bestraft worden war, bat sein Herr den König in Namen der Passion Christi um die Aussetzung des Rests der Strafe [oder stattdessen: um Begnadigung]. Er führte an, er sei ein armer Mensch und deswegen auf die Rente angewiesen, die ihm sein Sklave leistete. Er versicherte, sich darum zu kümmern, dass Adão nie wieder unter den *capoeiras* verkehren und sich zu einem von diesen machen würde. Sein Gesuch wurde vom Gericht am 25.04.1789 anerkannt. (ANRJ – Tribunal da Relação – cód. 24, livro 10)« u. Strafgesetzbuch, Verordnung Nr. 847 v. 11.10.1890, III. Buch: Von den Vergehen in Einzelheiten, XIII. Kapitel: Von Müßiggängern und *capoeiras*, Art. 402: Auf Straßen und öffentlichen Plätzen körperliche Geschicklichkeitsübungen, bekannt als Kunst der *capoeiras*, zu machen [...] Strafe: 2–6 Monate Gefängniszelle.«
444 *Santos*, A moderna teoria do fato punível, 2000, S. VII (dtÜ: FF/Antonio Martins)
445 *Greco*, Introdução à dogmática funcionalista do delito, in: RBCC 32 (2000), S. 160

446 *Santos*, A moderna teoria do fato punível, S. 168
447 *Santos*, A moderna teoria do fato punível, S. 316
448 *Santos*, A moderna teoria do fato punível, S. 165
449 *Greco*, Tipos de autor e lei de tóxicos, in: RBCC 43 (2003), S. 226
450 *Wolf*, Tattypus und Tätertypus, in: ZAkDR 1936, S. 358ff.
451 *Mezger*, Die Straftat als Ganzes, in: ZStW 57 (198), S. 675ff.
452 *Dahm*, Der Tätertyp im Strafrecht, 1940
453 *Welzel*, Persönlichkeit und Schuld, in: ZStW 60 (1941), S. 428ff.
454 *Welzel*, Das deutsche Strafrecht, 1969[11], S. 142ff.
455 *Welzel*, Das neue Bild des Strafrechtssystems, 1961[4]
456 *Welzel*, El nuevo sistema del derecho penal, 1964
457 *Prado*, Prefácio, in: *Welzel*, O novo sistema jurídico penal, 2001, S. 9 (dtÜ: FF/Antonio Martins)
458 *Zaffaroni*, En busca de las penas perdidas, 1990
459 *Zaffaroni*, Comentario a la obra de Francisco Muñoz Conde sobre Mezger, in: En torno de la cuestión penal, 2005, S. 329
460 Die Verteidigung Welzels macht sich Zaffaroni schon früher zu eigen, cf. *Zaffaroni*, Prefácio, in: *Tavares*, Teoria do injusto penal, 2000, S. 14f.
461 *Aristoteles*, Die Nikomachische Ethik 1161b u. Politik 1253b
462 *Welzel*, Persönlichkeit und Schuld, in: ZStW 60 (1941), S. 458ff.
463 *Bloch*, Naturrecht und menschliche Würde, GA 6, S. 54f.
464 *Welzel*, Naturrecht und materiale Gerechtigkeit, S. 219
465 *Welzel*, Naturrecht und materiale Gerechtigkeit, S. 16 u. 239
466 *Zaffaroni*, Comentario a la obra de Francisco Muñoz Conde sobre Mezger, S. 333
467 *Zaffaroni*, Comentario a la obra de Francisco Muñoz Conde sobre Mezger, S. 335
468 *Welzel*, Naturrecht und materiale Gerechtigkeit, S. 191ff.
469 *Zaffaroni*, Comentario a la obra de Francisco Muñoz Conde sobre Mezger, S. 333f.
470 *Zaffaroni*, »Tenda dos milagres« o la denuncia del apartheid criminológico, in: RevJurUPR 60 (1991), S. 372 u. Tobias Barreto y la critica de Nina Rodrigues, in: Hacia un realismo jurídico penal marginal, 1993, S. 164 u. 167f., wo Zaffaroni die Reichweite der Lehre von Tobias Barreto etwa überspannt: »Tobias war ein Vorläufer, dem man zumindest das Verdienst nicht abstreiten kann, alle Straftheorien als falsch verachtet, der Strafe die Rationalität bestritten, sie zu einer politischen Maßnahme ohne Logik und Rationalität reduziert und in einem deutlich funktionalistischen Kontext erklärt zu haben. Es ist keineswegs einfach, diesen Weg zu bestreiten, ohne folgende Werke zu behandeln: Liszt', Ferris, Dorados, Bongers, des Badener Neukantismus', Welzelscher oder Radbruchscher ›Natur der Sache‹, der Phänomenologie, des symbolischen Interaktionismus', Mertons, Parsons', Luhmanns, der englischen und nordamerikanischen marxistischen Kritik usw. Wer diese Aufgabe unter den Bedingungen durchführt, wie Tobias es tat, aus einer Provinz eines peripheren Landes mit einer Wirtschaft auf dem Weg zum totalen Bankrott, so ist klar, dass er nicht anders vorgehen konnte, als von Widerspruch zu Widerspruch zu springen und darüber zueinem weiteren Widerspruch zu gelangen, was aber nicht viel anders ist, als ein Sektor der deutschen Lehre, ein Jahrhundert nach seinem Tod, nun als Neuigkeit darstellt [???].«
471 *Alencastro*, O trato dos viventes, S. 345ff.

472 *Zaffaroni*, »Tenda dos milagres«, S. 369
473 *Amado*, ABC de Castro Alves, 2010, S. 79ff.
474 *Zaffaroni*, Tobias Barreto y la critica de Nina Rodrigues, S. 160f.
475 *Zaffaroni*, »Tenda dos milagres«, S. 371
476 *Amado*, Navegação de cabotagem, 2006[6], S. 122: »Ich arbeite an dem Roman *Tenda dos Milagres*, Pedro Archanjo ist die Summe vieler verschiedener Leute: des Schriftstellers Manuel Quirino, des *babalaô* Maritiniano Eliseu do Bonfim, Miguel Santana Obá Aré, des Dichters Artur de Sales, des Komponisten Dorival Caymmi und des *alufá* Licutã – und meiner selbst, natürlich.«
477 *Amado*, Tenda dos milagres, 2008, S. 32
478 *Barreto*, Um discurso em mangas de camisa, WW 4, S. 147: »Deutschland ist mein Wahn, meine unheilbare *Schwäche*.«; Carta ao redator da »Deutsche Zeitung« do Rio de Janeiro, WW 8, S. 335: »Deutschland, Deutschland über Alles? / Über Alles in der Welt« [deutsch im Original] u. Himmel- und Escadafahrt [deutsch im Original], WW 8, S. 505: »[...] kein einziges Mal, wenn ich dort eintraf, unterließ ich es, mich über Deutschland und meinen Fanatismus zu unterhalten.« [dtÜ: FF] Nach anfänglichem Zögern, als er die Politik Bismarcks und die Idee eines Eroberungsrechts zunächst infFrage stellte (Política prussiana, WW 8, S. 500), schätzte er den preußischen Kaiser höher als den römischen Papst (Direito público brasileiro, WW 7, S. 95).
479 *Zaffaroni*, Tobias Barreto y la critica de Nina Rodrigues, S. 161
480 *Barreto*, Deixemo-nos de lendas, WW 8, S. 511ff.
481 *Chacon*, História das ideias socialistas no Brasil, 1981[2], S. 168, Allerdings ergibt eine eher summarische Untersuchung, dass Barreto sicherlich nicht bei festlichen Rede 1883 (Ideia do direito, WW 4, S. 168ff.) zum ersten Mal öffentlich und ausdrücklich von Marx sprach, wie Chacon berichtet. Die von ihm zitierte Passage steht in der Tat im 5., erst nachträglich hinzugefügten Kapitel des Aufsatzes *Barreto*, A questão do poder moderador, WW 9, S, 217. Die undatierten Notizen für eine Antrittsvorlesung in der juristischen Fakultät von Recife enthalten auch eine Referenz auf Marx sowie Fragmente einer längeren Schrift über die zeitgenössische Literatur: Lição de abertura do curso de economia política na Faculdade de Direito do Recife, WW 4, S. 184 bzw. Traços da litertura comparada do século XIX, S. 179
482 *Barreto*, O príncipe de Bismarck e o visconde do Rio Branco, WW 10, S. 184
483 *Barreto*, Um discurso em mangas de camisa, WW 4, S. 103: »Der höchste vorstellbare Grad der Gleichheit – der Kommunismus –, ist zugleich der höchste Grad der Knechtschaft, weil er die Unterdrückung aller natürlichen Neigungen voraussetzt.«
484 *Barreto*, A escravidão, WW 1, S. 91
485 *Weber*, Wissenschaft als Beruf, in: Gesammelte Aufsätze zur Wissenschaftslehre, 1985[6], S. 594
486 *Lukács*, Die Theorie des Romans, 1994, S. 49
487 *Balibar*, Y a t'il un »néo-racisme«?, in: *Balibar/Wallerstein*, Race, nation, classe, 1988, S. 27ff. u. *Hardt/Negri*, Empire, 2000, S. 190ff.
488 *Hungria*, CCP IX, S. 157f.: »Man kann sagen, dass der fetischistische Animismus der Schwarzen im Widerspruch zur aktuellen zivilisatorischen Stufe steht. Das ist zwar richtig, aber er ist doch eine Weise, ans Überirdische zu glauben, ebenso legitim wie der monotheistische christliche Glaube. Das Strafgesetz hat nur zu tun mit den *kurpfuscheri-*

schen und *boshaften Zauberern*, das heißt mit der Zauberei-Medizin im Dienst der Ignoranz oder des Aberglaubens, und mit der *direkten* Zauberei im offenen Dienst des Verbrechens.« Er bleibt, sozusagen, bei seiner eigenen Unterscheidung stehen.

489 *Castro*, A nova escola penal, 1894, S. 7f.

490 *Klemperer*, LTI, 2007[22], S. 78ff.

491 *Rodrigues*, As raças humanas e a responsabilidade penal no Brazil, S. 169f.: »Die paradoxe Schlussfolgerung, zu der ich in der letzten Vorlesung gekommen bin, ist von einer indiskutablen logischen Stringenz. Sie ist selbstverständlich. Die arische Zivilisation wird in Brasilien von einer schwachen Minderheit der weißen Rasse vertreten, die sich nicht nur gegen die antisozialen Taten – die Verbrechen ihrer Mitglieder zu verteidigen hat, sondern gegen die antisozialen Taten der unterlegenen Rassen, seien sie gemäß dem Begriff dieser Rasse echte Verbrechen, seien sie im Gegenteil bloß Ausdrücke des Konflikts, des Kampfs ums Überleben, zwischen der überlegenen weißen Rasse und den Zivilisationsentwürfen der unterworfenen oder beherrschten Rassen. Für den brasilianischen Gesetzgeber war nur natürlich, alle diese Taten unter dem allgemeinen Begriff – Verbrechen – zu vermengen und sie den Bekämpfungsmitteln zu unterstellen, die seinem Urteil zufolge die soziale Ordnung bewahren sollten, auf der die Zivilisation beruhte, die er verteidigen wollte.«

492 *Ortiz*, Los negros brujos, 1995. S. 198: »Die Erziehung wird indes die Hexerei nicht in wenigen Generationen zerstören; sie wird zumindest zu ihrer Entafrikanisierung beitragen und deswegen zum Verschwinden der schwersten Kriminalitätsformen der Hexerei und der afrikanischen Hexen, die sich zivilisieren und anpassungsfähig machen – so wird ihr Parasitismus weniger unerträglich, etwa wie bei den zeitgenössischen weißen Weissagerinnen.«

493 *Hungria*, CP IX, S. 156

494 *Olmo*, América Latina y su crimonología, 1999[4], S. 177: »Der eigentliche Konflikt ist eher einer von Autorität: im Kampf um die Hegemonie des kriminologischen Wissens in Lateinamerika, der Wunsch – seitens einiger Fachleute –, eine ›intellektuellen Elite‹ zu bilden.«

495 *Morais*, Chatô, 1994, S. 388ff.

496 *Hungria*, A criminalidade dos homens de cor no Brasil, CCP II, S. 286

497 *Hungria*, CCP VI, S. 200. *Ministério do Trabalho e do Emprego*, Relatórios específicos de fiscalização para erradicação do trabalho escravo, aktualisiert am 16.2.2011: 2010 wurden noch 2.628 Arbeiter unter den Bedingungen des Art. 149 CP befreit.

498 *Silva*, O salão dos passos perdidos, 1997, S. 202

499 *Silva*, Nélson Hungria, um puro-sangue do vernáculo, in: Arca de guardados, 1995, S. 95

500 *Hungria*, A criminalidade dos homens de cor no Brasil, CCP III, S. 308: »Die Eugenik, innerhalb ihres dürren Materialismus beschränkt, wird von falschen Prämissen abgeleitet. Es kommt nicht *more spartano* darauf an, sich um die Gesundheit des Körpers zu bemühen, sondern auch um den Geist und die Seele muss man sich kümmern.«

501 *Hungria*, A criminalidade dos homens de cor no Brasil, CCP III, S. 305: »Wie prekär sind die Kriterien, an denen sich das Gesetz Hitlers orientiert! Die Kastrationsvorkehrung ist nicht *de jure* vorgesehen, sondern sie bleibt Willkür des Strafgerichts, das noch ärztliche Sachverständige zurate ziehen muss.«

502 *Hungria*, Um novo conceito de culpabilidade, CCP 1-2, S. 476ff.: »Es entstand aber nämlich unter dem Einfluss des totalitären oder antiliberalen Staats und auf Anregung der deutschen Lehre ein neuer Schuldbegriff, begründet auf dem seltsamen Postulat, dass das Individuum auch Rechenschaft über seine Persönlichkeit geben muss und dass es sich der Bestrafung nicht entziehen darf, weil es seine Persönlichkeit in einem antisozialen Sinn gestalten ließ. [...] Es ist die Lehre der sog. Täter-, Charakter-, Lebensführungs- oder Gesinnungsschuld. [...] Diese Ideenströmung geht zurück, man kann sagen, bis auf Liszt. [...] Womit das Individuum also freiwillig zu seiner Persönlichkeit beigetragen hatte, dafür müsse es vor der Gesellschaft antworten. Welzel, einer der Verfechter des neuen Schuldbegriffs, bezieht sich in psychoanalytischer Sprache ›auf das willentliche Versäumnis der höheren Funktionen des Ich in der Fürsorge für das vorige Leben‹. Nur strafbar sei der Täter, als Persönlichkeit oder Charakter, für das, was ihm möglich gewesen sei zu verhindern im Sinn, seine Psyche an das ethische Minimum anzupassen, das die Rechtsordnung des sozialen Zusammenlebens erfordert. Wegen dieses freien Gestaltungskerns der Persönlichkeit könne das Individuum ›schuldig‹ erklärt werden. Darüber hinaus ist erkennbar die *Gefährlichkeit*, die die Sicherheitsmaßnahme rechtfertigt; nicht die Schuld, die die Vergeltungsstrafe bedingt.«
503 *Welzel*, Das deutsche Strafrecht, 1969[11], §17 11 2, S. 126
504 *Hungria*, A criminalidade dos homens de cor no Brasil, CCP III, S. 290: »Dieser große Anteil unserer Bevölkerung bedarf hauptsächlich einer berichtigenden Pädagogik. Nicht einer formalen Erziehung noch einer bloßen Grundschulausbildung, sondern einer wesentlichen Anpassung im Sinn einer vollkommenen Umstellung nach den ethisch-rechtlichen Normen und einer Anpassung an den schwierigen Kampf ums Leben.« cf. *Welzel*, Das deutsche Strafrecht, §35 I 3, S. 263ff.
505 *Hungria*, A criminalidade dos homens de cor no Brasil, CCP III, S. 274: »Der Koeffizient von Kriminalität der farbigen Menschen (Schwarzen und Mulatten, d.h. Mestizen von Indoeuropäischen und Schwarzen) ist in Brasilien verhältnismäßig viel größer als der der weißen Bevölkerung. [...] Nicht weniger eloquent ist die Kriminalitätsziffer der farbigen Menschen im Bundesland Rio de Janeiro, das 2.239.677 Einwohner zählt, darunter 1.337.732 Weiße und 901.935 Farbige, d.h. 480.711 Schwarze und 421.224 Mulatten: Gefangene in der Strafanstalt von Niterói gibt es heutzutage, innerhalb einer Gesamtanzahl von 126 Verurteilten, 55 Weiße und 71 Farbige (33 Schwarze und 38 Mulatten). Demnach stellen die farbigen Menschen, die 40% der Bevölkerung vertreten, 57% der Verbrecher– was bedeutet, dass sie im Verhältnis dreimal mehr Verbrechen begehen als die Weißen.«
506 *Hungria*, A criminalidade dos homens de cor no Brasil, CCP II, S. 289: »Sie bilden das Dichte der Slums, die nichts anderes sein können als permanente kriminogene Brennpunkte oder Gebiete von endemischer Delinquenz. Auf dem Land ist der Inhalt ihres Lebens nicht besser. Man könnte sagen, sie bleiben versklavt, für die schwerste Arbeit vorbestimmt, schlecht beherbergt in unpassenden Hütten aus Bambus und Lehm, ohne die geringste Möglichkeit, den Mangel abzumildern, der sie, aus einer materiellen Perspektive gesehen, auf einen *Status* reduziert, der dem der Indianer sehr ähnlich ist.«
507 *Hungria*, A criminalidade dos homens de cor no Brasil, CCP III, S. 291
508 *Romero*, História da literatura brasileira, 1949[4], S. 87: »Brasilien sollte nicht ernsthaft mit den Indianern und Schwarzen als Mitgliedern einer künftigen Zivilisation rechnen,

selbst wenn der Nutzen der Grundschulen auch zu ihrem Vorteil ist. Wird die deutsche Kolonisierung zunutze gemacht, werden die künftigen Generationen ein gemischtes Volk von Erzbrasilianern zusammenbilden, von Portugiesen und Deutschen. Die Nachkommen des neuen gemischten Volks werden, als Kolonisierungselemente, ihren Vorfahren, Portugiesen und Deutschen, überlegen sein.«

509 *Hungria*, CCP VIII, 1981[5], S. 59: »Nur durch Gott können wir auferstehen, durch das Kreuz, durch das christliche Gedankengut. Das Wunder neuer Morgenröte im traurigen Untergang der zeitgenössischen Zivilisation ist nur möglich, wenn die Präsenz Gottes, das Licht und die Flamme des Christentums in der menschlichen Seele wieder erweckt werden. Die Menschheit muss die Tugend des perfekten Glaubens wieder erwerben, denn nur sie wird die Unordnung der Welt verhindern können.«

510 *Freyre*, Casa Grande & Senzala (1933), 2003[48] u. *Silva*, Tempos de Casa-Grande (1930–1940), 2010, S. 34ff. Interessant ist die Tatsache, dass hier, das heißt in der Soziologie, der Gedanke des schon erwähnten kubanischen Strafrechtlers Fernando Ortíz, des berühmten lateinamerikanischen Schülers Lombrosos, parallel zur Entwicklung der brasilianischen Wissenschaft lief, vor allem in Bezug auf den Stil und nicht so sehr im Hinblick auf die Methode. Freyre und Ortíz werden dann stets literarischer. Cf. *Ortiz*, Contrapunteo cubano del tabaco y el azúcar, 1940.

II. Entrückung *oder kein Modell*

511 *Loewenstein*, Brazil under Vargas, 1944, S. 106

512 *Luhmann*, Das Recht der Gesellschaft, 1995, S. 81ff.

513 *Neves*, Verfassung und Positivität des Rechts in der peripheren Moderne, 1992, S. 56

514 *Baumann/Koch/Stiftung Denkmal für die ermordeten Juden Europas* (Hrsg.), Was damals das Recht war ..., 2008, zurückgreifend auf Studien wie das frühere *Messerschmidt/Wüllner*, Die Wehrmachtjustiz im Dienste des Nationalsozialismus, 1987; *Messerschmidt*, Was damals Recht war ..., 1996 u. Die Wehrmachtjustiz 1933–1945, 2005

515 *Horster*, Niklas Luhmann, 2005[2], S. 27f.: »*Luhmann:* [...] Das Verhältnis unserer Familie zu den Nazis war immer schwierig, aber lösbar, indem man sich irgendwie verkroch und sich möglichst wenig sichtbar machte. Für uns kam der Zusammenbruch nicht überraschend. Mein Vater wusste eine ganze Menge, nicht über die Judenmorde, aber über die Behandlung von russischen Kriegsgefangenen und anderes. Er hat aber darüber nie geredet. Erst nach 1945 konnte man darüber reden. *Horster:* Sie waren dann noch Luftwaffenhelfer, aber auch nicht freiwillig? *Luhmann:* Nein, nein. Die ganze Klasse wurde ja eingezogen. Und ich war in meiner Klasse ein Jahr jünger, weil ich ein Jahr übersprungen hatte, so dass ich schon mit 15 und die anderen mit 16 Luftwaffenhelfer wurde. *Horster:* Dann waren Sie auch noch in amerikanischer Gefangenschaft. *Luhmann:* Ja, die hat mir dann noch zusätzliche negative Erfahrungen beschert, denn die Behandlung war – gelinde gesagt – nicht nach den Regeln der internationalen Konventionen. Die Behandlung war nicht so, dass man das Gefühl hatte, dass man jetzt in einer Welt lebt, die in Ordnung ist. *Horster:* Also, Sie haben 1945 nicht als Befreiung erlebt? *Luhmann:* Insofern schon, als der Untergang der Nazis allen klar war und man wusste, dass es nach der

Entlassung aus der Gefangenschaft nur noch besser werden konnte. Ich war noch bis September 1945 in Gefangenschaft. Das Entlassungsprogramm war vorgesehen, aber die Amerikaner haben es hinausgezögert.«

516 *Horster*, Niklas Luhmann, S. 29f.: »*Horster:* Wie kam es zu Ihrer Studienwahl [1946]? *Luhmann:* Mich interessierte das Recht als Ordnungsfaktor, vielleicht aus dem Erleben von Rechtsverletzungen der verschiedensten Art. Auch im Verhältnis zu meinen Geschwistern war das Recht ein wichtiger Faktor als Basis für Tausch, Verhandlungen, Leihe. Die Kinder hatten ihr Eigentum getrennt, also, was mir gehörte, gehörte nicht meinem Bruder.«

517 *Wesel*, Fast alles, was Recht ist, 20078

518 *Hamburger Institut für Sozialforschung*, Vernichtungskrieg. Verbrechen der Wehrmacht 1941 bis 1944 (1996), 19973

519 *Radbruch*, Gesetzliches Unrecht und übergesetzliches Recht, in: SJZ 1946, 105ff. u. schon vorher: Fünf Minuten Rechtsphilosophie, in: Rhein-Neckar-Zeitung, Heidelberg, v. 12.9.1945

520 *Negt*, Achtundsechzig, 2008^{4}, S. 65

521 *Pereira*, Political (in)justice, 2005, S. 43

522 »Limites a Chávez«, *Folha de S. Paulo*, São Paulo, v. 12.2.2009, wo die zynische Rede einer *ditablanda*, also ein Klischee der Zuhältersprache eines Pinochet, frech reproduziert wird.

523 *Neves*, Zwischen Themis und Leviathan, 2000, S. 190

524 *Luhmann*, Das Recht der Gesellschaft, 1995, S. 440ff.

525 *Agamben*, Ausnahmezustand, 2004 bzw. *Derrida*, Gesetzeskraft, 1991

526 »Presidente do STF diz que presídios no país são ›masmorras medievais‹«, *O Globo*, Rio de Janeiro, v. 26.3.2011

527 *Human Rights Watch*, World Report 2011, S. 216: »Brazil's prisons and jails are plagued by inhumane conditions, violence, and severe overcrowding. [...] The use of torture is a chronic problem within the penitentiary system.«

528 *Mendes*, Die abstrakte Normenkontrolle vor dem Bundesverfassungsgericht und vor dem brasilianischen Supremo Tribunal Federal, 1991

529 »Presidente do STF critica a lentidão em Pernambuco«, *Jornal do Commercio*, Recife, v. 19.8.2009

530 *Mendes*, ADI 1354-8/DF, Rel. Min. Marco Aurélio, in DJ 124, v. 29.6.2007, S. 21 (256), 22 (257) u. 33 (268), wo, zur Begründung einer einzigen Entscheidung über das System der politischen Parteien, *Schmitt*, Legalität und Legitimität, 19987, *Forsthoff*, Zur verfassungsrechtlichen Stellung und inneren Ordnung der Parteien, in: *Forsthoff/Loewenstein/Matz*, Die politischen Parteien im Verfassungsrecht, 1950, S: 5–24 bzw. *Larenz*, Richtiges Recht, 1979, unkritisch in einem fort zitiert werden.

531 *Mendes*, Apresentação, in: Schmitt, O Guardião da Constituição, 2007, S. IX bzw. XIII

532 *Taubes*, Ad Carl Schmitt, 1987, S. 27 u. 63

533 *Rüthers*, Carl Schmitt im Dritten Reich, 1990^{2}

534 *Schmitt*, Ex captivitate salus, 2002^{2}

535 *Austin*, Zur Theorie der Sprechakte, 2002^{2}, S. 29; *Habermas*, Theorie des kommunikativen Handelns, 1995, Bd. 1, S. 388ff. Bd. 2, S. 417ff. u. *Searle*, Sprechakte, 1971, S. 84ff.

536 »Juiz afastado em MG vê paradoxo em mutirão carcerário«, *Folha de S. Paulo*, São Paulo, v. 29.10.2010
537 *Habermas*, Theorie des kommunikativen Handelns ..., Bd. 2, S. 489ff.
538 *Marx*, Das Kapital, 1. Bd., MEW 23, S. 792ff.
539 *Marx*, Theorien über den Mehrwert, MEW 26.1, S. 363f.
540 *Adorno*, v. 17.12.1934, A/B, S. 93
541 *Marx*, Das Kapital, 3. Bd., MEW 25, S. 352
542 *Adorno*, Negative Dialektik, GS 6, S. 190
543 *Paschukanis*, Allgemeine Rechtslehre und Marxismus, 1970³, S. 157
544 *Horkheimer*, Zur Ergreifung Eichmanns, GS 8, S. 159: »Der Prozess ist eine Wiederholung: Eichmann wird zum zweiten mal Unheil stiften.«.
545 *Adorno*, Zum Freispruch des Polizeiobermeisters Kurras, FABl. 3, S. 146: »Immerhin kann ich nicht mein Misstrauen verschweigen gegen eine Wissenschaft, die den Anspruch ihrer Objektivität wesentlich auf jene Technik der Subsumtion gründet, die mir philosophisch höchst problematisch dünkt. Ganz gewiss wäre es nicht an mir, der das Bedürfnis zu strafen für überaus fragwürdig hält, meinerseits mich zum Sprecher jenes Bedürfnisses zu machen und, von der anderen Seite her, mich in die Gesellschaft derer zu begeben, mit denen ich nichts gemein zu haben wünsche.«
546 *Zaffaroni/Alagia/Slokar*, Derecho penal, 2002², S. 44ff.
547 *Marx*, Zur Kritik der politischen Ökonomie, MEW 13, S. 52
548 *Taubes*, Ad Carl Schmitt, 1987, S. 36: »Vier Zitate aus Briefen von Carl Schmitt an Armin Mohler, v. 14.4.1952: Ein ganz erstaunliches, großes Dokument ist der Brief von Jacob Taubes, den ich mir habe abschreiben lassen. Ich habe ihn eigenen urteilsfähigen Bekannten gezeigt; alle waren davon ergriffen. Ein alter, überaus gebildeter und erfahrener Journalist aus der alten Monarchie (Rudolf Fischer) sagte nach der Lektüre: Holt's mir die Juden wieder her! Ich könnte Ihnen noch vieles von der Wirkung dieses Briefes erzählen.«
549 »Presos são soltos de cadeia superlotada«, *Folha de S. Paulo*, São Paulo, v. 12.11.2005; »Juiz manda soltar mais 36 detentos«, *Folha de S. Paulo*, São Paulo, v. 18.11.2005; »Juiz contraria o TJ e solta mais 7 condenados«, *Folha de S. Paulo*, São Paulo, v. 23.11.2005
550 »Tribunal afasta juiz que soltou condenados«, *Folha de S. Paulo*, São Paulo, v. 24.11.2005
551 »Juiz aposentado compulsoriamente reafirma desrespeito do Judiciário pelos presos«, *Correio da Cidadania*, São Paulo, Nr. 738, 01.–09.01.2011
552 »Gilmar Mendes: STF não cuida apenas dos interesses dos ricos«, *O Globo*, Rio de Janeiro, v. 3.4.2009
553 HC 88771; HC 90125; HC 91074; HC 92411; HC 92531; HC 92740; HC 92744; HC 92920; HC 92939; HC 93072; HC 93099; HC 93288; HC 93453; HC 93482; 93822; HC 94017; HC 94085; HC 94414; HC 94427; HC 94499; HC 94505; HC 94524; HC 94583; HC 94653; HC 94678; HC 94770; HC 94772; HC 94809; HC 95445; HC 95957 u. HC 96823, nach dem Portal de Informações Gerenciais do STF, mit aktualisierten Daten v. 31.12.2008. Im folgenden Jahr entschied das Gericht 45 Mal nach der gleichen Begründung unter der gesamten Zahl von 428 gewährten habeas corpus, was das Verhältnis nicht wesentlich ändert.
554 *United Nations Development Programme*, Human Development Reports, New York 2000–2009. Die Statistiken, auf denen die Berichte fußen, zeigen Brasilien in der Gruppe

der zehn sozial ungerechtesten Länder gemäß dem Gini-Koeffizient, nämlich als Nummer 8 innerhalb einer Gesamtzahl von 128.

555 »Gilmar Mendes: STF não cuida apenas dos interesses dos ricos«, *O Globo*, Rio de Janeiro, v. 3.4.2009

556 *Taubes*, Ad Carl Schmitt ..., S. 72: »Es ist eines, Theologe zu sein, ein zweites Philosoph, und es ist ein Drittes, Jurist zu sein. Das – hab ich im Leben erfahren – ist eine ganz andere Weise, die Welt zu begreifen. Der Jurist muss die Welt, wie sie ist, legitimieren. Das liegt in der ganzen Ausbildung, in der ganzen Vorstellung des Amtes des Juristen. Er ist ein Clerc, und er versteht seine Aufgabe nicht darin, Recht zu setzen, sondern Recht zu interpretieren.«

557 ADPF 153/DF, Rel. Min. Eros Grau, in DJ 83 v. 11.5.2010

558 »Terrorismo também é crime imprescritível, diz Mendes«, *Folha de S. Paulo*, São Paulo, v. 4.11.2008

559 *Scarry*, The Body in Pain, 1985, S. 27ff.

560 *Rusche*, Arbeitsmarkt und Strafvollzug, in: ZfS 2 (1933), S. 63ff., weiter entwickelt mit reicheren Belegen in *Rusche/Kirchheimer*, Punishment and Social Structure, 1939

561 *Foucault*, Surveiller et punir, 1975, S. 30 u. 83

562 *Corte* IDH, Caso Gomes Lund y otros (»Guerrilha do Araguaia«) vs. Brasil, v. 24.11.2010

563 *Secretaria de Direitos Humanos*, Direito à memória e à verdade, 2007

564 *Secretaria de Direitos Humanos*, Habeas corpus – que se apresente o corpo, 2010

565 *Bahar*, Folter im 21. Jahrhundert, 2009

566 *Harvard Law School's International Human Rights Clinic/Justiça Global*, São Paulo sob achaque, 2011

567 *Rodrigues*, Tortura é rotina em presídios, Caros amigos, Nr. 173 (2011), 18

568 *Benjamin*, Über Sprache überhaupt und über die Sprache des Menschen, GS II-1, S. 153f.

569 *Alves*, Rede, gehalten am 2. September 1968, Câmara dos Deputados, Brasília (dtÜ.: FF)

570 *Alves*, Torturas e torturados, 1966

571 *Gaspari*, A ditadura envergonhada, 2002, S. 339

572 *Otero*, Empresas carcelarias, tras leyes migratorias, El Universal, México D.F., v. 26.1.2011

573 *McCoy*, Foltern und foltern lassen, 2006², S. 47: »Wären normale Polizisten in Asien und Lateinamerika bereit, diese neuen Foltermethoden anzuwenden, wenn man sie dazu ausbildet?« Direkt bezogen auf die berühmte Studie *Milgram*, Das Milgram-Experiment, 1997

574 *Arns*, Brasil: nunca mais, 1985¹⁰, S. 31-50

575 *Langguth*, Hidden Terrors, 1978, S. 304ff.

576 Während das deutsche BBesG, Anlage IV, für die unterste Stufe der Bundesbesoldungsordnung R das monatliche Grundgehalt von 3.488,16 EUR sichert, verdient ein entsprechender Richter in Brasilien, gemäß den Leis Nr. 11.143/2005 bzw. Nr. 12.041/2009, im Monat 21.766,16 BRL (9.179,39 EUR nach offiziellem Kurs v. 15.9.2011).

577 *Boal*, Teatro do oprimido, 2005⁷ (dtÜ: Theater der Unterdrückten, 1989)

578 *Marcos*, Barrela, 1976

579 *Corrêa*, Romper com a família, quebrar os clichês, in: Primeiro ato, 1998, S. 31: »Wir fühlten uns darauf verpflichtet, eine ästhetische, kreative und zugleich in der Wirklichkeit verankerte Antwort zu geben.«

580 *O. de Andrade*, Manifesto Antropófago, in: A utopia antropofágica, 2001[3], S. 47ff.
581 *O. de Andrade*, O rei da vela, 2003[2]
582 *Debord*, La société du spetacle, 1992[3] (dtÜ: Die Gesellschaft des Spektakels, 1996)
583 *Corrêa*, O rei da vela, in: Primeiro ato…, S. 86
584 *M. de Andrade*, Macunaíma, 2007
585 *Schütz*, »Porno-Theater – und wir zahlen dafür Steuern«, Bild, Berlin, v. 14.9.2005 u. »Sex-Theater mit Schülern, BZ, Berlin, v. 15.9.2005.«
586 *Corrêa*, Romper com a família, S. 23
587 *Huizinga*, Homo ludens, 2006[20]
588 *Comissão de Anistia*, Nr. 2006.01.54531, José Celso Martinez Corrêa, v. 5.7.2006
589 *Améry*, Jenseits von Schuld & Sühne , WW 2, S. 75
590 *Adorno*, Negative Dialektik, GS 6, S. 354ff.
591 *Améry*, Die Tortur, in: Merkur 208 (1965), 623
592 *Adorno*, Metaphysik, NS IV-14, S. 166
593 *Bachmann*, Drei Wege zum See, WW 2, S. 421
594 *Sebald*, Verlorenes Land, in: Unheimliche Heimat, 2004[3], S. 131ff.; Mit den Augen des Nachtvogels, in: Campo Santo, 2006, S. 149ff. u. Jean Améry und Primo Levi, in: *Heidelberger-Leonard* (Hrsg.), Über Jean Améry, Heidelberg, 1990. S. 115ff.
595 *Améry*, Jenseits von Schuld & Sühne, WW 2, S. 123: »Ich vermied es, seine, meine Sprache zu sprechen, und wählte ein Pseudonym romanischer Resonanz.«
596 *Sebald*, Austerlitz, 2006[3], S. 41f.
597 *Améry*, Jenseits von Schuld & Sühne, WW 2, S. 126
598 *Sebald*, »Auf ungeheuer dünnem Eis«, 2012[2], S. 96: »Aber es sind meine beiden Vornamen, die mir aus verschiedenen Gründen nie so ganz geheuer waren und die ich deshalb lieber in der Abkürzung stehenlasse.« u. S. 145: »Es sind Abkürzung meiner Vornamen. Der zweite Vorname ist Georg, und das ist der Name meines Vaters; gegen den habe ich überhaupt nichts. Aber den wollte ich also nicht, weil er schon der meines Vaters war, damit keine Verwirrungen entstehen. So bin ich auch nie genannt worden, von niemandem. Der erste, mit W. abgekürzte, ist einer dieser wagnerischen germanischen Namen, die man im Dritten Reich bekam, auch noch kurz vor dem Ende des Dritten Reichs – was mich immer verwundert hat, dass die Leute nicht wenigstens so weit vorausschauen konnten, dass sie sich sagten: Na ja, also in einem Jahr ist das wahrscheinlich zu Ende, taufen wir unsere Kinder doch vielleicht besser anders. Nein, man hat eisern bis zum Schluss die Kinder Gudrun und Gertrud und Giselher genannt.«
599 *Sebald*, Die Ringe des Saturn, 2007[9], S. 29f.
600 Hassemer, Tatbestand und Typus, 1968, S. 107f.
601 *Fromm*, Die Rezeption der Hermeneutik bei Karl Larenz und Josef Esser, 1981
602 *Améry*, Jargon der Dialektik, WW 6, S. 265ff.
603 *Améry*, Die Schiffbrüchigen, WW 1
604 *Améry*, Lefeu oder Der Abbruch, WW 1
605 *Klüger*, Wanderer zwischen falschen Leben, text + kritik 158 (2003), S. 95ff. u. *Sebald*, Die Ausgewanderten, 2008[12]
606 *Améry*, Jenseits von Schuld & Sühne, WW 2, S. 15: »Es geht mir darum, dass die Jugend Deutschlands – die bildsame, wesenhaft generöse und nach Utopia strebende, also: die

linke – nicht unversehens hinübergleite zu jenen, die ihre Feinde sind so gut wie die meinen.«

607 *Lachenmann*, Mouvement (– vor der Erstarrung) für Ensemble (1983/4), 1985

608 *Améry*, Unmeisterliche Wanderjahre, WW 2

609 *Klüger*, weiter leben ..., S. 7 u. 9: »Und Hans erzählt. Er beantwortet meine Fragen. Ich will es genau wissen, und er erzählt es genau, nicht ohne eine gewisse ächzende Umständlichkeit, wie das war, die Verrenkungen der Glieder, er kann das erzählen, sogar zeigen. Und die Rückenbeschwerden, die er noch heute hat, die von damals datieren. Und doch ebnen seine Einzelheiten diese Qual ein, und nur aus dem Tonfall hört man das Anders-, Fremd- und Bösartige heraus. Denn die Folter verlässt den Gefolterten nicht, niemals, das ganze Leben lang nicht. Während die großen Geburtsschmerzen die Mütter in wenigen Tagen verlassen, so dass sie sich auf ihr nächstes Kind freuen. Es ist schon wichtig, welcher Art, und nicht nur wie heftig die Schmerzen sind, die man erleidet.«

610 *Klüger*, unterwegs verloren ..., S. 210

611 *Weiss*, Die Ästhetik des Widerstands, WW 3, Bd. I, S. 343ff. u. Bd. II, S. 7ff.

612 In Brasilien führen die Geschichten von Vernichtungsaktionen auf Gefangenenschiffen schon zurück auf das erste Jahr des Imperiums, 1823, auf den Fall Palhaço, in Pará: *Freitas*, A miserável revolução das classes infames, 2005, S. 62ff. Die letzte brasilianische Diktatur (1964–1985) zählte unter anderen mit Canopus und dem größten und berühmten Gefangenenschiff, der aus deutscher Herstellung Raul Soares. Cf. *Melo*, Raul Soares, 1995

613 *Améry,* Jenseits von Schuld & Sühne, WW 2, S. 57: »Die Tortur ist das fürchterlichste Ereignis, das ein Mensch in sich bewahren kann.« u. S. 62: »Es gibt nämlich keine ›Banalität des Bösen‹, und Hannah Arendt, die in ihrem Eichmann-Buch davon schrieb, kannte den Menschenfeind nur vom Hörensagen und sah ihn nur durch den gläsernen Käfig.«

614 *Arendt*, The Human Condition, 1958 (dtÜ: Viva activa, 2007[6])

615 *Améry*, Jenseits von Schuld & Sühne, WW 2, S. 150: »Zwang und Unmöglichkeit, Jude zu sein, das ist es, was mir eine undeutliche Pein schafft. Von diesem Zwang, dieser Unmöglichkeit, von dieser Drangsal, diesem Unvermögen habe ich hier zu handeln und kann hierbei nur ungewiss hoffen, das Individuelle sei beispielhaft genug, auch jene zu betreffen, die Jude weder sind noch sein müssen.« cf. *Adorno*, Metaphysik, NS IV-14, S. 170

616 *Améry*, Jenseits von Schuld & Sühne, WW 2, S. 63ff.

617 *Adorno*, Der Essay als Form, GS 11, S. 31

618 *Améry*, Jenseits von Schuld & Sühne, WW 2, S. 63

619 *Heidelberger-Leonard*, Jean Améry, 2004, S. 210

620 *Améry*, Jenseits von Schuld & Sühne, WW 2, S. 78

621 *Améry*, Jenseits von Schuld & Sühne, WW 2, S. 40: »Der SS-Staat erschien im metallischen Glanz seiner Totalität als ein Staat, in dem die Idee sich verwirklichte. An dieser Stelle ist nun freilich einzuhalten und in Parenthese zu sprechen vom *religiösen* sowie vom *politisch-ideologisch* fixierten Häftling, dessen Position wesentlich anders war als die des humanistisch-intellektuellen.«

622 *Améry*, Jenseits von Schuld & Sühne, WW 2, S. 72ff.

623 *Améry*, Jenseits von Schuld & Sühne, WW 2, S. 56

624 *Améry*, Jenseits von Schuld & Sühne, ww 2, S. 57
625 *Lukács*, Über Wesen und Form des Essays, in: Die Seele und die Formen, 1911, S. 29
626 *Améry*, Jenseits von Schuld & Sühne, ww 2, S. 79
627 *Améry*, Über das Altern, ww 3, S. 48f.: »So gibt es denn offenbar wirklich so etwas wie ein über die operationell nötigen Konventionen hinausgehendes natürliches Zeitgefühl. *Das Nachdenken über die Zeit aber ist nicht natürlich und will das nicht sein.* Es ist die Arbeit des sich entsetzenden Menschen, dessen, der nicht mehr in sich ruht, weil ihm die Unruhe keine Ruhe lässt und er sich finden möchte, indem er sich verlässt, sich finden in der Zeit, deren Geheimnis ihn im Altern eines Tages verstörte und *auf*störte.« u. S. 56: »Zweideutig ist das Verhältnis des alternden Menschen, der Frau, des Mannes, zu seinem Körper in jeder Lebenslage.«
628 *Améry*, Jenseits von Schuld & Sühne, ww 2, S. 59: »Aber das war das große und freiheitsliebende, auch in diesen dunklen Tagen nicht durchaus freiheitsberaubte Frankreich. Von anderswo drangen die Schreie so wenig in die Welt wie einst mein eigenes, mir fremdes und unheimliches Geheul aus dem Gewölbe von Breendonk. In Ungarn amtiert ein Ministerpräsident, von dem es heißt, es wurden ihm unter dem Regime eines seiner Vorgänger von Folterknechten die Fingernägel ausgerissen. Und wo und wer sind alle die anderen, von denen man überhaupt nichts erfuhr und wahrscheinlich niemals etwas vernehmen wird? Völker, Regierungen, Polizeibehörden, Namen, die man kennt, aber die niemand nennt. Es wird aufgeheult unter der Tortur. Vielleicht zu dieser Stunde, in dieser Sekunde.«
629 *Améry*, Jenseits von Schuld & Sühne, ww 2, S. 62
630 *Améry*, Jenseits von Schuld & Sühne, ww 2, S. 78: »Darum aber war das Böse, das sie mir bereiteten, doch nicht banal. Sie waren, wenn man es durchaus will, Bürokraten der Tortur. Und waren aber doch auch viel mehr, das sah ich in ihren ernsten, angespannten, nicht etwa von sexualsadistischer Lust verquollenen, sondern in mörderischer Selbstrealisierung gesammelten Gesichtern. Mit ganzer Seele waren sie bei ihrer Sache, und die hieß Macht, Herrschaft über Geist und Fleisch, Exzess der ungehemmten Selbstexpansion. Ich habe nicht vergessen, dass es Momente gab, wo ich der folternden Souveränität, die sie über mich ausübten, eine Art von schmählicher Verehrung entgegenbrachte. Denn ist nicht, wer einen Mensch so ganz zum Körper und wimmernder Todesbeute machen darf, ein Gott oder zumindest Halbgott?«
631 *Améry*, Jenseits von Schuld & Sühne, ww 2, S. 69f.
632 *Heidelberger-Leonard*, Jean Améry, S. 201
633 *Améry*, Jenseits von Schuld & Sühne, ww 2, S. 66f.
634 *Améry*, Jenseits von Schuld & Sühne, ww 2, S. 75
635 *Améry*, Jenseits von Schuld & Sühne, ww 2, S. 74: »Sein Fleisch realisiert sich total in der Selbstnegation. [...] Nur in der Tortur wird die Verfleischung des Menschen vollständig: Aufheulend vor Schmerz ist der gewalthinfällige, auf keine Hilfe hoffende, zu keiner Notwehr befähigte Gefolterte nur noch Körper und sonst nichts mehr.«
636 *Adorno*, Negative Dialektik, GS 6, S. 305. In die Abstraktionsebene der Strafrechtsdogmatik übersetzt, cf. den deskonstruktivistischen Ansatz von *Martins*, Versuch über die Vorsatzzurechnung, 2008, S. 92
637 *Améry*, Jenseits von Schuld & Sühne, ww 2, S. 161ff.
638 *Améry*, Jenseits von Schuld & Sühne, ww 2, S. 90

639 *Améry*, Jenseits von Schuld & Sühne, WW 2, S. 104
640 *Sebald*, Verlorenes Land, S. 144
641 *Améry*, Jenseits von Schuld & Sühne, WW 2, S. 94
642 *Améry*, Hand an sich legen, WW 3, S. 175, wo das Zitat von Wittgenstein das Buch einführt: »Die Welt des Glücklichen ist eine andere als die des Unglücklichen. Wie auch beim Tod die Welt sich nicht ändert, sondern aufhört.« *Wittgenstein*, Logisch-philosophische Abhandlung, 20012, 6.4411 bzw. 6.442
643 *Adorno*, Der Essay als Form, GS 11, S. 22
644 *Améry*, Jenseits von Schuld & Sühne, WW 2, S. 26
645 *Schönberg*, A Survivor from Warsaw, op. 46, T. 65f.
646 *Améry*, Jenseits von Schuld & Sühne, WW 2, S. 32: »Ich erinnere mich eines Winterabends, als wir uns nach der Arbeit im schlechten Gleichschritt unter dem entnervenden ›Links zwei, drei, vier‹ der Kapos vom IG-Farben-Gelände ins Lager zurückschleppten und mir an einem halbfertigen Bau eine aus Gott weiß welchem Grunde davor wehende Fahne auffiel. ›Die Mauer stehn sprachlos und kalt, im Winde klirren die Fahnen‹, murmelte ich assoziativ-mechanisch vor mich hin. Dann wiederholte ich die Strophe etwas lauter, lauschte dem Wortklang, versuchte dem Rhythmus nachzuspüren und erwartete, dass das seit Jahren mit diesem Hölderlin-Gedicht für mich verbundene emotionelle und geistige Modell erscheinen werde. Nichts. Das Gedicht transzendierte die Wirklichkeit nicht mehr. Da Stand es und war nur noch sachliche Aussage: so und so, und der Kapo brüllt ›links‹, und die Suppe war dünn, und im Winde klirren die Fahnen.«
647 *Améry*, Lefeu oder Der Abbruch, WW 1, S. 394f.: »Man findet sich von einem Tag zum anderen nicht mehr zurecht in dieser monströsen Stadt, ville lumière, dass ich nicht lache! Und Hochhäuser, sie schießen, wie sagt man? Wie die Pilze. Lefeu hat so unrecht mit seiner Verfallästhetik, allein im Hinblick auf die Verkehrsschwierigkeiten, hier wünscht man sich eine Stadt wie Prag, graues Gemäuer, Altstädter Ring, Kafka und k. u. k. Helmpolizisten. Stimmt aber alles nicht mehr, denn von k. u. k. und Kafka ist dort die Rede nicht mehr, ich sah es bei meinem letzten Besuch, und die Polizeileute sind nicht pittoreske Staffage, sondern irgend etwas Fürchterliches: nicht zu Kafkas Prozess holen sie die armen Sünder ab, sondern zu l'Aveu von Costa Gavras; Yves Montand als Arthur London, hätte ich mir auch nicht gedacht in den Fünfzigern, als Montand und seine Simone noch dabei waren, wo immer die PCF die sich mehr und mehr verdünnenden Massen aufbot, zu protestieren gegen die Besuche amerikanischer Generäle. Ridgeway la Peste! Alle Positionen und Fronten haben sich verschoben. Nur einer geht seinen Weg, links, zwo, drei, vier, und links und links. Nur des Zerbrochenen starreste Haltung / Kann noch dieser Welt widerstehen / Nichts ist stärker / Als des Zerbrochenen starreste Haltung / Im Untergehen. Er hält sich starr, marschierend linkswärts, agitiert auf seine immer absurdere Weise – attention, imbécile, tenez votre droite! – und schreibt, dass Wahlen in diesem Lande nichts seien als Spiegelfechterei, élections, piège à cons. Erreicht gar nichts mehr damit. Der Name verblasst, die Spießer zucken die Achseln: Sartre? Un con. Un con. Dahin ist es gekommen. Ein Name blasst aus vor meinen angestrengten Augen und ich muss zusehen, nicht nur widerstandslos, sondern billigend. Wie mühselig doch die Jasage ist. Und wie mühsam das Fahren.«
648 *Améry*, Jenseits von Schuld & Sühne, WW 2, S. 13f.: »Weil es nun einerseits nichts wirklich Aufklärendes gibt über die Eruption des radikal Bösen in Deutschland und weil an-

derseits dieses Böse in der Tat (und trotz Chile, trotz Brasilien, trotz der bestialischen Zwangsevakuierung von Pnom Penh, trotz der Ermordung von vielleicht einer Million indonesischer ›Kommunisten‹ nach dem Falle Sukarnos, trotz Stalins Verbrechen und den Untaten der griechischen Obristen) in seiner totalen inneren Logik und vermaledeiten Rationalität singulär und irreduktibel ist, stehen wir alle noch immer vor einem finsteren Rätsel. Man weiß: Es geschah nicht in einem Entwicklungsland, nicht als direkte Fortsetzung eines tyrannischen Regimes, wie in der Sowjetunion, nicht im blutigen Kampf einer um ihren Bestand bangenden Revolution, wie im Frankreich Robespierres. Es geschah in Deutschland. Es entsprang gleichsam durch Urzeugung einem Schoße, der es als Widernatur gebar. Und alle ökonomischen Erklärungsversuche, alle die zum Verzweifeln eindimensionalen Hinweise darauf, dass das deutsche Industriekapital, besorgt um seine Privilegien, Hitler finanzierte, sagen dem Augenzeugen nichts, sagen ihm ebenso wenig wie die verfeinerten Spekulationen über die Dialektik der Aufklärung.«

649 *Marx*, Zur Kritik der politischen Ökonomie, MEW 13, S. 103: »Als Geld wird ihm (Gold) seine goldene Herrlichkeit zurückgegeben. Aus dem Knecht wird es der Herr.«

650 *Marx*, Zur Kritik der politischen Ökonomie, MEW 13, S. 36

651 *Marx*, Ökonomisch-politische Manuskripte, MEW 40, S. 510

652 *Marx*, Ökonomisch-politische Manuskripte, MEW 40, S. 512

653 *Améry*, Jenseits von Schuld & Sühne, WW 2, S. 45

654 *Adorno*, Der Essay als Form, GS 11, S. 30

655 *Améry*, [Chile nach dem Putsch] (1975), WW 7, S. 358f.: »Der Mensch wurde aus dem Gefängnis des Gebraucht-Werdens nicht entlassen, Kants Traum einer aufgeklärten Weltrepublik hat sich nicht verwirklicht. Dass Chile als eines der schrecklichsten Beispiele für die von propagandistischer Manipulation bis zur Tortur reichende Handhabung des Menschen durch den Menschen sich aufdrängt, ist offenbar. Dort ist das Ereignis von besonderer Hässlichkeit und abstoßender Aktualität. Diese ist nicht voll aufgreifbar in den Fragen, die man sich gestellt hat: ob der Versuch Allendes, mit demokratischen Mitteln die sozialistische Revolution ins Werk zu setzen, in sich widersprüchlich und darum von Anbeginn zum Scheitern verurteilt war, oder so, wie man es oft vernimmt, sein revolutionärer Impuls, weil er die Spielregeln formaler Demokratie nicht immer und überall respektieren konnte, dem großen Experiment zum Verhängnis wurde. Nein, diese Fragen werden dem geschichtlichen Faktum ebenso wenig gerecht wie die bloße moralische Empörung. Chile ist nicht der einzige Punkt auf der Erdekarte, wo ein Unrecht, das zugleich moralisch und historisch das ganz und gar Unrechte ist, begangen wird. Aufzuforschen wäre vielmehr, ob der Kantsche Grundsatz, der nicht im Widerspruch steht zur Anthropologie Marxens, von den Gesellschaften, die wir kennen, auch nur begriffen wurde. Der Mensch – das ist kein Abstraktum. Wer den Begriff gebraucht, müsste sich bewusst sein, dass er damit jedes konkrete Individuum auf Erden meint.«

656 *Adorno*, Der Essay als Form, GS 11, S. 32: »Die Aktualität des Essays ist die des Anachronistischen.«

657 *Améry*, Jenseits von Schuld & Sühne, WW 2, S. 11

658 *Améry*, Jenseits von Schuld & Sühne, WW 2, S. 120

659 *Améry*, Jenseits von Schuld & Sühne, WW 2, S. 128: »Dabei gilt es Wachsamkeit. Das verführerische, tröstende Selbstmitleid könnte locken. Man mag mir aber glauben, dass ich mich mühelos davor bewahrte, denn wir alle haben uns in den Kerkern und Lagern

des Dritten Reichs unserer Wehrlosigkeit und vollkommenen Hinfälligkeit wegen eher verachtet als beweint; die Versuchung zur Selbstverwerfung hat sich in uns ebenso erhalten wie die Immunität gegen Selbstmitleid. Wir glauben nicht an Tränen. [Abs.] Es ist meinem Nachdenken nicht unentdeckt geblieben, dass das Ressentiment nicht nur ein widernatürlicher, sondern auch ein logisch widersprüchlicher Zustand ist. Es nagelt jeden von uns fest ans Kreuz seiner zerstörten Vergangenheit. Absurd fordert es, das Irreversible solle umgekehrt, das Ereignis unereignet gemacht werden. Das Ressentiment blockiert den Ausgang in die eigentlich menschliche Dimension, die Zukunft. Ich weiß, das Zeitgefühl des im Ressentiment Gefangenen ist verdreht, ver-rückt, wenn man will, denn es verlangt nach dem zweifach Unmöglichen, dem Rückgang ins Abgelebte und der Aufhebung dessen, was geschah. [...] Jedenfalls kann aus diesem Grunde der Mensch des Ressentiments nicht einstimmen in den unisono rundum erhobenen Friedensruf, der da aufgeräumt vorschlägt: Nicht rückwärts lasst uns schauen, sondern vorwärts, in eine bessere, gemeinsame Zukunft!«

660 *Améry*, Lefeu oder Der Abbruch, WW 1, S. 315f. cf. *Benjamin*, Über Sprache überhaupt und die Sprache des Menschen, GS II-1, S. 154: »Gut und böse nämlich stehen als unbenennbar, als namenlos außerhalb der Namensprache, die der Mensch eben im Abgrund dieser Fragestellung verlässt. Der Name bietet nun aber im Hinblick auf die bestehende Sprache nur den Grund, in dem ihre konkreten Elemente wurzeln. Die abstrakten Sprachelemente aber – so darf vielleicht vermutet werden – wurzeln im richtenden Worte, im Urteil. Die Unmittelbarkeit (das ist aber die sprachliche Wurzel) der Mittelbarkeit der Abstraktion stellte sich richtend ein, als im Sündenfall der Mensch die Unmittelbarkeit in der Mitteilung des Konkreten, den Namen, verließ und in den Abgrund der Mittelbarkeit aller Mitteilung, des Wortes als Mittel, des eitlen Wortes verfiel, in den Abgrund des Geschwätzes. Denn – noch einmal soll das gesagt werden – Geschwätz war die Frage nach dem Gut und Böse in der Welt nach der Schöpfung. Der Baum der Erkenntnis stand nicht wegen der Aufschlüsse über Gut und Böse, die er zu geben vermocht hätte, im Garten Gottes, sondern als Wahrzeichen des Gerichts über den Fragenden. Diese ungeheure Ironie ist das Kennzeichen des mythischen Ursprungs des Rechtes.«

661 *Steiner*, Nachwort, in: *Améry*, WW 7, S. 659: »Améry selbst geriet ins Visier staatlicher Verfolgung: Am 17.11.1974 fand im ›Internationalen Frühschoppen‹ des WDR eine Diskussion unter dem Titel ›Leben als Wegwerfware? Die Toten von Wittlich und Berlin‹ statt. Anlass für diese Sendung war der Tod des RAF-Mitglieds Holger Meins einerseits, der des Richters Günter von Drenkmann anderseits. Meins war im Zuge eines Hungerstreiks in der Strafanstalt Wittlich ums Leben gekommen. Anhänger der RAF sprachen von Mord und rächten sich an Drenkmann, der im Zuge eines missglückten Entführungsversuchs erschossen wurde. Améry versuchte im Fernsehgespräch vor allem legitime von illegitimen Formen der Gegengewalt zu unterscheiden. Am Ende der Diskussion kam es dann aber zu einem folgenschweren Wortwechsel zwischen dem Moderator und Améry, der auf den Hungerstreik von RAF-Mitgliedern Bezug nahm: [Abs.] Werner Höfer: Sie sind nicht ohne Sympathie für diese Menschen, die jetzt vielleicht sich zu Tode hungern? Was ist Ihr Wort an sie? Aber es darf nur eins sein, Jean Améry. [Abs.] Améry: Verzeihen Sie, dass das so lange dauert. Das ist eine sehr schwierige Frage, die Sie mir stellen. [Abs.] Höfer: Aufgeben, zur Besinnung kommen? [Abs.] Améry: Nicht aufgeben!«

662 *Améry*, Jenseits von Schuld & Sühne, WW 2, S. 133: »Dies ist richtig bis zur binsenwahren Offenbarkeit, sofern es sich um die Gesellschaft handelt, beziehungsweise um das Individuum, das sich selbstmoralisch vergesellschaftet und sich auflöst im Konsensus. Es ist ohne jede Relevanz für den sich moralisch als einzigartig begreifenden Mensch.«
663 *Améry*, Jenseits von Schuld & Sühne, WW 2, S. 129
664 *Améry*, Jenseits von Schuld & Sühne, WW 2, S. 132
665 *Améry*, Jenseits von Schuld & Sühne, WW 2, S. 120f.
666 *Hassemer*, Strafen im Rechtsstaat, 2000 u. Freiheitliches Strafrecht, 2001
667 »Wie viele Sicherheitsgesetze überlebt der Rechtsstaat?, Im Gespräch: Wolfgang Schäuble und Winfried Hassemer«, FAZ, Frankfurt a. M., v. 11.3.2009, Feuilleton, S. 33
668 *Habermas*, Die Neue Unübersichtlichkeit, 1985, S. 193: »Wenn man von vornherein so herangeht, dann gibt man die Einstellung eines Wissenschaftlers auf, dann bekennt man sich zu einer ästhetischen Geschichtsbetrachtung.«
669 FAZ, v. 11.3.2009, Feuilleton, S. 33
670 BVerfGE 109, 133 u. 109, 190 bzw. EGMR, Urteil v. 17.12.2009, 19359/04, M. vs. Germany
671 FAZ, v. 11.3.2009, Feuilleton, S. 33
672 FAZ, v. 11.3.2009, Feuilleton, S. 33
673 *McCoy*, Foltern und foltern lassen, [2]2006, S. 182
674 *Prittwitz*, Das deutsche Strafrecht: Fragmentarisch? Subsidiär? Ultima ratio?, in: Institut für Kriminalwissenschaften Frankfurt a. M. (Hrsg.). Vom unmöglichen Zustand des Strafrechts, 1995, S. 387ff.
675 *Prittwitz*, Strafrecht und Risiko, 1993
676 *Adorno*, Spätkapitalismus oder Industriegesellschaft?, GS 8, S. 354f.
677 *Beck*, Risikogesellschaft, 1986
678 *Ritsert*, Gesellschaft, 2000, S. 175
679 *Ritsert*, Gesellschaft, S. 176
680 *Prittwitz*, Strafrecht und Risiko, 1993, S. 120
681 *Beck*, Schöne neue Arbeitswelt, 2007, S. 34
682 *Beck*, Schöne neue Arbeitswelt, S. 226
683 *Derrida*, Marx' Gespenster, 2004, S. 48
684 *Derrida*, Marx' Gespenster, S. 11
685 *Hillesum*, Das denkende Herz, 1985
686 *Beck*, Gegengifte, 1988, S. 294
687 Aus einer zwar präliminaren Lektüre ergibt sich, dass erst in einer späteren und kleineren Schrift von Beck das Werk von Jean Améry ausdrücklich erwähnt wird: *Beck*, Wie aus Nachbarn Juden werden, in: Die feindlose Demokratie, 1995, S. 138f.
688 *Beck*, Schöne neue Arbeitswelt, S. 28 u. 227
689 *Zimmermann*, Alagoana, in: Intervall und Zeit, 1974, S. 84f.
690 *Beck*, Gegengifte, S. 51: »Richtig ist: Huxleys ›Schöne neue Welt‹ steht in keinem politischen Programm.«
691 *Beck*, Schöne neue Arbeitswelt, S. 36
692 *Beck*, Schöne neue Arbeitswelt, S. 28
693 *Lind*, The Next American Nation, 1995, S. 14
694 *Poundstone*, Prisoner's Dilemma, 1992

695 *Kraus*, Die Fackel 18 (1899), S. 14
696 *Kraus*, Die Fackel 17 (1899), S. 12. Über diese Beziehung von Karl Kraus mit Franz von Liszt, *Merkel*, Strafrecht und Satire im Werk von Karl Kraus, 1994, S. 173ff.
697 *Davis*, Planet der Slums, 2011², S. 256

Coda/Schluss

698 *Hassemer/Reemtsma*, Verbrechensopfer, 2002. Es ist bemerkenswert, dass Quellen wie Améry und Kertész nur den sehr begrenzten Raum des zweiten Kapitels für sich und andere Opfer haben.
699 *Derrida*, Eine gewisse unmögliche Möglichkeit, vom Ereignis zu sprechen, 2003, S. 45f. u. *Felman/Laub*, Testimony, 1992
700 *Tucholsky*, Das ABC des Angeklagten, WW 3, S. 22
701 *Tucholsky*, Das ABC des Angeklagten, WW 3, S. 23
702 *Tucholsky*, Das Recht in Goethes Faust, WW 1, S. 76f.
703 *v. Liszt*, Der Zweckgedanke im Strafrecht, ZStW 3 (1883), S. 8f.
704 *Tucholsky*, Der liebe Gott in Kassel, WW 2, S. 543
705 *v. Liszt*, in: Über den Einfluss der soziologischen und anthropologischen Forschungen auf die Grundbegriffe des Strafrechts, in: Strafrechtliche Vorträge und Aufsätze, 1905, Bd. 2, S. 80
706 *Fabricius*, Parteipolitische Position und kriminalwissenschaftliche Einsichtsfähigkeit, in: Institut für Kriminalwissenschaften Frankfurt a. M. (Hrsg.). Vom unmöglichen Zustand des Strafrechts, 1995, S. 329ff.
707 *v. Liszt*, Die deterministischen Gegner der Zweckstrafe, ZStW 13 (1893), S. 360
708 *Alencastro*, O ocaso dos bacharéis, Novos Estudos, Cebrap 50 (1998), 55 u. *Kennedy*, Legal Education and the Reproduction of Hierarchy, 1983
709 *Sebald*, Luftkrieg und Literatur, 2005⁵, S. 69f.
710 *Gumbrecht*, Mein Lehrer, der Mann von der SS, Die Zeit, Nr. 15, v. 7.4.2011, S. 62
711 *Sontag*, Against Interpretation, in: Against Interpretation, 1990, S. 14
712 *Sontag*, The Pornographic Imagination, in: Styles of Radical Will, 2002, S. 35ff.
713 *Sontag*, Fascinating Fascism, in: Under the Sign of Saturn, 2002, S. 73ff.
714 *Sontag*, Marat/Sade/Artaud, in: Against Interpretation, 1990, S. 163ff. bzw. Under the Sign of Saturn, in: Under the Sign of Saturn, 2002, S. 109f.
715 *Sontag*, Regarding the Pain of Others, 2003
716 *Sontag*, Regarding the Torture of Others, in: At the Same Time, 2007, S. 133f.
717 Letter from Elizabeth Bartholet, James Cavallaro, & Christine Desan, Faculty, Harvard Law School, to the US-Congress on Recent Human Right Issues in Iraq, v. 16.6.2004, S. 3: »Given the profound problems it may raise as a moral, legal, and constitutional matter, any decision to adopt a coercive interrogation policy and the definition of any such policy, if adopted, should be made within the strict confines of a democratic process.«
718 *Sontag*, Regarding the Torture of Others, S. 138
719 *Willemsen*, Hier spricht Guantánamo, 2006⁵

720 *Habermas*, Hat die Demokratie noch eine epistemische Dimension?, in: Ach, Europa, 2008, S. 150
721 *Kraus*, Die Fackel 12 (1899), S. 14f.
722 Lei Nr. 9.099, v. 26.9.1995 u. Lei Nr. 10.741, v. 1.10.2003
723 *Sontag*, Regarding the Torture of Others, S. 131
724 *Muñoz Conde*, Edmund Mezger ..., S. 72f.; *Ruthers*, Methodenrealismus in Jurisprudenz und Justiz, JZ 61 (2006), S. 55 u. *Schlink*, Unfähigkeit der Staatsrechtswissenschaft zu trauern?, in: Vergangenheitsschuld und gegenwärtiges Recht, 2002, S. 138
725 *Marx*, Das Kapital, 1. Bd., MEW 23, S. 86f.
726 *Adorno*, v. 6.11.1934, A/B, S. 73f. u. v. 17.12.1934, A/B, S. 92
727 *Benjamin*, an Gretel Karplus, v. ca. 10.6.1933, in: G. Adorno/Benjamin, Briefwechsel, 2005, S. 55 u. *Sontag*, Under the Sign of Saturn in: Under the Sign of Saturn, 2002, S. 109ff.
728 *Adorno*, v. 17.12.1934, A/B, S. 95 u. *Benjamin*, Ursprung des deutschen Trauerspiels, GS I-1, S. 388
729 *Adorno*, Philosophie der neuen Musik, GS 12, S. 68ff.
730 *Adorno*, Engagement, S. 422f. u. *Schönberg*, A Survivor from Warsaw, op. 46, T. 80ff.
731 *Adorno*, Arnold Schönberg, GS 18, S. 625
732 *Buch*, Le cas Schönberg, 2006, S. 148ff.
733 *George*, Der Siebente Ring, WW 1, S. 293 bzw. 305f.
734 *Adorno*, Schöne Stellen, GS 18, S. 718
735 *Adorno*, Quasi una fantasia, GS 16, S. 537

Themenverzeichnis nach Absätzen

Quellenverzeichnis

Adorno, Gretel/Benjamin, Walter. Briefwechsel 1930–1940, hrsg. v. C. Gödde u. H. Lonitz, Frankfurt a.M. 2005

Adorno, Theodor W. Gesammelte Schriften, hrsg. v. R. Tiedemann, Frankfurt a.M. 2003 (GS); Nachgelassene Schriften, hrsg. v. T.W. Adorno Archiv, Frankfurt a.M. 1993 (NS); Frankfurter Adorno Blätter, hrsg. v. R. Tiedemann, München 2001 (FABl.)

–, Die Aktualität der Philosophie, GS 1, S. 325-344

–, Die Idee der Naturgeschichte, GS 1, S. 345-365

–, Kierkegaard: Konstruktion des Ästhetischen, GS 2

–, Minima Moralia: Reflexionen aus dem beschädigten Leben, GS 4

–, Zur Metakritik der Erkenntnistheorie: Studien über Husserl und die phänomenologischen Antinomien, GS 5, S. 7-246

–, Drei Studien zu Hegel, GS 5, S. 247-381

–, Negative Dialektik, GS 6, S. 7-412

–, Jargon der Eigentlichkeit, GS 6, S. 413-526

–, Ästhetische Theorie, GS 7

–, Die revidierte Psychoanalyse, übers. v. R. Koehne, GS 8, S. 20-41

–, Zum Verhältnis von Soziologie und Psychoanalyse, GS 8, S. 42-92

–, Spätkapitalismus oder Industriegesellschaft?, GS 8, S. 354-370

–, Prismen: Kulturkritik und Gesellschaft, GS 10.1, S. 9-288

–, Der Essay als Form, GS 11, S. 9-33

–, Die Wunde Heine, GS 11, S. 95-100

–, Wörter aus der Fremde, GS 11, S. 216-232

–, Engagement, GS 11, S. 409-430

–, Philosophie der neuen Musik, GS 12

–, Versuch über Wagner, GS 13

–, Mahler: eine musikalische Physiognomik, GS 13, S. 149-320

–, Berg: der Meister des kleinsten Übergangs, GS 13, S. 321-494

–, Der getreue Korrepetitor: Lehrschriften zur musikalischen Praxis, GS 15, S. 157-402

–, Klangfiguren: Musikalische Schriften I, GS 16, S. 7-248

–, Quasi una fantasia: Musikalische Schriften II, GS 16, S. 249-540

–, Arnold Schönberg: Worte des Gedenkens zum 13. September 1951, GS 18, S. 623-626

–, Schöne Stellen, GS 18, S. 695-718

–, Zur gesellschaftlichen Lage der Musik, GS 18, S. 729-777

–, Kitsch, GS 18, S. 791-794

–, Antwort des Fachidioten, GS 19, S. 570ff.

–, Philosophische Terminologie, 2 Bände, hrsg. v. R. z. Lippe, Frankfurt a.M. 1973f.

–, Beethoven: Philosophie der Musik, Fragmente und Texte, NS I-1

–, Probleme der Moralphilosophie (1963), NS IV-10

–, Zur Lehre von der Geschichte und von der Freiheit (1964/65), NS IV-13

–, Metaphysik: Begriff und Probleme (1965), NS IV-14

–, Einleitung in die Soziologie (1968), NS IV-15

–, Zum Freispruch des Polizeiobermeisters Kurras, FABl. III, S. 146f.
–, Musik im Rundfunk: zwei unveröffentlichte Texte, FABl. VII, S. 90-120
Adorno, Theodor W./Benjamin, Walter. Briefwechsel 1928-1940, hrsg. v. H. Lonitz, 2. Aufl., Frankfurt a.M. 1995 (A/B)
Agamben, Giorgio. Ausnahmezustand: homo sacer II.1, übers. v. U. Müller-Schöll, Frankfurt a.M. 2004
Alencastro, Luiz Felipe de. O ocaso dos bacharéis, in: Novos Estudos, Cebrap 50 (1998), 55
–, Vida privada e ordem privada no Império, in: L. F. de Alencastro/F. A. Novais (Hrsg.), História da vida privada no Brasil, Bd. 2: Império: a corte e a modernidade nacional, São Paulo 1997, S. 11-87
–, O trato dos viventes: formação do Brasil no Atlântico Sul, Séculos XVI e XVII, São Paulo 2000
–, A desmemória e o recalque do crime na política brasileira, in: A. Novaes (Hrsg.), O esquecimento da política, Rio de Janeiro 2007, S. 321-334
Alves, Antônio Frederico de Castro. Obra completa, hrsg. v. E. Gomes, 2. Aufl., Rio de Janeiro 2004.
Amado, Jorge. ABC de Castro Alves, São Paulo 2010
–, Tenda dos Milagres, São Paulo 2008
–, Navegação de cabotagem: apontamentos para um livro de memórias que jamais escreverei, 6. Aufl., Rio de Janeiro 2006
Ambos, Kai. Bericht über die Diskussion zum Thema »Das Selbstverständnis der Strafrechtswissenschaft gegenüber den Herausforderungen ihrer Zeit«, in: A. Eser/W. Hassemer/B. Burkhardt (Hrsg.), Die deutsche Strafrechtswissenschaft vor der Jahrtausendwende, München 2000, S. 103-107
Améry, Jean. Werke, hrsg. v. I. Heidelberger-Leonard, Stuttgart 2002ff. (WW)
–, Die Tortur, in: Merkur 208 (1965), S. 623-638
–, Die Schiffbrüchigen, WW 1, S. 7-286
–, Lefeu oder Der Abbruch, WW 1, S. 287-509
–, Die Festung Derloven, WW 1, S. 582-608
–, Jenseits von Schuld & Sühne: Bewältigungsversuche eines Überwältigten, WW 2, S. 7-178
–, Unmeisterliche Wanderjahre, WW 2, S. 179-350
–, Örtlichkeiten, WW 2, S. 351-491
–, Über das Altern: Revolte und Resignation, WW 3, S. 7-172
–, Hand an sich legen: Diskurs über den Freitod, WW 3, S. 173-344
–, Jargon der Dialektik, WW 6, S. 256-296
–, [Chile nach dem Pusch] (1975), WW 7, S. 358ff.
Andrade, Mário de. Macunaíma: o herói sem nenhum caráter, Rio de Janeiro 2007
Andrade, Oswald de. Manisfesto antropófago, in: ders. A utopia antropofágica, 3. Aufl., Rio de Janeiro 2001, S. 47-52
–, O rei da vela, 2. Aufl., Rio de Janeiro 2003
Arendt, Hannah. The Human Condition, Chicago 1958 (dtÜ: Viva activa oder Vom tätigen Leben, 6. Aufl., München 2007)
–, Eichmann in Jerusalem: ein Bericht von der Banalität des Bösen, 2. Aufl., München u. Zürich 2007

Arns, Dom Paulo Evaristo. Brasil: nunca mais: um relato para a história, 10. Aufl., Petrópolis 1985
Aristoteles, Die Nikomachische Ethik, übers. v. O. Gigon, 7. Aufl., München 2006
–, Politik, übers. u. hrsg. v. O. Gigon, 10. Aufl., München 2006
Austin, John L. Zur Theorie der Sprechakte (How to do things with Words), übers. v. E. v. Savigny, 2. Aufl., Stuttgart 2002
Bachmann, Ingeborg. Werke, hrsg. v. C. Koschel, I. v. Weidenbaum u. C. Münster, 2. Aufl., München 1982 (ww)
–, Drei Wege zum See, ww 2, S. 394-488
Bacon, Francis. Novum organum scientiarum, sive indicia vera de interpretatione naturæ (1620), in: ders., Opera omnia, Leipzig 1694 (dtÜ: Neues Organon, oder Die wahre Einleitung zur Erklärung der Natur, übers. v. J.H.v. Kirchmann, Berlin 1870)
Bahar, Alexander. Folter im 21. Jahrhundert: auf dem Weg in ein neues Mittelalter?, München 2009
Balibar, Étienne/Wallerstein Immanuel. Race, nation, classe: les identités ambiguës, Paris 1988
Balibar, Étienne, Y a-t-il un »néo-racisme«? in: E. Balibar/I. Wallerstein, Race, nation, classe, Paris 1988, S. 27-41
Barreto, Tobias. Obras completas, Rio de Janeiro 1925f. (ww)
–, A escravidão, ww 1, S. 91
–, Um discurso em mangas de camisa, ww 4, S. 97-149
–, Ideia do direito, ww 4, S. 169-179
–, Lição de abertura do curso de economia política na Faculdade de Direito do Recife, ww 4, S. 181-187
–, Direito público brasileiro, ww 7, S. 93-104
–, Traços da literatura comparada do século XIX, ww 8, S. 121-235
–, Carta ao redator da »Deutsche Zeitung« do Rio de Janeiro, ww 8, 331-335
–, Política prussiana, ww 8, S. 499ff.
–, Himmel- und Escadafahrt, ww 8, S. 503-508
–, Deixemo-nos de lendas..., ww 8, S. 511-514
–, A questão do poder moderador, ww 9, S. 171-223
–, O príncipe de Bismarck e o visconde do Rio Branco, ww 10, S. 181-184
Bartrop, Paul R./Eisen, Gabrielle (Hrsg.). The Dunera Affair: a documentary resource book, Melbourne, 1990
Baudelaire, Charles. Sämtliche Werke/Briefe, in acht Bänden, hrsg. v. F. Kemp u. C. Pichois, München u. Wien 1975ff. (ww)
Baumann, Ulrich/Koch, Magnus/Stiftung Denkmal für die ermordeten Juden Europas (Hrsg.). Was damals Recht war...: Soldaten und Zivilisten vor Gerichten der Wehrmacht, Berlin 2008
Beck, Ulrich. Risikogesellschaft: auf dem Weg in eine andere Moderne, Frankfurt a.M. 1986
–, Gegengifte: die organisierte Unverantwortlichkeit, Frankfurt a.M. 1988
–, Die feindlose Demokratie: Ausgewählte Aufsätze, Reinbek 1995
–, Wie aus Nachbarn Juden werden: Zur politischen Konstruktion des Fremden in der reflexiven Modern, in: ders. Der feindlose Demokratie, Reinbek 1995, S. 131-163
–, Schöne neue Arbeitswelt, Frankfurt a.M. 2007

Benjamin, Walter. Gesammelte Schriften, hrsg. v. R. Tiedemann u. H. Schweppenhäuser, Frankfurt a.M. 1980. (GS); Gesammelte Briefe, hrsg. v. C. Gödde u. H. Lonitz, Frankfurt a.M. 1995ff. (GB)
–, Der Begriff der Kunstkritik in der deutschen Romantik, GS I-1, S. 7-122
–, Goethes Wahlverwandtschaften, GS I-1, S. 123-202
–, Ursprung des deutschen Trauerspiels, GS I-1, S. 203-430
–, Das Kunstwerk im Zeitalter seiner technischen Reproduzierbarkeit, GS I-2, S. 431-508
–, Charles Baudelaire: ein Lyriker im Zeitalter des Hochkapitalismus, GS I-2, S. 509-690
–, Über die Sprache überhaupt und über die Sprache des Menschen, GS II-1, S. 140-157
–, Über das Programm der kommenden Philosophie, GS II-1, S. 157-171
–, Zur Kritik der Gewalt, GS II-1, S. 179-203
–, Erfahrung und Armut, GS II-1, S. 213-219
–, Der Surrealismus: die letzte Momentaufnahme der europäischen Intelligenz, GS II-1, S. 295-310
–, Karl Kraus, GS II-1, S. 334-367
–, Kleine Geschichte der Photographie, GS II-1, S. 368-385
–, Ödipus oder Der vernünftige Mythos, GS II-1, S. 391-395
–, Der Erzähler: Betrachtungen zum Werk Nikolai Lesskows, GS II-2, S. 438-465
–, Eduard Fuchs, der Sammler und der Historiker, GS II-2, S. 465-505
–, Der Autor als Produzent: Ansprache im Institut zum Studium des Faschismus in Paris am 27. April 1934, GS II-2, S. 683-701
–, Theorien des deutschen Faschismus: zu der Sammelschrift ›Krieg und Krieger‹. Herausgegeben von Ernst Jünger, GS III, S. 238-250
–, Wider ein Meisterwerk: zu Max Kommerell, ›Der Dichter als Führer in der deutschen Klassik‹, GS III, S. 252-259
–, Kierkegaard: das Ende des philosophischen Idealismus, GS III, S. 380-383
–, Die Aufgabe des Übersetzers, GS IV-1, S. 9-21
–, Einbahnstraße, GS IV-1, S. 83-148
–, Denkbilder, GS IV-1, S. 305-438
–, Das Passagen-Werk, GS V, 2 Bände
Berner, Albert Friedrich. Lehrbuch des deutschen Strafrechtes, 9. Aufl., Leipzig 1877
Bloch, Ernst. Gesamtausgabe in 16 Bänden, Frankfurt a.M. 1977 (GA)
–, Erbschaft dieser Zeit, GA 4
–, Das Prinzip Hoffnung, GA 5
–, Naturrecht und menschliche Würde, GA 6
Boal, Augusto. Teatro do oprimido: e outras poéticas políticas, 7. Aufl., Rio de Janeiro 2005 (dtÜ: Theater der Unterdrückten: Übungen und Spiele für Schauspieler und Nicht-Schauspieler, hrsg. u. übers. v. M. Spinu u. H. Thorau, Frankfurt a.M. 1989)
Borowski, Tadeusz. Bei uns in Auschwitz, übers. v. F. Griese, München 2008
Broch, Hermann. Einige Bemerkungen zum Problem des Kitsches: ein Vortrag, in: ders. Dichten und Erkennen, Essays, Bd. 1, Gesammelte Werke, Bd. 6, hrsg. v. H. Arendt, Zürich 1955, S. 295-310
–, Das Böse im Wertsystem der Kunst, in: ders. Dichten und Erkennen, Essays, Bd. 1, Gesammelte Werke, Bd. 6, hrsg. v. H. Arendt, Zürich 1955, S. 311-350

Broszat, Martin (Hrsg.). Kommandant in Auschwitz: autobiographische Aufzeichnungen des Rudolf Höß, 21. Aufl., München 2008

Browning, Christopher R. Ganz normale Männer: das Reserve-Polizeibataillon 101 und die »Endlösung« in Polen, übers. v. J. P. Krause, 4. Aufl., Reinbek 2007

Buch, Esteban. Le cas Schönberg: Naissance de l'avant-garde musicale, Paris 2006

Campos, Augusto de/Campos, Haroldo de. Sousândrade: o terremmoto clandestino, in: dies. Re Visão de Sousândrade: textos críticos, antologia, glossário, bibliografia, 3. Aufl., São Paulo 2002, S. 21-124

Campos, Haroldo de. O sequestro do barroco na formação da literatura brasileira: o caso Gregório de Matos, 2. Aufl., Salvador 1989

Cardoso, Fernando Henrique. Capitalismo e escravidão no Brasil meridional: o negro na sociedade escravocrata do Rio Grande do Sul, 5. Aufl., Rio de Janeiro 2003

Cardoso, Fernando Henrique/Faletto, Enzo. Dependencia y desarrollo en América Latina: ensayo de interpretación sociológica, 30. Aufl., México 2002 (dtÜ: Abhängigkeit und Entwicklung in Lateinamerika, Frankfurt a.M. 1976)

Castro, Augusto Olympio Viveiros de. A nova escola penal, Rio de Janeiro 1894

Celan, Paul. Die Gedichte, kommentierte Gesamtausgabe in einem Band, hrsg. v. B. Wiedemann, Frankfurt a.M. 2005

–, Ausgewählte Gedichte. Zwei Reden, Frankfurt a.M. 1968

Central Intelligence Agency. KUBARK Counterintelligence Interrogations, 1963 [veröffentlicht 1997]

Chacon, Vamireh. História das ideias socialistas no Brasil, 2. Aufl., Fortaleza 1981

Chomsky, Noam. A New Generation Draws the Line: Kosovo, East Timor and the Standards of the West, London u. New York 2001

Cornils, Karin. Bericht über Diskussion zum Thema »Die Strafrechtswissenschaft vor den Aufgaben der Zukunft«, in: A. Eser/W. Hassemer/B. Burkhardt (Hrsg.), Die deutsche Strafrechtswissenschaft vor der Jahrtausendwende, München 2000, S. 427-435

Corrêa, Zé Celso Martinez. Primeiro ato: cadernos, depoimentos, entrevistas (1958-1974), hrsg. v. A. H. C. de Staal, São Paulo 1998

–, Romper com a família, quebrar os clichês, in: ders. Primeiro ato, São Paulo 1998, S. 21-35

–, O rei da vela, in: ders. Primeiro ato, São Paulo 1998, S. 85-94

Cover, Robert. Justice Accused: Antislavery and the Judicial Process, New Haven u. London 1975

–, Narrative, Violence and the Law: The Essays of Robert Cover, hrsg. v. M. Minow, M. Ryan u. A. Sarat, Michigan 1992

Dahm, Georg. Der Tätertyp im Strafrecht, Leipzig 1940

Davis, Mike. Planet der Slums, übers. v. I. Scherf, 2. Aufl., Berlin 2011

Debord, Guy. La société du spetacle, 3. Aufl., Paris 1992 (dtÜ: Die Gesellschaft des Spektakels, übers. v. J.-J. Raspa, Berlin 1996)

Derrida, Jacques. Gesetzeskraft: der »mystische Grund der Autorität«, übers. v. A. García-Düttmann, Frankfurt a.M. 1991

–, Eine gewisse unmögliche Möglichkeit, vom Ereignis zu sprechen, übers. v. S. Lüdemann, Berlin 2003

–, Marx' Gespenster: der Staat der Schuld, die Trauerarbeit und die neue Internationale, übers. v. S. Lüdemann, Frankfurt a.M. 2004

Descartes, René. Meditationes de prima philosophia in quibus Dei existentia et animae humanae e corpore distincto demonstrantur, lateinisch-deutsch, hrsg. v. L. Gäbe, 3. Aufl., Hamburg 1992
Durkheim, Emile. Die Regeln der soziologischen Methode, hrsg. u. eingel. v. R. König, Frankfurt a.M. 1984
Ebbeke, Klaus. »Sprachfindung«: Studien zum Spätwerk Bernd Alois Zimmermanns, Mainz u.a. 1986
Engels, Friedrich. Ludwig Feuerbach und der Ausgang der klassischen deutschen Philosophie, MEW 21
Eser, Albin. Eröffnungsansprache, in: A. Eser/W. Hassemer/B. Burkhardt (Hrsg.), Die deutsche Strafrechtswissenschaft vor der Jahrtausendwende, München 2000, S. 3-9
–, Schlussbetrachtungen, in: A. Eser/W. Hassemer/B. Burkhardt (Hrsg.), Die deutsche Strafrechtswissenschaft vor der Jahrtausendwende, München 2000, S. 437-448
Eser, Albin/Hassemer, Winfried/Burkhardt, Björn (Hrsg.). Die deutsche Strafrechtswissenschaft vor der Jahrtausendwende: Rückbesinnung und Ausblick, München 2000
Fabricius, Dirk. Selbst-Gerechtigkeit: zum Verhältnis von Juristenpersönlichkeit, Urteilsrichtigkeit und »effektiver Strafrechtspflege«, Baden Baden 1996
–, Was ein Lehrbuch lehrt...: eine exemplarische Untersuchung von Jakobs Strafrecht – Allgemeiner Teil, Frankfurt a.M 1998
–, Parteipolitische Position und kriminalrechtswissenschaftliche Einsichtsfähigkeit: Überlegungen aus der ethnopsychoanalytischen Perspektive, in: Institut für Kriminalwissenschaften Frankfurt a.M. (Hrsg.), Vom unmöglichen Zustand des Strafrechts, Frankfurt a.M. u.a., S. 329-344
Fanon, Frantz, Les damnés de la terre, Paris 1961 (dtÜ: Die Verdammten dieser Erde, übers. v. T. König, Frankfurt a.M. 1981)
Felman, Shoshana/Laub, Dori. Testimony: Crisis of Witnessing in Literature, Psychoanalysis, and History, New York u. London, 1992
Fögen, Marie Theres. Das Lied vom Gesetz, München 2007
Forsthoff, Ernst. Zur verfassungsrechtlichen Stellung und inneren Ordnung der Parteien, in: E. Forsthoff/K. Loewenstein/W. Matz. Die politischen Parteien im Verfassungsrecht, Tübingen 1950, S. 5-24
Foucault, Michel. Surveiller et punir: naissance de la prision, Paris 1975
Frank, André Gunder. The Development of Underdevelopment, Monthly Review 18/4 (1966), 17-31
Freitas, Décio. A miserável revolução das classes infames, Rio de Janeiro 2005
Freud, Sigmund. Studienausgabe, hrsg. v. A. Mitscherlich, A. Richards u. J. Strachey, Frankfurt a.M. 1975 (StA)
–, Der Witz und seine Beziehung zum Unbewussten, StA 4, S. 9-220
–, Das Unheimliche, StA 4, S. 241-274
–, Das Unbehagen in der Kultur, StA 9, S. 191-286
Freyre, Gilberto. Casa Grande & Senzala: formação da família brasileira sob o regime da economia patriarcal, 48. Aufl., São Paulo 2003
Fromm, Beatrice. Grußwort, in: A. Eser/W. Hassemer/B. Burkhardt (Hrsg.), Die deutsche Strafrechtswissenschaft vor der Jahrtausendwende, München 2000, S. 11-15

Frommel, Monika. Welzels finale Handlungslehre: eine konservative Antwort auf das nationalsozialistische Willensstrafrecht – oder die Legende der »Überwindung des Wertneutralismus«, in: U. Reifner/B.-R. Sonnen, Strafjustiz und Polizei im Dritten Reich, Frankfurt a.M. u. New York 1984, S. 86-96

Gaspari, Elio. A ditadura envergonhada, São Paulo 2002

George, Stefan. Werke: Ausgabe in zwei Bänden, 3. Aufl., Düsseldorf u. München 1976 (ww)

Greco, Luís. Introdução à dogmática funcionalista do delito: em comemoração aos trinta anos de »Política criminal e sistema jurídico-penal« de Roxin, in: Revista Brasileira de Ciências Criminais 32 (2000), S. 120-163

–, Tipos de autor e lei de tóxicos, ou: interpretando democraticamente uma lei autoritária, in: Revista Brasileira de Ciências Criminais 43 (2003), S. 226-238

Habermas, Jürgen. Theorie und Praxis: Sozialphilosophische Studien, Frankfurt a.M. 1973

–, Die Neue Unübersichtlichkeit: Kleine Politische Schriften V, Frankfurt a.M. 1985

–, Moderne und postmoderne Architektur, in: ders. Die Neue Unübersichtlichkeit, Frankfurt a.M. 1985, S. 11-29

–, Theorie des kommunikativen Handelns, 2 Bände, Frankfurt a.M. 1995

–, Ach, Europa: Kleine Politische Schriften XI, Frankfurt a.M. 2008

–, Hat die Demokratie noch eine epistemische Dimension? Empirische Forschung und normative Theorie, in: ders. Ach, Europa, Frankfurt a.M. 2008, S. 138-191

Hamburger Institut für Sozialforschung. Vernichtungskrieg. Verbrechen der Wehrmacht 1941 bis 1944: Ausstellungskatalog (1996), 3. Aufl., Hamburg 1997

Hardt, Michael/Negri, Antonio. Empire, Cambridge u. London 2000

Harvard Law School's International Human Rights Clinic/Justiça Global. São Paulo sob achaque: corrupção, crime organizado e violência institucional em maio de 2006, o.O. 2011

Harnoncourt, Nikolaus. Musik als Klangrede: Wege zu einem neuen Musikverständnis, Kassel 1982

Hassemer, Winfried. Typus und Tatbestand: Untersuchungen zur strafrechtlichen Hermeneutik, Köln u.a. 1968

–, Das Selbstverständnis der Strafrechtswissenschaft gegenüber den Herausforderungen ihrer Zeit, in: A. Eser/W. Hassemer/B. Burkhardt (Hrsg.), Die deutsche Strafrechtswissenschaft vor der Jahrtausendwende, München 2000, S. 21-46

–, Strafen im Rechtsstaat, Baden-Baden 2000

–, Freiheitliches Strafrecht, Berlin 2001

Hassemer, Winfried/Reemtsma, Jan Philipp. Verbrechensopfer: Gesetz und Gerechtigkeit, München 2002

Hegel, Georg Wilhelm Friedrich. Werke, red. E. Moldenhauer u. K. M. Michel, Frankfurt a.M. 1970 (ww)

–, Phänomenologie des Geistes, ww 3

–, Wissenschaft der Logik I, ww 5

–, Wissenschaft der Logik II, ww 6

–, Grundlinien der Philosophie des Rechts, ww 7

–, Enzyklopädie der philosophischen Wissenschaft III, ww 10

–, Vorlesungen über die Philosophie der Geschichte, ww 12

–, Vorlesungen über die Ästhetik I, ww 13

–, Vorlesungen über die Ästhetik II, WW 14
Heidelberger-Leonard, Irene. Jean Améry: Revolte in der Resignation, Biographie, Stuttgart 2004
Heidelberger-Leonard, Irene (Hrsg.). Über Jean Améry, Heildelberg 1990
Heine, Heinrich. Historisch-kritische Gesamtausgabe der Werke, hrsg. v. M. Windfuhr, Düsseldorfer Ausgabe, Hamburg, 1973 (DHA)
Hilberg, Raul. Die Vernichtung der europäischen Juden, 10. Aufl., Frankfurt a.M. 2007
Hillesum, Etty. Das denkende Herz: die Tagebücher 1941-1943, hrsg. v. J. G. Gaarlandt, übers. v. M. Csollány, Reinbek 1985
Hofmannsthal, Hugo von. Ein Brief, in: ders., Gesammelte Werke in zehn Einzelbände, Bd. 7, hrsg. v. B. Schoeller u. R. Hirsch, Frankfurt a.M. 1979, S. 461-472
Holmes, Oliver Wendell, Jr. The Common Law, Boston 1881
–, The Path of the Law, Harvard Law Review 10 (1897), 457
Horkheimer, Max. Gesammelte Schriften, hrsg. v. A. Schmidt u. G.S. Noerr, Frankfurt a.M. 1987ff. (GS)
–, Materialismus und Moral, GS 3, S. 111-149
–, Egoismus und Freiheitsbewegung: zur Anthropologie des bürgerlichen Zeitalters, GS 4, S. 9-88
–, Traditionelle und kritische Theorie, GS 4, S. 162-216
–, Zur Ergreifung Eichmanns, GS 8, S. 156-159
Horkheimer, Max/Adorno, Theodor W. Dialektik der Aufklärung, Horkheimer-GS 5
Horster, Detlef. Niklas Luhmann, 2. Aufl., München 2005
Huizinga, Johan. Homo ludens: vom Ursprung der Kultur im Spiel, übers. v. H. Nachod, 20. Aufl., Reinbek 2006
Hungria, Nelson. Comentários ao Código Penal, Rio de Janeiro 1948ff. (CCP)
–, Um novo conceito de culpabilidade (1951), CCP I-2, S. 475-484
–, A crminalidade dos homens de cor no Brasil (1950), CCP III, S. 273-312
Huyssen, Andreas. After the Great Divide: Modernism, Mass Culture, Postmodernism, Bloomington u. Indianapolis 1986
–, The Politics of Identification: »Holocaust« and West German Drama, in: ders. After the Great Divide, Bloomington u. Indianapolis 1986, S. 94-114
–, Twilight Memories: Marking Time in a Culture of Amnesia, New York u. London 1995
–, Present Pasts: Urban Palimpsests and the Politics of Memory, Stanford 2003
–, Monumental Seduction: Christo in Berlin, in: ders. Present Pasts, Stanford 2003, S. 30-48
–, The Voids of Berlin, in: ders. Present Pasts, Stanford 2003, S. 49-71
Institut für Kriminalwissenschaften Frankfurt a.M. (Hrsg.). Vom unmöglichen Zustand des Strafrechts, Frankfurt a.M. u.a. 1995
–, Jenseits des rechtsstaatlichen Strafrechts, Frankfurt a.M. u.a. 2007
Jakobs, Günther. Das Selbstverständnis der Strafrechtswissenschaft gegenüber den Herausforderungen ihrer Zeit [Kommentar], in: A. Eser/W. Hassemer/B. Burkhardt (Hrsg.), Die deutsche Strafrechtswissenschaft vor der Jahrtausendwende, München 2000, S. 47-56
Jankélévitch, Vladimir. Das Verzeihen: Essays zur Moral und Kulturphilosophie, hrsg. v. R. Konersmann, übers. v. C. Brede-Konersmann, Frankfurt a.M. 2004
–, Verzeihen? in: ders. Das Verzeihen, Frankfurt a.M. 2004, S. 243-282
Kafka, Franz. Tagebücher, hrsg. v. H.-G. Koch, M. Müller u. M. Pasley, Frankfurt a.M. 1990

Kant, Immanuel. Werke, Akademie-Ausgabe, Berlin 1968ff. (AA)
–, Kritik der reinen Vernunft, 2. Aufl. (1787), AA 3
–, Grundlegung zur Metaphysik der Sitten, AA 4
–, Kritik der praktischen Vernunft, AA 5
–, Kritik der Urteilskraft, AA 5
–, Die Religion innerhalb der Grenzen der bloßen Vernunft, AA 6
–, Die Metaphysik der Sitten, AA 6
–, Vorlesungen über Anthropologie (1772/3), AA 25
Karasch, Mary C. Slave Life in Rio de Janeiro, 1808-1850, Princeton 1987
Kaufmann, Arthur. Problemgeschichte der Rechtsphilosophie, in: A. Kaufmann/W. Hassemer/U. Neumann (Hrsg.), Einführung in Rechtsphilosophie und Rechtstheorie der Gegenwart, 7. Aufl., Heidelberg 2004, S. 26-147
Kennedy, Duncan. Legal Education and the Reproduction of Hierarchy: A Polemic Against the System, Cambridge 1983
Kertész, Imre. Roman eines Schicksallosen, übers. v. C. Viragh, 21. Aufl., Reinbek 2007
–, Die englische Flagge: Erzählungen, übers. v. K. Schwamm, 2. Aufl., Reinbek 2002
–, Die englische Flagge, in: ders. Die englische Flagge, Reinbek ^{2}2002, S. 5-58
–, Der Spurensucher, in: ders. Die englische Flagge, Reinbek ^{2}2002, S. 59-154
–, Protokoll, in: ders. Die englische Flagge, Reinbek ^{2}2002, S. 155-185
–, Fiasko, übers. v. G. Buda u. A. Relle, 2. Aufl., Reinbek 2002
–, Galeerentagebuch, übers. v. K. Schwamm, 2. Aufl., Reinbek 2002
–, Kaddisch für ein nicht geborenes Kind, übers. v. G. Buda u. K. Schwamm, 2. Aufl., Reinbek 2002
–, Ich – ein anderer, übers. v. I. Rakusa, 2. Aufl., Reinbek 2002
–, Die exilierte Sprache: Essays und Reden, Frankfurt a.M. 2004
–, Budapest, Wien, Budapest: 15 Bagatellen, übers. v. E. Zeltner, in: ders. Die exilierte Sprache, Frankfurt a.M. 2004, S. 17-41
–, Lange, dunkle Schatten, übers. v. G. Déreky, in: ders. Die exilierte Sprache, Frankfurt a.M. 2004, S. 53-60
–, Der Holocaust als Kultur: zum Jeam-Améry Symposium in Wien 1992, übers. v. G. Buda, in: ders. Die exilierte Sprache, Frankfurt a.M. 2004, S. 76-89
–, Der überflüssige Intellektuelle, übers. v. K. Schwamm, in: ders. Die exilierte Sprache, Frankfurt a.M. 2004, S. 90-102
–, Das sichtbare und das unsichtbare Weimar, übers. v. K. Koenen, in: ders. Die exilierte Sprache, Frankfurt a.M. 2004, S. 105-109
–, Wer jetzt kein Haus hat: »Rede über das eigene Land«, München 1996, übers. v. C. Viragh, in: ders. Die exilierte Sprache, Frankfurt a.M. 2004, S. 133-146
–, Wem gehört Auschwitz? Zu Roberto Benignis Film ›Das Leben ist schön‹, übers. v. Christian Polzin, in: ders. Die exilierte Sprache, Frankfurt a.M. 2004, S. 147-155
–, Die exilierte Sprache, übers. v. K. Schwamm, in: ders. Die exilierte Sprache, Frankfurt a.M. 2004, S. 206-221
–, Von der Freiheit der Selbstbestimmung, übers. v. K. Schwamm, in: ders. Die exilierte Sprache, Frankfurt a.M. 2004, S. 222-232
–, Liquidation, übers. v. L. Kornitzer u. I. Krüger, Reinbek 2005
–, Detektivgeschichte, übers. v. A. u. P. Máté, Reinbek 2006

–, Ich, der Henker, in: ders. Opfer und Henker, übers. v. C. Polzin, I. Rakusa, A. Relle u. K. Schwamm, Berlin 2007, S. 23-44
–, Dossier K.: eine Ermittlung, übers. v. K. Schwamm, Reinbek 2008
Kirchmann, Julius Hermann von. Die Werthlosigkeit der Jurisprudenz als Wissenschaft, Berlin 1848
Klemperer, Victor. LTI: Notizbuch eines Philologen, 22. Aufl., Stuttgart 2007
Kluge, Alexander. Neue Geschichten. Hefte 1-18: ›Unheimlichkeit der Zeit‹, Frankfurt a.M. 1977
Klüger, Ruth. weiter leben: eine Jugend, Göttingen 1992
–, Katastrophen: über deutsche Literatur, Göttingen 1994
–, Gibt es ein »Judenproblem« in der deutschen Nachkriegsliteratur?, in: dies. Katastrophen, Göttingen 1994, S. 9-38
–, »Die Ödnis des entlarvten Landes«: Antisemitismus im Werk jüdisch-österreichischer Autoren, in: dies. Katastrophen, Göttingen 1994, S. 59-82
–, Freiheit, die ich meine: Fremdherrschaft in Kleists »Hermannschlacht« und »Verlobung in St. Domingo«, in: dies. Katastrophen, Göttingen 1994, S. 133-162
–, Thellheims Neffe: Kleists Abkehr von der Aufklärung, in: dies. Katastrophen, Göttingen 1994, S. 163-188
–, Kreuzzug und Kinderträume in Lessings »Nathan der Weise«, in: dies. Katastrophen, Göttingen 1994, S. 189-227
–, Frauen lesen anders, 5. Aufl., München 2007
–, Wanderer zwischen falschen Leben: über W. G. Sebald, in: text + kritik 158 (2003), W. G. Sebald, S. 95-103
–, Gelesene Wirklichkeit: Fakten und Fiktionen in der Literatur, Göttingen 2006
–, Lanzmanns »Shoah« in New York, in: dies. Gelesene Wirklichkeit, Göttingen 2006, S. 9-28
–, Von hoher und niedriger Literatur, in: dies. Gelesene Wirklichkeit, Göttingen 2006, S. 29-67
–, Fakten und Fiktionen, in: dies. Gelesene Wirklichkeit, Göttingen 2006, S. 68-93
–, Der Dichter als Dieb?: der Fall Littner–Koeppen, in: dies. Gelesene Wirklichkeit, Göttingen 2006, S. 135-142
–, Wie wirklich ist das Mögliche? Das Spiel mit Weltgeschichte in der Literatur: drei Essays zur literarischen Behandlung von Geschichte, in: dies. Gelesene Wirklichkeit, Göttingen 2006, S. 143-219
–, Gemalte Fensterscheiben: über Lyrik, Göttingen 2007
–, Kein Mensch ist illegal, in: dies. Gemalte Fensterscheiben, Göttingen 2007, S. 74ff.
–, Abstrakte Zeitgeschichte, in: dies. Gemalte Fensterscheiben, Göttingen 2007, S. 129-135
–, Merseburger Entzauberung, in: dies. Gemalte Fensterscheiben, Göttingen 2007, S. 142ff.
–, unterwegs verloren: Erinnerungen, Wien 2008
–, Was Frauen lesen, Wien 2010
Korsch, Karl. Marxismus und Philosophie: Schriften zur Theorie der Arbeiterbewegung 1920-1923, in: ders. Gesamtausgabe, Band 3, hrsg. v. M. Buckmiller, Amsterdam 1993
Körting, Erhart. Grußwort, in: A. Eser/W. Hassemer/B. Burkhardt (Hrsg.), Die deutsche Strafrechtswissenschaft vor der Jahrtausendwende, München 2000, S. 17f.

Koselleck, Reinhart. Historik und Hermeneutik, in: R. Koselleck/H.-G. Gadamer, Hermeneutik und Historik, Heidelberg 1997, S. 9-28
Kraus, Karl (Hrsg.). Die Fackel, Wien 1899ff.
Lachenmann, Helmut. Mouvement (–vor der Erstarrung) für Ensemble (1983/4), Wiesbaden 1985
Lange, Friedrich A. Geschichte des Materialismus und Kritik seiner Bedeutung in der Gegenwart, hrsg. v. A. Schmidt, Frankfurt a.M. 1974
Langguth, A. J. Hidden Terrors, New York 1978
Laplanche, Jean. Le primat de l'autre en psychanalyse: traveaux 1967-1992, Paris, 1997 (teilweise ins Deutsche v. G. Gorhan übers. in: ders. Die allgemeine Verführungstheorie und andere Aufsätze, Tübingen 1988)
Larenz, Karl. Über die Unentbehrlichkeit der Jurisprudenz als Wissenschaft, Berlin 1966
–, Richtiges Recht: Grundzüge einer Rechtsethik, München 1979
Lind, Michael. The Next American Nation: The New Nationalism and the Fourth American Revolution, New York 1995
von Listz, Franz. Der Zweckgedanke im Strafrecht, in: Zeitschrift für die gesamte Strafrechtswissenschaft 3 (1883), 1
–, Die deterministische Gegner der Zweckstrafe, in: Zeitschrift für die gesamte Strafrechtswissenschaft 13 (1893), 325
–, Über den Einfluss der soziologischen und anthropologischen Forschungen auf die Grundbegriffe des Strafrechts (1893), Berlin 1905, S. 75-93
Loewenstein, Karl. Brazil under Vargas, New York 1944
Löwenthal, Leo. Zur gesellschaftlichen Lage der Literatur, in: Zeitschrift für Sozialforschung 1 (1932), 85
Luhmann, Niklas. Das Recht der Gesellschaft, Frankfurt a.M. 1995
Lukács, Georg. Über Wesen und Form des Essays, in: ders. Die Seele und die Formen: Essays, Berlin 1911, S. 1-40
–, Die Theorie des Romans: ein geschichtsphilosophischer Versuch über die Formen der großen Epik (1916), München 1994
–, Geschichte und Klassenbewusstsein: Studien über marxistische Dialektik, Berlin 1923
Martins, Antonio. Versuch über die Vorsatzzurechnung am Beispiel der *aberratio ictus*, Frankfurt a.M. u.a. 2008
Marx, Karl. Debatten über das Holzdiebstahlgesetz, MEW 1, S. 109-147
–, Zur Kritik der Hegelschen Philosophie, MEW 1, S. 203-333
–, Zur Judenfrage, MEW 1, S. 347-377
–, Thesen über Feuerbach, MEW 3, S. 5-7 u. 533-535
–, Das Elend der Philosophie, übers. v. E. Bernstein u. K. Kautsky, MEW 4, S. 63-182
–, Zur Kritik der Politischen Ökonomie, MEW 13, S. 3-160
–, Einleitung [zur Kritik der Politischen Ökonomie], MEW 13, S. 615-641
–, Das Kapital: Kritik der politischen Ökonomie, 1. Bd., MEW 23
–, Das Kapital: Kritik der politischen Ökonomie, 3. Bd, MEW 25
–, Theorien über den Mehrwert, MEW 26.1
–, Brief an den Vater, 10. November 1837, MEW 40, S. 3-12
–, Differenz der demokritischen und epikureischen Naturphilosophie, MEW 40, S. 257-373
–, Ökonomisch-politische Manuskripte aus dem Jahre 1844, MEW 40, S. 465-588

Marx, Karl/Engels, Friedrich. Werke, Berlin 1956ff. (MEW)
–, Manifest der Kommunistischen Partei, MEW 4, S. 459-493
McCoy, Alfred W. Foltern und foltern lassen: 50 Jahre Folterforschung und -praxis von CIA und US-Militär, übers. v. U. Bischoff, 2. Aufl., Frankfurt a.M. 2006
Melo, Lídia Maria de. Raul Soares, um navio tatuado em nós, São Paulo 1995
Mendes, Gilmar Ferreira. Apresentação, in: C. Schmitt, O guardião da constituição, übers. v. G. de Carvalho, Belo Horizonte 2007
–, Die abstrakte Normenkontrolle vor dem Bundesverfassungsgericht und vor dem brasilianischen Supremo Tribunal Federal, Berlin 1991
Merkel, Reinhard. Strafrecht und Satire im Werk von Karl Kraus, Baden-Baden 1994
Messerschmidt, Manfred. Was damals Recht war…: NS-Militär- und Strafjustiz im Vernichtungskrieg, hrsg. v. W. Wette, Essen 1996
–, Die Wehrmachtjustiz 1933-1945, hrsg. v. Militärgeschichtlichen Forschungsamt, Paderborn 2005
Messerschmidt, Manfred/Wüllner, Fritz. Die Wehrmachtjustiz im Dienste des Nationalsozialismus: Zerstörung einer Legende, Baden-Baden 1987
Milgram, Stanley. Das Milgram-Experiment: Zur Gehorsambereitschaft gegenüber Autorität, übers. v. R. Fleissner, Reinbek 1997
Mitscherlich, Alexander/Mitscherlich-Nielsen, Margarete. Die Unfähigkeit zu trauern: Grundlagen kollektiven Verhaltens, 21. Aufl., München 2009
Morais, Fernando. Chatô: o rei do Brasil, São Paulo 1994
Müller, Ingo. Furchtbare Juristen: Die unbewältigte Vergangenheit unserer Justiz, München 1987
Muñoz Conde, Francisco. Edmund Mezger y el derecho penal de su tiempo: estudios sobre el derecho penal en el nacionalsocialismo, 4. Aufl., Valencia 2003
Navratil, Leo. Schizophrenie und Sprache: zur Psychologie der Dichtung, 2. Aufl., München 1968
Negt, Oskar. Achtundsechzig: politische Intellektuelle und die Macht, 4. Aufl., Göttingen 2008
Neumann, Franz. Der Funktionswandel des Gesetzes im Recht der bürgerlichen Gesellschaft, in: Zeitschrift für Sozialforschung 6 (1937), 542
–, Demokratischer und autoritärer Staat: Beiträge zur Soziologie der Politik, Frankfurt a.M. 1967
–, Behemoth: Struktur und Praxis des Nationalsozialismus 1933-1944, hrsg. v. G. Schäfer, 5. Aufl., Frankfurt a.M. 2004
Neves, Marcelo. Verfassung und Positivität des Rechts in der peripheren Moderne: eine theoretische Betrachtung und eine Interpretation des Falls Brasilien, Berlin 1992
–, Zwischen Themis und Leviathan: eine schwierige Beziehung, eine Rekonstruktion des demokratischen Rechtsstaates in Auseinandersetzung mit Luhmann und Habermas, Baden-Baden 2000.
Nietzsche, Friedrich. Werke in drei Bänden, hrsg. v. K. Schlechta, München 1955 (WW)
–, Die Geburt der Tragödie, WW1, S. 7-134
–, Der Fall Wagner, WW 2, S. 901-938
–, Götzen-Dämmerung, WW 2, S. 939-1034
Nono, Luigi. Texte, Studien zu seiner Musik, hrsg. v. J. Stenzl, Zürich 1975

Olmo, Rosa del. América Latina y su criminología, 4. Aufl., México/DF 1999

Ortiz, Fernando. Los negros brujos: apuntes para un estudio de etnología criminal (1906), La Habana 1995

–, El contrapunteo cubano del tabaco y el azúcar, La Habana 1940

Paschukanis, Eugen. Allgemeine Rechtslehre und Marxismus: Versuch einer Kritik der juristischen Grundbegriffe, übers. v. E. Hajós, 3. Aufl., Frankfurt a.M. 1970

Pereira, Anthony W. Political (in)justice: authoritarianism and the rule of lw in Brazil, Chile, and Argentina, Pittsburg 2005

Post, Albert Hermann. Bausteine für eine allgemeine Rechtswissenschaft auf vergleichend-ethnologischer Basis, Oldenburg 1880

Poundstone, William. Prisoners' Dilemma, New York 1992

Prado, Luiz Regis. Prefácio, in: H. Welzel, O novo sistema jurídico penal: uma introdução à doutrina da ação finalista, übers. v. L. R. Prado, São Paulo 2001

Prittwitz, Cornelius. Strafrecht und Risiko: Untersuchungen zur Krise von Strafrecht und Kriminalpolitik in der Risikogesellschaft, Frankfurt a.M. 1993

–, Das deutsche Strafrecht: Fragmentarisch? Subsidiär? Ultima ratio? Grund und Grenzen gängiger Strafrechtsbeschränkungspostulate, in: Institut für Kriminalwissenschaften Frankfurt a.M. (Hrsg.). Vom unmöglichen Zustand des Strafrechts, Frankfurt a.M. 1995, S. 387-405

Radbruch, Gustav. Fünf Minuten Rechtsphilosophie, in: Rhein-Neckar-Zeitung, Heidelberg, v. 12.9.1945, S. 3

–, Gesetzliches Unrecht und übergesetzliches Recht, in: Süddeutsche Juristenzeitung 1 (1946), S. 105-108

Ribeiro, Darcy. O processo civilizatório: etapas da evolução sociocultural, 11. Aufl., São Paulo, 1997 (dtÜ: Der zivilisatorische Prozess, hrsg. u. übers. v. H.R. Sonntag, Frankfurt a.M. 1983)

–, Amerika und die Zivilisation: die Ursachen der ungleichen Entwicklung der amerikanischen Völker, übers. v. M. Wöhlcke, Frankfurt a.M. 1985

Rodrigues, Nina. As raças humanas e a responsabilidade penal no Brazil (1894), Rio de Janeiro o.J.

–, Os africanos no Brasil, 2. Aufl., São Paulo 1935

Roxin, Claus. Gedanken zur Problematik der Zurechnung im Strafrecht, in: Festschrift für Richard M. Honig zum 80. Geburtstag, Göttingen 1970, S. 133-150

–, Kriminalpolitik und Strafrechtssystem, 2. Aufl., Berlin 1973

–, Die Strafrechtswissenschaft vor den Aufgaben der Zukunft, in: A. Eser/W. Hassemer/B. Burkhardt (Hrsg.), Die deutsche Strafrechtswissenschaft vor der Jahrtausendwende, München 2000, S. 369-395

–, Strafrecht, Allgemeiner Teil, Bd. 1: Grundlagen. Aufbau der Verbrechenslehre, 4. Aufl., München 2006

Rusche, Georg. Arbeitsmarkt und Straffvollzug, in: Zeitschrift für Sozialforschung 2 (1933), 63

Rusche, Georg/Kirchheimer, Otto. Punishment and Social Structure, New York 1939

Rüthers, Bernd. Entartetes Recht: Rechtslehren und Kronjuristen im Dritten Reich, München 1988

–, Carl Schmitt im Dritten Reich: Wissenschaft als Zeitgeist-Verstärkung, 2. Aufl., München 1990
–, Das Ungerechte an der Gerechtigkeit: Defizite eines Begriffs, Zürich 1991
–, Methodenrealismus in Jurisprudenz und Justiz, JuristenZeitung, Nr. 61 (2006), 53
Santos, Juarez Cirino dos. A moderna teoria do fato punível, Rio de Janeiro 2000
Scarry, Elaine. The Body in Pain: The Making and Unmaking of the World, New York u. Oxford 1985
Schlink, Bernhard. Vergangenheitsschuld und gegenwärtiges Recht, Frankfurt a.M. 2002
–, Rechtsstaat und revolutionäre Gerechtigkeit (1994), in: ders. Vergangenheitsschuld und gegenwärtiges Recht, Frankfurt a.M. 2002, S. 38-60
–, Unfähigkeit der Staatsrechtswissenschaft zu trauern?, in: ders. Vergangenheitsschuld und gegenwärtiges Recht, Frankfurt a.M. 2002, S. 124-144
Schmidt, Alfred. Der Begriff der Natur in der Lehre von Karl Marx, Frankfurt a.M. 1962
Schmitt, Carl. Der Begriff des Politischen, 7. Aufl., Berlin 2002
–, Staat, Bewegung, Volk: die Dreigliederung der politischen Einheit, Hamburg 1933
–, Der Hüter der Verfassung, 4. Aufl., Berlin 1996 (portugiesisch: O guardião da constituição, übers. v. G. de Carvalho, Belo Horizonte 2007)
–, Legalität und Legitimität, 7. Aufl., Berlin 1998
–, Ex captivitate salus: Erfahrungen der Zeit 1945/47, 2. Aufl., Berlin 2002
Schönberg, Arnold. Sämtliche Werke, Reihe A, hrsg. v. R. Stephan, Mainz 1966ff. (ww)
–, Zweites Quartett (fis-Moll) für zwei Violine, Viola, Violoncello und eine Sopranstimme, op. 10 (1907/8), ww 20
–, Drei Satiren für gemischten Chor, op. 28 (1925/6), ww 18
–, Moses und Aron, Oper in drei Akten, ww 8.1
–, A Survivor from Warsaw, op. 46 (1947), ww 19
–, Stil und Gedanke, hrsg. v. I. Vojtech, Frankfurt a.M. 1992
–, Mahler, in: der. Stil und Gedanke, Frankfurt a.M. 1992, S. 14-39
–, Neue Musik, veraltete Musik, Stil und Gedanke, in: ders. Stil und Gedanke, Frankfurt a.M. 1992, S. 40-53
–, Harmonielehre, Wien, London u. New York 2005
Schünemann, Bernd. Strafrechtsdogmatik als Wissenschaft, in: B. Schünemann u.a. (Hrsg.), Festschrift für C. Roxin, Berlin u. New York 2001, S. 1-32
Schünemann, Bernd/Figueiredo Dias, Jorge de (Hrsg.). Bausteine des europäischen Strafrechts: Coimbra-Symposium für Claus Roxin, Köln u.a. 1995
Searle, John R. Sprechakte: ein sprachphilosophischer Essay, übers. v. R. u. R. Wiggershaus, Frankfurt a.M. 1971
Sebald, Winfried G. Carl Sternheim: Kritiker und Opfer der Wilhelminischen Ära, Stuttgart u.a. 1969
–, Jean Améry und Primo Levi, in: I. Heidelberger-Leonard (Hrsg.). Über Jean Améry, Heidelberg 1990, S. 115-123
–, Unheimliche Heimat: Essays zur österreichischen Literatur, 3. Aufl., Frankfurt a.M. 2004
–, Verlorenes Land: Jean Améry und Österreich, in: ders. Unheimliche Heimat, 3. Aufl., Frankfurt a.M. 2004, S. 131-144
–, Luftkrieg und Literatur: mit einem Essay zu Alfred Andersch, 5. Aufl., Frankfurt a.M. 2005
–, Austerlitz, 3. Aufl., Frankfurt a.M. 2006

–, Campo Santo, hrsg. v. S. Meyer, Frankfurt a.M. 2006
–, Die Zerknirschung des Herzens: über Erinnerung und Grausamkeit um Werk von Peter Weiss, in: ders. Campo Santo, Frankfurt a.M. 2006, S. 128-148
–, Mit den Augen des Nachtvogels: über Jean Améry, in: ders. Campo Santo, Frankfurt a.M. 2006, S. 149-170
–, Die Ringe des Saturn: eine englische Wallfahrt, 9. Aufl., Frankfurt a.M. 2007
–, Die Ausgewanderten: vier lange Erzählungen, 12. Aufl., Frankfurt. a.M. 2008
–, »Auf ungeheuer dünnem Eis«: Gespräche 1971 bis 2001, 2. Aufl., Frankfurt a.M. 2012
Secretaria de Direitos Humanos. Direito à memória e à verdade: Comissão especial sobre mortos e desaparecidos políticos, Brasília 2007
–, Habeas corpus – que se apresente o corpo: a busca dos desaparecidos políticos no Brasil, Brasília 2010
Silva, Evandro Lins e. Arca de guardados: vultos e momentos no caminho da vida, Rio de Janeiro 1995
–, Nelson Hungria, um puro-sangue do vernáculo, in: ders. Arca de guardados, Rio de Janeiro 1995, S. 93-102
–, O salão dos passos perdidos: depoimento ao CPDOC, Rio de Janeiro 1997
Silva, Silvia Cortez. Tempos de Casa-Grande (1930-1940), São Paulo 2010
Sontag, Susan. Against Interpretation and Others Essays, New York 1990
–, Against Interpretation, in: dies. Against Interpretation and Others Essays, New York 1990, S. 3-14
–, Marat/Sade/Artaud, in: dies. Against Interpretation and Others Essays, New York 1990, S. 163-174
–, Styles of Radical Will, New York 2002
–, The Pornographic Imagination, in: dies. Styles of Radical Will, New York 2002, S. 35-73
–, Under the Sign of Saturn, New York 2002
–, Fascinating Fascism, in: dies. Under the Sign of Saturn, New York 2002, S. 71-105
–, Under the Sign of Saturn, in: dies. Under the Sign of Saturn, New York 1991, S. 107-134
–, Regarding the Pain of Others, New York 2003
–, At the Same Time: Essays & Speeches, New York 2007
–, Regarding the Torture of Others, in: dies. At the Same Time, New York 2007, S. 128-144
Steiner, Stephan. Nachwort, in: J. Améry. Aufsätze zur Politik und Zeitgeschichte, WW 7, S. 632-664
Szondi, Peter. Die Theorie des bürgerlichen Trauerspiels im 18. Jahrhundert, hrsg. v. G. Mattenklott, Studienausgabe der Vorlesungen, Bd. 1, Frankfurt a.M. 1973
Taubes, Jacob. Ad Carl Schmitt: gegenstrebige Fügung, Berlin 1987
Theweleit, Klaus. Männerphantasien 1 + 2, 4. Aufl., München u. Zürich 2009
Tucholsky, Kurt. Gesammelte Werke, hrsg. v. M. Gerold-Tucholsky u. F. J. Raddatz, Frankfurt a.M. 2005 (WW)
–, Das Recht in Goethes Faust, WW 1, S. 76-79
–, Der liebe Gott in Kassel, WW 2, S. 542-545
–, Das ABC des Angeklagten, WW 3 S. 20-24
Weber, Max. Wissenschaft als Beruf, in: ders. Gesammelte Aufsätze zur Wissenschaftslehre, hrsg. v. J. Winckelmann, 6. Aufl., Tübingen 1985, S. 582-613
Webern, Anton. Der Weg zur Neuen Musik, hrsg. v. W. Reich, Wien 1960

–, Der Weg zur Neuen Musik, in: ders. Der Weg zur Neuen Musik, Wien 1960, S. 9-44
–, Der Weg zur Komposition in zwölf Tönen, in: ders. Der Weg zur Neuen Musik, Wien 1960, S. 45-61
Weiss, Peter. Werke in sechs Bänden, hrsg. v. Suhrkamp Verlag, Frankfurt a.M. 1991 (ww)
–, Die Ästhetik des Widerstands, ww 3
–, Die Ermittlung: Oratorium in 11 Gesängen, ww 5, S. 7-199
–, Gesang vom Lusitanischen Popanz: Stück mit Musik in 2 Akten, ww 5, S. 201-265
–, Rapporte, Frankfurt a.M. 1968
–, Meine Ortschaft, in: ders. Rapporte, Frankfurt a.M. 1968, S. 113-141
–, Rapporte 2, 2. Aufl., Frankfurt a.M. 1980
–, Notizen zum dokumentarischen Theater, in: ders. Rapporte 2, 2. Aufl., Frankfurt a.M. 1980, S. 91-104
Wesel, Uwe. Fast alles, was Recht ist: Jura für Nicht-Juristen, 8. Aufl., Frankfurt a.M. 2007
Welzel, Hans. Persönlichkeit und Schuld, in: Zeitschrift für die gesamte Strafrechtswissenschaft 60 (1941), S. 428-474
–, Das neue Bild des Strafrechtssystems: eine Einführung in die finale Handlungslehre (1951), 4. Aufl., Göttingen 1961 (spanisch: El nuevo sistema del derecho penal: una introduccíon a la doctrina finalista de la acción finalista, übers. v. J. Cerezo Mir, Barcelona 1964; portugiesisch: O novo sistema jurídico-penal: uma introdução à dogmática da ação finalista, übers. v. L. R. Prado, São Paulo 2001)
–, Naturrecht und materiale Gerechtigkeit (1951), 4. Aufl., Göttingen 1990
–, Das deutsche Strafrecht, 11. Aufl., Berlin 1969
White, James Boyd. Heracle' Bow: Essays on the Rhetoric and Poetics of the Law, Wisconsin 1985
Wiethölter, Rudolf. Rechtswissenschaft, unter Mitarbeit v. R. Bernhardt u. E. Denninger, Frankfurt a.M. 1968
Willemsen, Roger. Hier spricht Guantánamo: Roger Willemsen interviewt Ex-Häftlinge, 5. Aufl., Frankfurt a.M. 2006
Wittgenstein, Ludwig. Logisch-philosophische Abhandlung/Tractatus logico-philosophicus: kritische Edition, hrsg. v. B. McGuinness u. J. Schulte, 2. Aufl., Frankfurt a.M. 2001
Wolf, Erik. Tattypus und Tätertypus, in: Zeitschrift der Akademie des Deutschen Rechts 8.1936, S. 358ff.
Zaffaroni, Eugenio Raúl. En busca de las penas perdidas: deslegitimación y dogmática jurídico-penal, Bogotá 1990
–, Tobias Barreto y la crítica de Nina Rodrigues, in: ders. Hacia un realismo jurídico penal marginal, Caracas 1993, S. 147-186
–, Prefácio, in: J. Tavares, Teoria do injusto penal, Belo Horizonte 2000, S. 11-16
–, Comentario a la obra de Francisco Muñoz Conde sobre Mezger, in: ders. En torno de la cuestión penal, Montevideo u. Buenos Aires 2005, S. 319-337
Zaffaroni, Eugenio Raúl/Alagia, Alejandro/Slokar, Alejandro. Derecho Penal, Parte General, 2. Aufl., Buenos Aires 2002
Zimmermann, Bernd Alois. Intervall und Zeit: Aufsätze und Schriften zum Werk, hrsg. v. C. Bitter, Mainz 1974

1. Abb.: *Arnold Schönberg*, Zweites Quartett (fis-Moll) für zwei Violine, Viola, Violoncello und eine Sopranstimme, op. 10 (1907/8), ww 20
2. Abb.: *Jan van Eyck*, Crucifixion and Last Judgement diptych, Metropolitan Museum of Art, New York
3. Abb.: Postkarte, Münchner Stadtmuseum
4. Abb.: *Constantin Costa-Gavras*, État de siège, France, 1972

FRANKFURTER KRIMINALWISSENSCHAFTLICHE STUDIEN

Band 1 Peter Böning: Die Lehre vom Unrechtsbewußtsein in der Rechtsphilosophie Hegels 100 S., 1978.

Band 2 Wolfgang Schneider: Kriminelle Straßenverkehrsgefährdung (§ 315c Abs. 1 Ziff. 2, Abs. 3 StGB). Eine kriminologische und strafrechtliche Untersuchung zur Problematik dieser Verkehrsstraftaten unter Berücksichtigung ausländischer Rechte. 342 S., 1978.

Band 3 Lothar Kuhlen: Die Objektivität von Rechtsnormen. Zur Kritik des radikalen labeling approach in der Kriminalsoziologie. 178 S., 1978.

Band 4 Günther Grewe: Straßenverkehrsdelinquenz und Marginalität. Untersuchungen zur institutionellen Regelung von Verhalten. 148 S., 1978.

Band 5 Dieter Haberstroh: Strafverfahren und Resozialisierung. Eine Studie über Verstehen und Nicht-Verstehen, über Verstanden-Werden und Nicht-Verstanden-Werden und deren Bedingungen in der Hauptverhandlung. 202 S., 1979.

Band 6 Thomas Vogt: Die Forderungen der psychoanalytischen Schulrichtungen für die Interpretation der Merkmale der Schuldunfähigkeit und der verminderten Schuldfähigkeit (§§ 51 a.F., 20, 21 StGB). 182 S., 1979.

Band 7 Andreas Michael: Der Grundsatz in dubio pro reo im Strafverfahrensrecht. Zugleich ein Beitrag über das Verhältnis von materiellem Recht und Prozeßrecht. 214 S., 1981.

Band 8 Ilias G. Anagnostopoulos: Haftgründe der Tatschwere und der Wiederholungsgefahr (§§ 112 Abs. 3, 112 a StPO). Kriminalpolitische und rechtssystematische Aspekte der Ausweitung des Haftrechts. 1984.

Band 9 Helga Müller: Der Begriff der Generalprävention im 19. Jahrhundert. Von P.J.A. Feuerbach bis Franz v. Liszt. 1984.

Band 10 Frowin Jörg Kurth: Das Mitverschulden des Opfers beim Betrug. 1984.

Band 11 Martin J. Worms: Die Bekenntnisbeschimpfung im Sinne des § 166 Abs. 1 StGB und die Lehre vom Rechtsgut. 1984.

Band 12 Jong-Dae Bae: Der Grundsatz der Verhältnismäßigkeit im Maßregelrecht des StGB. 1985.

Band 13 Helmut Fünfsinn: Der Aufbau des fahrlässigen Verletzungsdelikts durch Unterlassen im Strafrecht. 1985.

Band 14 Christoph Krehl: Die Ermittlung der Tatsachengrundlage zur Bemessung der Tagessatzhöhe bei der Geldstrafe. 1985.

Band 15 Walter-Hermann Kiehl: Strafrechtliche Toleranz wechselseitiger Ehrverletzungen - Zur ratio legis der §§ 199, 233 Strafgesetzbuch -. 1986.

Band 16 Matthias Krahl: Die Rechtsprechung des Bundesverfassungsgerichts und des Bundesgerichtshof zum Bestimmtheitsgrundsatz im Strafrecht (Art. 103 Abs. 2 GG). 1986.

Band 17 Patrick Carroll Campbell: § 220a StGB. Der richtige Weg zur Verhütung und Bestrafung von Genozid? 1986.

Band 18 Winfried Hassemer (Hrsg.): Strafrechtspolitik. Bedingungen der Strafrechtsreform. 1987.

Band 19 Felix Herzog: Prävention des Unrechts oder Manifestation des Rechts. Bausteine zur Überwindung des heteronom-präventiven Denkens in der Strafrechtstheorie der Moderne. 1987.

Band 20 Astrid Michalke-Detmering: Die Mindestanforderungen an die rechtliche Begründung des erstinstanzlichen Strafurteils. Zur Auslegung des § 267 StPO. 1987.

Band 21 Lothar Kuhlen: Die Unterscheidung von vorsatzausschließendem und nichtvorsatzausschließendem Irrtum. 1987.

Band 22 Michael Buttel: Kritik der Figur des Aufklärungsgehilfen im Betäubungsmittelstrafrecht (§ 31 BtMG). 1988.

Band 23 Matthias Kögler: Die zeitliche Unbestimmtheit freiheitsentziehender Sanktionen des Strafrechts. Eine vergleichende Untersuchung zur Rechtslage und Strafvollstreckungspraxis in der Bundesrepublik Deutschland und den USA. 1988.

Band 24 Klaus Lüderssen / Cornelius Nestler-Tremel / E wa Weigend(Hrsg.): Modernes Strafrecht und ultima-ratio-Prinzip. 1990.

Band 25 Jürgen Taschke: Die behördliche Zurückhaltung von Beweismitteln im Strafprozeß. 1989.

Band 26 Daniela Westphalen: Karl Binding (1841-1920). Materialien zur Biographie eines Strafrechtsgelehrten. 1989.

Band 27 Sigrid Jans: Die Aushöhlung des Klageerzwingungsverfahrens. 1990.

Band 28 Dimitris Spirakos: Folter als Problem des Strafrechts. Kriminologische, kriminalsoziologische und (straf-)rechtsdogmatische Aspekte unter besonderer Berücksichtigung der Folterschutzkonvention und der Pönalisierung der Folter in Griechenland. 1990.

Band 29 Stephan Moll: Strafrechtliche Aspekte der Behandlung Opiatabhängiger mit Methadon und Codein. 1990.

Band 30 Stefan Werner: Wirtschaftsordnung und Wirtschaftsstrafrecht im Nationalsozialismus. 1991.

Band 31 Xanthi Bassakou: Beiträge zur Analyse und Reform des Absehens von Strafe nach § 60 StGB. 1991.

Band 32 Rainer Runte: Die Veränderung von Rechtfertigungsgründen durch Rechtsprechung und Lehre. Moderne Strafrechtsdogmatik zwischen Rechtsstaatsprinzip und Kriminalpolitik. 1991.

Band 33 Olaf Hohmann: Das Rechtsgut der Umweltdelikte. Grenzen des strafrechtlichen Umweltschutzes. 1991.

Band 34 Klaus Jochen Müller: Das Strafbefehlsverfahren (§§ 407 ff. StPO). Eine dogmatisch-kriminalpolitische Studie zu dieser Form des schriftlichen Verfahrens unter besonderer Berücksichtigung der geschichtlichen Entwicklung – zugleich ein Beitrag zum StVÄG 1987. 1993.

Band 35 Sang-Don Yi: Wortlautgrenze, Intersubjektivität und Kontexteinbettung. Das strafrechtliche Analogieverbot. 1991.

Band 36 Birgit Malsack: Die Stellung der Verteidigung im reformierten Strafprozeß. Eine rechtshistorische Studie anhand der Schriften von C. J. A. Mittermaier. 1992.

Band 37 Rüdiger Schäfer: Die Privilegierung des "freiwillig-positiven" Verhaltens des Delinquenten nach formell vollendeter Straftat. Zugleich ein Beitrag zum Grundgedanken des Rücktritts vom Versuch und zu den Straftheorien. 1992.

Band 38 Cornelius Nestler-Tremel: AIDS und Strafzumessung. 1992.

Band 39 Christine Gutmann: Freiwilligkeit und (Sozio-)Therapie – notwendige Verknüpfung oder Widerspruch? 1993.

Band 40 Walter Kargl: Der strafrechtliche Vorsatz auf der Basis der kognitiven Handlungstheorie. 1993.

Band 41 Jürgen Rath: Zur strafrechtlichen Behandlung der aberratio ictus und des error in objecto des Täters. 1993.

Band 42 Martin Fischer: Wille und Wirksamkeit. Eine Untersuchung zum Problem des *dolus alternativus*. 1993.

Band 43 Regina Harzer: Der Naturzustand als Denkfigur moderner praktischer Vernunft. Zugleich ein Beitrag zur Staats- und Rechtsphilosophie von Hobbes und Kant. 1994.

Band 44 Helmut Pollähne: Lockerungen im Maßregelvollzug. Eine Untersuchung am Beispiel der Anwendung des nordrhein-westfälischen Maßregelvollzugsgesetzes im Westfälischen Zentrum für Forensische Psychiatrie (Lippstadt). 1994.

Band 45 Hans-Joachim Leonhardt: Rechtsmittelermessen der Staatsanwaltschaft. Eine Gegenüberstellung von § 296 StPO mit Nummern 147 und 148 Richtlinien für das Strafverfahren und das Bußgeldverfahren (RiStBV). 1994.

Band 46 Rolf Grünebaum: Zur Strafbarkeit des Therapeuten im Maßregelvollzug bei fehlgeschlagenen Lockerungen. 1996.

Band 47 Barbara Bialas: Promille-Grenzen, Vorsatz und Fahrlässigkeit. 1996.

Band 48 Christine Pott: Die Außerkraftsetzung der Legalität durch das Opportunitätsdenken in den Vorschriften der §§ 154, 154a StPO. Zugleich ein Beitrag zu einer kritischen Strafverfahrensrechtstheorie. 1996.

Band 49 Wolfgang Köberer: *Iudex non calculat*. Über die Unmöglichkeit, Strafzumessung sozialwissenschaftlich-mathematisch zu rationalisieren. 1996.

Band 50 Institut für Kriminalwissenschaften Frankfurt a.M. (Hrsg.): Vom unmöglichen Zustand des Strafrechts. 1995.

Band 51 Petra Kamberger: Treu und Glauben (§ 242 BGB) als Garantenstellung im Strafrecht? 1996.

Band 52 Anastassios Triantafyllou: Das Delikt der gefährlichen Körperverletzung (§ 223a StGB) als Gefährdungsdelikt. (Zugleich ein Beitrag zur Dogmatik der Gefährdungsdelikte). 1996.

Band 53 Norbert Kissel: Aufrufe zum Ungehorsam und § 111 StGB. Grundrechtlicher Einfluß bei der Feststellung strafbaren Unrechts. 1996.

Band 54 Susanne Ehret: Franz von Liszt und das Gesetzlichkeitsprinzip. Zugleich ein Beitrag wider die Gleichsetzung von Magna-charta-Formel und Nullum-crimen-Grundsatz. 1996.

Band 55 Stefan Braum: Geschichte der Revision im Strafverfahren von 1877 bis zur Gegenwart. Zugleich eine Kritik der Kontinuität politischer Macht im Recht. 1996.

Band 56 Katja Diel: Das Regreßverbot als allgemeine Tatbestandsgrenze im Strafrecht. 1997.

Band 57 Christoph Koller: Die Staatsanwaltschaft – Organ der Judikative oder Exekutivbehörde? Die Stellung der Anklagebehörde und die Gewaltenteilung des Grundgesetzes. 1997.

Band 58 Frank Schößler: Anerkennung und Beleidigung. Rechtsgut und Strafzweck des § 185 StGB. 1997.

Band 59 Regina Engelstädter: Der Begriff des Unfallbeteiligten in § 142 Abs. 4 StGB. Zugleich eine Kritik an aktuellen Zurechnungslehren. 1997.

Band 60 Jörg Reinhardt: Der Ausschluß und die Ablehnung des befangen erscheinenden Staatsanwaltes. 1997.

Band 61 Jens Christian Müller-Tuckfeld: Integrationsprävention. Studien zu einer Theorie der gesellschaftlichen Funktion des Strafrechts. 1998.

Band 62 Peter Maria Rohe: Verdeckte Informationsgewinnung mit technischen Hilfsmitteln zur Bekämpfung der Organisierten Kriminalität. Zugleich eine rechtsvergleichende Analyse der polizeilichen Abhörbefugnisse in den U.S.A. 1998.

Band 63 Dirk Fabricius: Was ein Lehrbuch lehrt ... Eine exemplarische Untersuchung von Jakobs *Strafrecht – Allgemeiner Teil*. 1998.

Band 64 Stefan Sinner: Der Vertragsgedanke im Strafprozeßrecht. 1999.

Band 65 Sebastian Schattenfroh: Die Staatsphilosophie Giovanni Gentiles und die Versuche ihrer Verwirklichung im faschistischen Italien. 1999.

Band 66 Athanassia Dionyssopoulou: Der Tatbestand der Geldwäsche. Eine Analyse der dogmatischen Grundlagen des § 261 StGB. 1999.

Band 67 Klaus von Lampe: *Organized Crime*. Begriff und Theorie organisierter Kriminalität in den USA. 1999.

Band 68 Christian Hanssen: "Trennung der Märkte". Rechtsdogmatische und rechtspolitische Probleme einer Liberalisierung des Drogenstrafrechts. 1999.

Band 69 Institut für Kriminalwissenschaften und Rechtsphilosophie Frankfurt a.M. (Hrsg.): Irrwege der Strafgesetzgebung. 1999.

Band 70 Konstantinos Chatzikostas: Die Disponibilität des Rechtsgutes Leben in ihrer Bedeutung für die Probleme von Suizid und Euthanasie. 2000.

Band 71 Bettina Wirmer-Donos: Die Strafrechtstheorie Karl Christian Friedrich Krauses als theoretische Grundlage des spanischen Korrektionalismus. 2001.

Band 72 Christine Löw: Die Erkundigungspflicht beim Verbotsirrtum nach § 17 StGB. 2001.

Band 73 Florian Ufer: Der Verwertungswiderspruch in Theorie und Praxis. Prozessuale Obliegenheiten des Verteidigers und ihre Bedeutung für die Rechtsposition des Beschuldigten. 2002.

Band 74 Katja Melzer: Psychisch kranke Straftäterinnen. Frauen im Maßregelvollzug. 2001.

Band 75 Gregor Kuntze-Kaufhold: Lebenswelt und Unparteilichkeit. Kriterien für eine Rechtsanwendungslehre am Beispiel der Analyse von fünf Hauptverhandlungen in Strafverfahren. 2002.

Band 76 Iris Kristina Passek: Die erstinstanzliche Zuständigkeit der Oberlandesgerichte in Staatsschutzstrafsachen. Historische Entwicklung und aktuelle Probleme. 2002.

Band 77 Michael Krebs: Die Weisungsgebundenheit des Staatsanwalts unter besonderer Berücksichtigung des rechtstatsächlichen Aspekts. 2002.

Band 78 Kerstin Degenhardt: Europol und Strafprozeß. Die Europäisierung des Ermittlungsverfahrens. 2003.

Band 79 Domenico Siciliano: Das Leben des fliehenden Diebes: Ein strafrechtliches Politikum. 2., überarbeitete und ergänzte Auflage. 2013.

Band 80 Marc Colussi: Produzentenkriminalität und strafrechtliche Verantwortung. 2003.

Band 81 Thilo Lars Hild: Grenzen einer strafrechtlichen Regulierung des Kapitalmarktes. Eine kriminalrechtliche Untersuchung von Börsengängen und Aktienhandel in Deutschland und den USA. 2004.

Band 82 Philipp Rau: Schweigen als Indiz der Schuld. Ein Vergleich des deutschen und englischen Rechts zur Würdigung des Schweigens des Beschuldigten. 2004.

Band 83 Alexandra Pfeiffer: Die Regelung der Lebendorganspende im Transplantationsgesetz. 2004.

Band 84 Elena Fischer: Recht auf Sterben?! Ein Beitrag zur Reformdiskussion der Sterbehilfe in Deutschland unter besonderer Berücksichtigung der Frage nach der Übertragbarkeit des Holländischen Modells der Sterbehilfe in das deutsche Recht. 2004.

Band 85 Jörg Ziethen: Grundlagen probabilistischer Zurechnung im Strafrecht. 2004.

Band 86 Stefanie Schork: Ausgesprochen schuldig. Dogmatische und metadogmatische Untersuchungen zum Schuldspruch. 2005.

Band 87 Claudia Schubert: Verbotene Worte? Versuch einer Neubestimmung im Umgang mit rassistischen Äußerungen jenseits des Strafrechts. 2005.

Band 88 Ulfrid Neumann / Cornelius Prittwitz (Hrsg.): Kritik und Rechtfertigung des Strafrechts. 2005.

Band 89 Denis Basak: Die Zuständigkeitsregeln internationaler Strafgerichte und Art. 101 GG. Zum Verhältnis der deutschen Strafgerichtsbarkeit zu den Internationalen Tribunalen für Jugoslawien und Ruanda sowie zum Ständigen Internationalen Strafgerichtshof. 2005.

Band 90 Hsiao-Wen Wang: Der universale Strafanspruch des nationalen Staates. Eine Untersuchung über das Weltrechtsprinzip im Internationalen Strafrecht. 2005.

Band 91 Leonie Frenz: Faktizität des Rechts in der forensischen Psychiatrie. Eine Untersuchung im LKH Moringen. 2005.

Band 92 Eva-Maria Unger: Schutzlos ausgeliefert? Der Europäische Haftbefehl. Ein Beispiel für die Missachtung europäischer Bürgerrechte. 2005.

Band 93 Marcus Bastelberger: Die Legitimität des Strafrechts und der *moralische Staat*. Utilitaristische und retributivistische Strafrechtsbegründung und die rechtliche Verfassung der Freiheit. 2006.

Band 94 Marc Reiß: Rechtliche Aspekte der Präimplantationsdiagnostik. Unter besonderer Berücksichtigung der Rechte der von einem Verbot betroffenen Paare. 2006.

Band 95 Alexander Kolz: Einwilligung und Richtervorbehalt. 2006.

Band 96 Vasco Reuss: Eine Kritik der juristischen Vernunft. Rezeptionsversuche der Negativen Dialektik Adornos für die Dogmatik des Strafrechts. 2007.

Band 97 Lutz Eidam: Die strafprozessuale Selbstbelastungsfreiheit am Beginn des 21. Jahrhunderts. 2007.

Band 98 Christiane Rüdiger: Schutzinteresse und Deliktsstruktur der „Bestechungsdelikte“ (§§ 331 ff. StGB). 2007.

Band 99 Urte Eisenhardt: Das nemo tenetur-Prinzip: Grenze körperlicher Untersuchungen beim Beschuldigten. Am Beispiel des § 81a StPO. 2007.

Band 100 Institut für Kriminalwissenschaften und Rechtsphilosophie Frankfurt a. M. (Hrsg.): Jenseits des rechtsstaatlichen Strafrechts. 2007.

Band 101 Nils Möckelmann: Die rechtliche, psychiatrische und gesellschaftliche Beurteilung jugendlicher Straftäter in der jüngeren deutschen Geschichte. Eine Analyse anhand zweier Strafverfahren mit Gutachten des Psychiaters Ernst Rüdin aus den Jahren 1915/1917 unter Berücksichtigung der Entwicklungen bis zur Gegenwart. 2007.

Band 102 Alexa Albrecht: Zur Erosion der Menschenrechte im demokratischen Rechtsstaat. Reaktionen der Systeme und der Zivilgesellschaft. 2007.

Band 103 Dirk Lange: Die politisch motivierte Tötung. 2007.

Band 104 Ulfrid Neumann / Cornelius Prittwitz (Hrsg.): „Personale Rechtsgutslehre“ und „Opferorientierung im Strafrecht“. 2007.

Band 105 Lisa Kathrin Sander: Grenzen instrumenteller Vernunft im Strafrecht. Eine Kritik der Präventionsdoktrin aus strafrechtsgeschichtlicher und empirischer Perspektive. 2007.

Band 106 Stephan Werner: Zur Notwendigkeit der Verteidigeranwesenheit während der polizeilichen Beschuldigtenvernehmung. 2008.

Band 107 Inti Schubert: Europol und der virtuelle Verdacht. Die Suspendierung des Rechts auf informationelle Selbstbestimmung. 2008.

Band 108 Bong-Jin Ko: Menschenwürde und Biostrafrecht bei der embryonalen Stammzellenforschung. 2008.

Band 109 Wanja Andreas Welke: Die Repersonalisierung des Rechtskonflikts. Zum gegenwärtigen Verhältnis von Straf- und Zivilrecht. 2008.

Band 110 Jan Helmrich: Die Berufung gewerblicher Sicherheitskräfte auf Notwehr und Nothilfe. Zugleich ein Beitrag zu den Grundlagen des Notwehr- und Nothilferechts. 2008.

Band 111 Alexander Köstler-Loewe: Strafrecht US-Style: „Three Strikes and You're Out!" Baseball, Rückfall und Kriminalpolitik? 2008.

Band 112 Christina Bott: Die Medienprivilegien im Strafprozess. Zeugnisverweigerungsrecht und Beschlagnahmeverbot zum Schutz der Medien im Strafverfahren. 2009.

Band 113 Mario Riechmann: Organisierte Kriminalität und Terrorismus. Zur Funktionalisierung von Bedrohungsszenarien beim Abbau eines rechtsstaatlichen Strafrechts. 2009.

Band 114 Dirk Simon: Präzeptoraler Sicherheitsstaat und Risikovorsorge. 2009.

Band 115 Stefan Kirsch: Der Begehungszusammenhang der Verbrechen gegen die Menschlichkeit. 2009.

Band 116 Heng-da Hsu: Zurechnungsgrundlage und Strafbarkeitsgrenze der Fahrlässigkeitsdelikte in der modernen Industriegesellschaft. 2009.

Band 117 Dennis Teschner: Die soziale Kontrolle im virtuellen Raum. Eine juristische, soziologische und soialpsychologische Untersuchung der Instrumentalisierbarkeit von Internetkriminalität. 2009.

Band 118 Daniel Schilling: Fragmentarisch oder umfassend? Wege strafrechtlichen Zugriffs bei der Veruntreuung fremden Vermögens am Beispiel des deutschen und des italienischen Untreuestrafrechts. 2009.

Band 119 Andreas Stüdemann: Die Entwicklung der zwischenstaatlichen Rechtshilfe in Strafsachen im nationalsozialistischen Deutschland zwischen 1933 und 1945. Kontinuität und Diskontinuität im Auslieferungsrecht am Beispiel der Rechtsentwicklung im NS-Staat. 2009.

Band 120 Matthias Achenbach: Strafrechtlicher Schutz des Wettbewerbs? Eine kritische Analyse von Sinn und Zweck der Straftatbestände zum Schutz des Wettbewerbs. 2009.

Band 121 Vera Backhaus: Der gesetzliche Richter im Staatsschutzstrafrecht. Zur Verfassungsmäßigkeit des § 120 Abs. 2 GVG. 2010.

Band 122 Verena Maria Brenneis: Rechtspolitische Implikationen von Gefährlichkeitsprognosen im Vollzug von Maßregeln nach § 63 StGB. Zum Subjektstatus von Eingewiesenen. 2010.

Band 123 Maike Hoenigs: Zur Existenzberechtigung des Straftatbestandes der Rechtsbeugung. Korrelat oder Widerspruch zur richterlichen Unabhängigkeit. 2010.

Band 124 Christine Würfel: Freiheit als Grundlage der Schuld. 2012.

Band 125 Charlotte Rau: Compliance und Unternehmensverantwortlichkeit. Materiellrechtliche Fragen der sanktionsrechtlichen Unternehmensverantwortlichkeit unter Berücksichtigung von Compliance-Maßnahmen. 2010.

Band 126 Marc Fornauf: Die Marginalisierung der Unabhängigkeit der Dritten Gewalt im System des Strafrechts. 2010.

Band 127 Sabine Benthin: Subventionspolitik und Subventionskriminalität. Zur Legitimität und Rationalität des Tatbestandes zum Subventionsbetrug (§ 264 StGB). 2011.

Band 128 Philipp Horrer: Bestechung durch deutsche Unternehmen im Ausland. Strafrechtsentwicklung und Probleme. 2011.

Band 129 Marianne Varwig: Zum Tatbestandsmerkmal des Vermögensschadens (§ 263 StGB). Eine kritische Untersuchung mittels der vier klassischen Auslegungsmethoden. 2011.

Band 130 Alexander Rieger: Verfassungsrechtliche Legitimationsgrundlagen richterlicher Unabhängigkeit. Zugleich eine Auseinandersetzung mit der Debatte um eine Selbstverwaltung der Justiz. 2011.

Band 131 Moritz von Schenck: Pönalisierung der Folter in Deutschland – de lege lata et ferneda. 2011.

Band 132 Kerstin Bohn: Der gesetzliche Richter als rechtsstaatstragendes Prinzip in europäischen Staaten. Eine Untersuchung der Fallzuteilung unter besonderer Berücksichtigung Englands. 2011.

Band 133 Cornelius Trendelenburg: Ultima ratio? Subsidiaritätswissenschaftliche Antworten am Beispiel der Strafbarkeit von Insiderhandel und Firmenbestattungen. 2011.

Band 134 Susana Campos Nave: Rechtsstaatliche Regeltreue? Corporate Compliance als zwingende Antwort des freiheitsliebenden Unternehmens im Wirtschaftsstrafrecht. 2012.

Band 135 Christine Ditscher: Europäische Beweise. Der Rahmenbeschluss über die Europäische Beweisanordnung zur Erlangung von Sachen, Schriftstücken und Daten zur Verwendung in Strafsachen. 2012.

Band 136 Fedor Brunner: Das Phänomen des Mietnomaden in der Rechtspraxis. Strukturelle Hintergründe, zivilrechtliche Mechanismen und Perspektiven. 2012.

Band 137 Konstantinos Diakonis: Die Geringfügigkeitsvorschriften als Teil der Problematik der Kollision zwischen primären und sekundären Prinzipien des Rechts. 2012.

Band 138 Gustavo Chan Mora: Kritik des Schuldbegriffs im Jugendstrafrecht. Eine metadogmatische Begründung des Schuldfähigkeits- und Verbotsirrtumsbegriffs. 2012.

Band 139 Julia Anna Bargenda: *Australian Law Reform Commission.* Ein Modell für Deutschland? 2012.

Band 140 Katharina Schermuly: Grenzen funktionaler Integration. Anforderungen an die Kontrolle europäischer Strafgesetzgebung durch den EuGH. 2013.

Band 141 Florian Conradi: Die Sicherungsverwahrung – Ausdruck einer zunehmenden Sicherheitsorientierung im Strafrecht? Die Entwicklung der Sicherungsverwahrung im Kontext des Spannungsverhältnisses von Freiheit und Sicherheit. 2013.

Band 142 Hyun Kyong Joo: Die positive Generalprävention im Straßenverkehr. 2013.

Band 143 Ulfrid Neumann / Cornelius Prittwitz / Paulo Abrão / Lauro Joppert Swensson Jr. / Marcelo D. Torelly (Hrsg.): Transitional Justice. Das Problem gerechter strafrechtlicher Vergangenheitsbewältigung. 2013.

Band 144 Frederico Figueiredo: Zur Möglichkeit des unmöglichen Strafrechts. Ein Versuch über die Dissonanz im System der ultima ratio. 2014.